TABLETTES ROYALES
DE RENOMMÉE,
ou 288

DE CORRESPONDANCE ET D'INDICATION GÉNÉRALES

Des Principales Fabriques, Manufactures, et Maisons de Commerce,

D'ÉPICERIE-DROGUERIE,

Vins, Liqueurs, Eaux-de-vie, & Comeſtibles, de Paris, & autres Villes du Royaume & des Pays Etrangers,

AVEC

Une Notice des motifs qui ont rendu ces Maiſons recommandables.

Prix 4 liv. 4 ſols, broché.

PAR UNE SOCIÉTÉ DE NÉGOCIANS

& de Commis-Voyageurs & Amateurs du Commerce & des Arts.

A PARIS,

Chez
- ROYER, Libraire, Quai des Auguſtins, près le Pont-Neuf.
- BAILLY, rue St. Honoré, Barriere des Sergens.
- Veuve DUCHESNE, rue St. Jacques, au Temple du Goût.
- DESNOS, Libraire-Géographe de S. M. Roi de Danemarck.
- BUISSON, rue des Poitevins, à l'Hôtel de Meſgrigny.

Au Palais-Royal, & au bureau d'Indications & Négo-ciations générales, rue d'Anjou-Dauphine, n°. 14, où l'on reçoit tous les abonnemens & avis relatifs à cet Ouvrage.

AVEC APPROBATION ET PRIVILEGE DU ROI.

APPROBATION.

J'AI lu par ordre de Monseigneur le Garde des Sceaux, un Manuscrit ayant pour titre, *Tablettes Royales de Renommée, ou Correspondance générale des principales Fabriques, Manufactures et Maisons de Commerce des* SIX CORPS MARCHANDS *de Paris, et autres Villes du Royaume*, pour servir à l'ALMANACH DAUPHIN, et n'ai rien trouvé qui puisse en empêcher l'impression. A Paris ce 20 novembre 1786. *Signé*

LE TOURNEUR.

PRIVILEGE DU ROI.

LOUIS, PAR LA GRACE DE DIEU, ROI DE FRANCE ET DE NA-VARRE ; A nos amés et féaux Conseillers, les Gens tenans nos Cours de Parlement, Maîtres des Requêtes ordinaires de notre Hôtel, Grand-Conseil, Prévôt de Paris, Baillifs, Sénéchaux, leurs Lieutenans-Civils, et autres nos Justiciers qu'il appartiendra : SALUT. Notre amé le Sieur ROZE DE CHANTOISEAU, Nous a fait exposer qu'il desireroit faire imprimer et donner au Public, l'*Almanach Dauphin*, ou *Tablettes Royales de Renommée, du vrai mérite, d'adresses et d'indications, et négociations générales des six Corps Marchands, Artistes célébres, et Fabricans d'un mérite distingué, avec une notice des motifs qui les ont rendus recommandables*, s'il Nous plaisoit lui accorder nos Lettres de Privilége pour ce nécessaires. A CES CAUSES, voulant favorablement traiter l'Exposant, Nous lui avons permis et permettons par ces Présentes, de faire imprimer ledit Ouvrage, autant de fois que bon lui semblera, de le vendre, faire vendre et débiter par tout notre Royaume, pendant le temps de dix années consécutives, à compter de la date des Présentes. FAISONS défenses à tous Imprimeurs, Libraires, et autres personnes de quelque qualité et condition qu'elles soient, d'en introduire d'impression étrangere dans aucun lieu de notre obéissance ; comme aussi d'imprimer ou faire imprimer, vendre, faire vendre, débiter ni contrefaire ledit Ouvrage, sous quelque prétexte que ce puisse être, sans la permission expresse et par écrit dudit Exposant, ses hoirs ou ayant causes, à peine de saisie et de confiscation des exemplaires contrefaits, de six mille livres d'amende, qui ne pourra être modérée, pour la premiere fois, de pareille amende et de déchéance d'état en cas de récidive, et de tous dépens, dommages et intérêts, conformément à l'Arrêt du Conseil du 30 août 1777, concernant les Contrefaçons. A LA CHARGE que ces Présentes seront enregistrées tout au long sur le Registre de la Communauté des Imprimeurs et Libraires de Paris, dans trois mois de la date d'icelles ; que l'impression dudit Ouvrage sera faite dans notre Royaume et non ailleurs, en beau Papier et beaux caracteres, conformément aux Réglemens de la Librairie, à peine de déchéance du présent Privilége ; qu'avant de l'exposer en vente, le manuscrit qui aura servi de copie à l'impression dudit Ouvrage, sera remis dans le même état où l'Approbation y aura été donnée, és-mains de notre très-cher et féal Chevalier, Garde des Sceaux de France, le sieur HUE DE MIROMESNIL, Commandeur de nos Ordres; qu'il en sera ensuite remis deux exemplaires dans notre Bibliothèque publique, un dans celle de notre Château du Louvre, un dans celle de notre très-cher et féal Chevalier Chancelier de France, le sieur DE MAUPEOU, et un dans celle dud sieur HUE DE MIROMESNIL. Le tout à peine de nullité des Présentes; DU CONTENU desquelles vous MANDONS et enjoignons de faire jouir ledit Exposant et ses ayans causes, pleinement et . . ible. ment, sans souffrir qu'il leur soit fait aucun trouble ou empêche. VOULONS que la copie des Présentes, qui sera imprimée tout au lo.., au commencement ou à la fin dudit Ouvrage, soit tenue pour dûment signi- fiée, et qu'aux copies collationnées par l'un de nos aînés et féaux Con- seillers - Secrétaires, foi soit ajoutée comme à l'original. COMMANDONS au premier notre Huissier ou Sergent sur ce requis, de faire, pour l'exé- cution d'icelles, tous Actes requis et nécessaires, sans demander autre permission, et nonobstant clameur de Haro, Charte Normande, et Lettres à ce contraires. Car tel est notre plaisir. Donné à Versailles, le douzième jour du mois de juillet, l'an de grace mil sept cent quatre- vingt-six, et de notre Règne le quatorziéme. PAR LE ROI, en son Conseil.

Signé LE BEGUE.

Registré fur le Registre XXIII, de la Chambre Royale et Syndicale des Libraires et Imprimeurs de Paris, N°. 753, Fol. 10, conformément aux dispositions énoncées dans le présent Privilége; et à la charge de remettre à ladite Chambre, les neuf exemplaires prescrits par l'Arrêt du Conseil du 16 Avril 1785, A Paris, le 8 août 1786, LECLERC, Syndic.

TABLETTES ROYALES

DE RENOMMÉE,

OU DE

CORRESPONDANCE ET D'INDICATION

GÉNÉRALES

DES PRINCIPALES FABRIQUES, MANUFACTURES ET MAISONS DE COMMERCE,

D'ÉPICERIES-DROGUERIES

De Paris, & autres Villes du Royaume, & des Pays Étrangers.

L E but de l'Ouvrage, dont ces *Tablettes* font partie, eft d'ouvrir une correfpondance univerfelle & fans bornes, entre les Commerçans & les Artiftes, à l'effet d'indiquer aux uns les principales Fabriques, Manufactures, & Maifons de Commerce, & de faire connoître aux autres les Artiftes d'un *mérite diftingué* en chaque genre.

Pour y parvenir plus fûrement nous avons cru devoir divifer le Commerce général de l'Europe en fix branches particulieres, défignées fous les titres de *Tablettes* de DRAPERIE, ÉPICERIE, MERCERIE, PELLETERIE, BONNETERIE & LIBRAIRIE.

Les *Tablettes* de la DRAPERIE & celles de la BONNETERIE offrent l'indication des principales Fabriques, Manufactures, & Maifons de Commerce de *Draperies, Soieries, Toileries, Lainages, Moufselines, Gazes, Rubans, Dentelles*, & généralement de tous les objets tiffus, brodés, ou tricotés, à l'aiguille ou au métier, & relatifs à l'habillement ou à l'ameublement.

Celles de L'EPICERIE ont pour objet la partie des comestibles, & toutes les Epices & Drogues qui s'emploient dans les *alimens*, la *Médecine* & les *Arts*.

Les *Tablettes* de la MERCERIE comprennent *l'Orfévrerie*, *Jouaillerie*, *Bijouterie*, *Horlogerie*, *Clincaillerie*, *Serrurerie*, *Tuillanderie*, *Clouterie*, *Ebéniſterie*, *Fayance*, *Glaces*, *Porcelaines*, *Verreries*, & généralement tout ce qui concerne les *métaux* & les *minéraux*.

Enfin, *celles* de la PELLETERIE, LIBRAIRIE & PAPETERIE réuniſſent aux Fourrures & à la Chapellerie, Tannerie, Corroyerie, Chamoiſerie, Ganterie & Parfumerie, tout ce qui concerne l'Impreſſion, la Librairie, le ſervice des Bureaux, & la tenture des appartemens.

LA SECONDE PARTIE, annoncée ſous le titre de *Tablettes du vrai mérite des Sciences & Arts*, ſera pareillement ſubdiviſée en ſix ſections particulières, qui ſe vendront auſſi enſemble ou ſéparément, pour ſervir à l'indication des plus habiles Artiſtes & autres, d'un mérite diſtingué, en chaque genre, avec une notice des ouvrages, inventions, nouvelles découvertes, ou autres motifs qui les ont fait connoître d'une manière avantageuſe.

Mais comme nous ſommes bien éloignés de préſumer que ce nouvel eſſai ſoit encore *ſans erreurs*, nous invitons toutes les perſonnes qni s'intéreſſent au ſuccès de cet Ouvrage, à nous faire part de leurs avis & obſervations, & nous offrons de remettre *gratuitement* un exemplaire de la nouvelle édition, à quiconque de nos abonnés, libraires, *commis-voyageurs*, directeurs des poſtes, ou autre, nous fera paſſer ſous *trois mois*, une de ces tablettes corrigée & augmentée des Maiſons recommandables, que nous aurions omiſes, & qui ſeroient jugées devoir être ſubſtituées à quelques autres moins intéreſſantes.

Le prix de l'abonnement pour *chaque partie*, contenant ſix Tablettes, réunies en quatre, eſt de 15 liv. ou de 4 liv. 4 ſols, chaque Tablette brochée ſéparément, avec le départ & l'arrivée des Couriers de l'Europe, en 7 colonnes, qui indiquent le nom de chaque Ville, la Province, leur diſtance de Paris, les jours de départ, ceux de l'arrivée, la taxe des lettres, & le laps de temps qu'elles ſont en route.

On s'abonne, à Paris, pour une ou pluſieurs Tablettes, chez Royer, Libraire, Quai des Auguſtins, près le Pont-Neuf, & chez tous les Libraires & directeurs de poſte du Royaume, qui feront paſſer à Paris, (*franc de port*) tous les trois mois, leur ſoumiſſion de la quantité d'exemplaires qu'ils defireront, ou le prix des abonnemens dont ils feront chargés, avec les *annonces*, *avis*, *changemens de domiciles*, & *obfervations* furvenus pendant & depuis l'impreffion de cet Ouvrage, à M. *Roze de Chantoifeau*, Directeur du Bureau d'Indications générales, rue d'Anjou-Dauphine, n°. 14, qui en fera donner un reçu, *figné* ROZE DE CHANTOISEAU & compagnie.

EPICERIE.

Le Corps de l'EPICERIE, le fecond des Six-Corps Marchands, comprend tous ceux qui ont le droit de vendre, en gros & en détail, toutes les épices & drogues fimples ou compofées qui s'emploient dans les *alimens*, dans la *Médecine*, & dans les *Arts*.

Les Statuts & Réglemens de ce corps, font de 1584, fous Charles VIII, renouvellés par Louis XI, François Premier, Charles IX, Henri III, Henri IV, Louis XIII, Louis XIV, &c. qui les qualifient de Marchands *Epiciers*, *Groffiers*, *Droguiftes*, *Confifeurs*, *Ciriers*, *Apothicaires* ; quoiqu'ils aient eu, prefque de tous les temps, de grands démêlés avec ces derniers, tant par rapport à leurs emplois que pour les droits de préféance.

En 1632, il fortit un Arrêt de la Cour du Parlement en forme de Réglement, qui fait le partage des drogues permifes d'être vendues par les Apothicaires, & défendues aux Epiciers ; & pour la fûreté publique, il leur eft expreffément ordonné à chacun, par le même Arrêt, de tenir leurs poifons naturels, ou artificiels, dans un lieu dont ils doivent toujours porter la clef, pour les débiter perfonnellement, & de tenir pareillement un regiftre de la date de la vente, de la quantité, & du nom des perfonnes auxquelles il en auroit été fait livraifon.

Les Gardes de ce Corps ont droit, dans les cérémonies publiques, de porter la robe Confulaire, & jouiffent des mêmes honneurs & prérogatives que le Corps de la Draperie, le premier des Six-Corps.

Ils font d'ailleurs chargés de l'*étalon* des poids, & autorifés à cet effet de faire des vifites générales chez tous les Marchands qui font ufage de poids, pour les confronter à cet *étalon*, qu'ils font tenus eux-mêmes de vérifier tous les fix ans, avec l'*étalon* original de France, appellé poids de *Charlemagne*, lequel, depuis qu'il exifte, eft confervé avec le plus grand foin à la Cour des Monnoies de cette Capitale, dans un coffre fermant à trois clefs.

Ce poids, l'étalon de tous ceux dont on se sert dans le Royaume, a été de tous temps si estimé pour sa justesse, qu'il sert même à vérifier ceux des Nations étrangeres.

La derniere vérification des poids de l'Empire en a été faite en présence de l'Ambassadeur, qui se rendit exprès à la chambre des poids, le 20 Février 1756.

Les armoiries données à ce Corps, en 1729, sont coupées d'azur & d'or, sur l'azure, à la main d'argent, tenant des balances d'or, & sur l'or deux nefs de gueule flottantes aux bannieres de France, accompagnée de deux étoiles de gueule, avec ces mots, *Lances & pundera servant*, qui marquent le dépôt des poids & balances confiés à ce Corps.

PARIS, ville, célèbre dans tout l'univers, & capitale du Royaume de France, reçoit, par le concours des rivieres de l'*Yonne*, de la *Marne* & de l'*Oise*, qui se joignent à la *Seine*, toutes les productions des plus riches provinces de France.

On ne peut cependant regarder cette ville, relativement aux objets qu'on y importe, & qu'elle tire du dehors, comme une ville commerçante ; mais seulement comme une ville dont la consommation immense & les besoins sans cesse renaissans, offrent aux négocians de toutes les Nations, des spéculations sûres & avantageuses.

PARIS change avec toutes les places de Commerce du Royaume.

Poids, la livre est de 16 onces poids de marc.

Mesures en continence. Le muid de grains, pesant 2880 livres, contient 12 setiers, le setier 2 mines, la mine 2 minots, le minot 3 boisseaux, & le boisseau 16 litrons, contenant chacun 36 pouces cubes.

Le muid d'avoine double ordinairement à Paris celui des autres grains. Le muid de sel contient 12 septiers, ou 24 mines, ou 96 minots, ou 404 boisseaux, contenant chacun 16 litrons. Le muid de charbon de bois contient 20 mines pour les Bourgeois, & 16 pour les Marchands. La mine contient 2 minots, & le minot 8 boisseaux.

Le muid de vin contient 2 demi-muids, ou 288 pintes, le demi-muid 2 quarteaux, le quarteau 36 quartes, la quarte 2 pintes, la pinte 2 chopines, la chopine 2 demi-septiers, le demi-septier 2 poissons, & le poisson 2 roquilles

EPICERIE.

MAGASINS EN GROS D'EPICERIES - DROGUERIES,

Sucres, caffés, indigos, huiles, favons, foudes, potaffes, couleurs & vernis, &c.

Quelques-uns des négocians les plus connus, font MM.

AUGER & comp., négocians commiffionnaires, *rue des Bourdonnois, vendent, achetent, reçoivent & expédient toutes fortes de marchandifes d'épiceries par commiffion.*

BAJET, rue des Gravilliers, *les couleurs & vernis pour les peintres, le bâtiment & l'équipage.*

BLOT, rue de la Verrerie, à l'hôtel Pompone : *en tous genres.*

BOUCHARD, rue Saint-Jacques-de-la-Boucherie, *les couleurs, vernis, & bois de teinture, eft particulierement renommé pour le véritable vernis de Venife pour les tableaux.*

BOUCHERIES *freres*, cloître Saint-Merry, *entrepreneurs de la raffinerie de fucre de Bercy, dont la beauté ne le cede en rien au fucre royal, & coûte beaucoup moins.*

CABARET, rue Saint-Jacques-de-la-Boucherie, *tient magafin de couleurs, vernis, & tout ce qui eft relatif à la peinture & à la teinture.*

COLIN, rue des Cinq-Diamans, *en tous genres.*

COMMARE, cloître Saint-Merry, *tient le dépôt des fucres de la raffinerie de Ville-Neuve Saint-George.*

CORNUT, rue de la grande Truanderie, *en tous genres.*

DEBOURGE, rue Aubry-le-Boucher, *idem.*

DESHOMMETS, rue Mauconfeil, *l'écaille, l'ivoire, le bois de teinture & d'ébeniflerie en gros, fait la banque & com.*

DELONDRE, pere, rue des Arcis, *épicier, pharmacien, la droguerie fimple & compofée, en gros.* Ancienne maifon.

DELONDRE, fils, rue des Lombards, *épicier, pharmacien, la droguerie fimple & compofée, en gros.*

DOUAU, rue Mauconfeil, *les eaux-de-vie & liqueurs, diftilées, en gros.*

DUMAS, rue des Cinq-Diamans, *la droguerie en gros.*

DURU, cloître Saint-Opportune, *en tous genres.*

FAMMIN, rue des Prouvaires, *idem,* ancienne maifon.

FOSSÉ, rue de la grande Truanderie, *les fromages, les beurres, & fruits de carême, en gros, &c.*

FREMIN, freres, rue Saint-Denis, *les huilles, favons, potaffes & foudes blanches, que l'on eftime préférables, en ce qu'elles font plus aĉives, & qu'elles ne tachent jamais le linge.*

ÉPICERIE-DROGUERIE.

GOHIN, rue du fauxbourg Saint-Martin, *tient fabrique de carmin, bleu de Prusse, & autres couleurs fines à l'eau, & vernis, dont il fait des envois considérables en province & chez l'étranger.*

GORRANT, pere & fils, rue des Prouvaires, *négociant, fait la banque, & commission en épicerie.*

GOSSE, rue de la grande Truanderie, *les pruneaux rouges & noirs, de Tours & Châtellereau, & autres fruits de Carême, en gros, &c.*

HATRY, rue des Lombards, *en tous genres, & notamment les Jambons de Bayonne, en gros.*

HAVAR, rue Quincampoix en tout genre.

HAUTEFEUILLE, rue Quincampoix, *idem.*

HOCHON, rue Troussevache, *drogueries en gros, &c.*

JOSSE, (veuve) & compagnie, rue des Cinq-Diamans, apothicaire du Roi, *la droguerie en gros, & la fabrique d'eau-forte, & de colle de Paris, &c.*

LAMY, rue Quincampoix, *les eaux-de-vie en gros.*

LA PLACE, vis-à-vis la prison du grand Châtelet, *les couleurs & vernis en gros, pour les peintres & le bâtiment.*

LEGUAY, rue des Cinq-Diamans, *en tout genre.*

LARSONNIER, rue de la grande Truanderie, *idem.*

L'OBBLIGOIS, rue des Prêcheurs, *idem, & notamment les fruits de Carême.*

LESGUILLIER, pere & fils, rue des Lombards, apothicaire du Roi, *la droguerie simple & composée, en gros.* Ancienne maison.

MORTIER, rue des Lombards, *la droguerie.*

MOUTIER, rue Quincampoix, *en tous genres.*

NEVEU, pere, rue Saint-Landry, dans la Cité, *tient le dépôt général de savons de la fabrique de M. de Valleran.*

OBRY, rue de la Vieille-Monnoie, *magasin en tous genres, & notamment la fabrique de chocolat en gros.*

PERRAULT, rue de la Cossonnerie, *en tout genre.*

PLUVINET, rue des Lombards, *épicier, pharmacien, la droguerie simple & composée en gros,* ancienne maison.

POCHET, rue de la grande Truanderie, *les marchandises des Indes, tant en épiceries qu'en étoffes, & en porcelaines, &c.*

POMMERIE, place du Chevalier du Guet, *en tout genre.*

ÉPICERIE-DROGUERIE.

PONTIS, rue des Cinq-Diamans, *en tout genres, & particulierement le vif-argent.*

SEL, rue Saint-Martin, *les fuifs & coton en balles, &c.*

TOULET, fils, rue de la Verrerie, *en tout genre.*

TURMENIES (de) rue des Lavandiers, *l'orfeil, la cochenille & bois de teintures, &c.*

VAILLANT, rue des Lombards, *épicier pharmacien, la droguerie fimple & compofée, en gros.*

VINCENT (veuve), DUVAL & fils, rue de la vieille Monnoye, *en tous genres,* ancienne maifon.

ÉPICIERS, APOTHICAIRES, CHIMISTES ET BOTANISTES

Tenant Magafin de Droguerie fimple & compofée pour la Médecine, la Chimie, la Pharmacie, la Phyfique & les Arts & Métiers.

Qeulques-uns des plus connus font MM.

BAUMÉ & compagnie, rue Coquilliere, *démonftrateur en chimie, tient magafin général de drogues de toutes efpeces, en gros & en détail.*

BUISSON, au Marché-Neuf, *ancien profeffeur de botanique, fait la droguerie fimple & compofée & l'épicerie.*

CADET, rue Saint-Honoré, près la fontaine du Trahoir, *celèbre chimifte, connu avantageufement par plufieurs difcours fur la chimie, préfentés & lus à l'Académie Royale des Sciences.*

CHARLARD, rue Baffe-Porte Saint-Denis, *apothicaire de* Mgr. le duc D'ORLEANS, *particulierement connu pour les eaux-fortes, & les acides vitrioliques.*

DELONDRE CLAIRAMBOURG, rue Saint-Honoré, *tient les grains de vie de Clairambourg, & la pommade épifpatique.*

DELUNEL, rue Saint-Honoré près Saint-Roch, *connu avantageufement, par plufieurs mémoires fur l'émétique, le kermès, l'ether, la terre foliée, la diftilation, & les plantes inodores.*

DUPONCHEL, rue du Bacq, près celle Saint-Dominique, *apothicaire de la Maifon du Roi, fait l'épicerie.*

FOULON, rue Neuve-des-Petits-Champs, *chimifte renommé.*

FOURCY, rue Coquilliere, *fucceffeur du fieur Beaumé, apothicaire ordinaire de* MONSIEUR,

GOUPIL, rue Sainte-Anne, Butte Saint-Roch, *chimifte renommé.*

HUBERT, à l'Abbaye Saint-Germain rue Sainte-Marguerite, *tient la droguerie en gro., & fait l'épicerie.*

ÉPICERIE-DROGUERIE.

JOSSE, rue des Deux-Ponts, Ifle Saint-Louis, *tient la poudre de Santerre pour la goutte, &c.*

JOSSE, (veuve) & compagnie, apothicaire du Roi, rue des Cinq-Diamans, *tient la droguerie en gros, les eaux-fortes, & manufacture de colle de Paris.*

LA GRANGE (de), *maître en pharmacie, succeffeur de MM. Demoret & Sureau*, rue Saint-Martin, vis-à-vis celle du cimetiere Saint-Nicolas-des-Champs.

LAMÈGIE, rue du Bacq, *tient les eaux de M. le Premier, pour divifer les humeurs.*

LA PLANCHE (de), *maître en pharmacie*, rue du Roule.

LECOURT, rue Saint-Martin, près celle de Saint-Nicolas-des-Champs.

LEHOUX DE CLERMONT, *apothicaire du Roi*, rue Saint-Honoré, vis-à-vis le caffé de la Régence.

MARTIN, rue Croix-des-Petits-Champs, *chimifte renommé, tient fabrique d'efprit de nitre, d'eaux-forte, &c.*

MINBERT, rue Mouffetard, près la rue de l'Arbalêtre.

PELTIER, rue des Jacobins, *tient le phofphore.*

PIAT DES YEUX, carrefour de la Croix-Rouge, *tient la poudre de la Princeffe de Carignan, contre les convulfions des enfans.*

QUATREMERE, cimetiere Saint-Jean, *fait l'épicerie.*

QUINQUET, rue du Marché aux Poirées, *apothicaire & phyficien renommé pour les lampes à cheminée de verre, & à courant d'air, dont il eft inventeur, & qui font connues fi avantageufement fous le nom de lampes à la Quinquet.*

SAGE, rue de Buffy, au coin de celle de Mauvais-Garçons, *apothicaire.*

SAGOT, rue Saint-Honoré, vis-à-vis la Croix du Trahoir, *célebre chimifte.*

SEGUIN, rue Saint-Honoré, *idem.*

SOLOMÉ, rue Saint-Paul, *pour la farine de pomme de terre.*

STEYNACHER, rue Dauphine, *renommé pour le dépôt général des remedes étrangers, tient la véritable poudre de propreté pour détruire la vermine, fans aucun inconvénient, ni maux de tête.*

VERNEUIL, rue Saint-Jacques-de-la-Boucherie, *apothicaire du Roi, fait l'épicerie.*

VOLPELIERE (veuve), rue & Fauxbourg Saint-Antoine, *pour les firops de fleurs de pêché purgatifs.*

CORRESPONDANCE.

CAIRE, *chimifte*, à Nifme, & *receveur de la ferme des cartes, eft auteur de l'art de rendre le mercure potable, di-*

livré de tout son acide & corrosif. On reconnoît, est-il dit, dans ce nouveau remede une vertu plus dépurative, & désobstrutive que dans aucun autre, dont on ait encore fait usage jusqu'ici, notamment pour les pâles couleurs, l'hydropisie, *les* rhumatismes, *les* obstructions *de toutes especes, dans les maladies vénériennes, scrophuleuses, scorbutiques, & dartreuses, & toutes maladies de peau quelqu'invétérées qu'elles soient, d'après les expériences qui en ont été faites par M.* de Nesmur, *célebre Médecin de la Faculté de Montpellier, & les heureux succès qui en sont résultés.*

ÉPICIERS CONFISEURS.

FABRIQUES *& magasins de chocolat, dragées, bonbons, pistaches, sirops & confitures seches & liquides, &c.*

Quelques-uns des plus connus sont ceux de MM.
BARRERA, rue St. Honoré près les Capucins, n°.
311, *fabricant de chocolat à l'Italienne, à l'Espagnole & à la Françoise, vient de former en cette Capitale un nouvel établissement en faveur des dames, à l'instar des caffés, où l'on prend à toute heure d'excellent chocolat, préparé à la vanille, & sans vanille.*

BERTHÉLLEMO, rue de la Vieille-Bouclerie, *tient fabrique & magasin de dragées & confitures seches, liquides, boîtes à bonbons, assiettes, plateaux, & sur-tout de dessert, grouppes en pastillage, sous l'attribut de l'hymen, de l'amour ou de l'amitié, bonbons d'attrape, surprises, jambons en sucre, & pistaches à la Portugaise, dont il est l'inventeur, & généralement tout ce qui concerne l'office.*

BODSON, rue des Prouvaires, *magasin en gros de sirops de toutes especes, à prix fixe, fournit la majeure partie des caffés, & fait des envois en province.*

BOUDET, rue des Lombards, *tient les fruits de Provence en gros.*

COURTIN, rue St. Jacques, vis-à-vis le Collége du Plessis, *tient les bonbons, & surprises, pour étrennes, liqueurs, fruits confits à l'eau-de-vie, & fait la distilation.*

DEBEZE, rue St. Antoine, *confiseur de* MONSIEUR.

DUVAL, rue des Lombards, au Grand Monarque, *confiseur du Roi, & des menus-plaisirs de* MONSIEUR, *tient un des plus fameux magasins, & des mieux assortis en tout genre. Cet artiste est avantageusement connu, par la prise de la Grenade, le blocus de Gibraltar, par mer & par terre, le passage du Roi à Falaise, pour se rendre à Cherbourg; le*

ÉPICERIE-DROGUERIE.

scène *du Maréchal des logis*, *l'entrée de l'Empereu* de la Chine *dans la ville de* Pékin, *& nombre d'autres sujets pour fêtes publiques, & particulières, qu'il exécute en sucre, & rend à jour nommé, de la manière la plus prompte & la plus satisfaisante; il fait des envois en province & chez l'étranger.*

FACIOT, rue St. Denis, *tient le véritable chocolat d'Espagne, fabriqué à* Pampelune, *& débite avec succès la poudre de limonade pour la Marine, dont il est l'inventeur.*

FERNANDÈS (Madame), au Palais-Royal, *fabrique de chocolat de S. A. S. Mgr. le duc d'Orléans.*

LAVALLÉE, rue Montmartre, vis-à-vis celle du bout du Monde, *confiseur renommé.*

LAMOTTE (Mme. veuve), rue de Richelieu, *confiseur de Mgr. le Dauphin & de Madame la Duchesse d'Orléans, tient les bonbons d'étrennes, les pastilles fraîches & fruits, de toutes saisons.*

LENOIR, rue des Lombards, *confiseur ordinaire du Roi.*

MEUNIER, rue de Sartine, *fabrique le chocolat à l'Espagnole, à la Françoise, & à l'Italienne, de santé, à vanille, & sans vanille.*

MILLERAND, rue des Fossés Saint-Germain-l'Auxerrois, *Fabricant de chocolat de S. A. S. Mgr. le Prince de Conty, est auteur d'une nouvelle maniere de préparer le chocolat de santé, approuvée de la Société Royale de Médecine.*

NOEL LASSERE, rue St. Honoré, *tient les liqueurs en gros, magasin de dragées, bonbons, fruits à l'eau-de-vie, &c.*

RAVOISIÉ, rue des Lombards, au Fidele Berger, *ancienne maison, tient un des plus fameux magasins, & des mieux assortis en dragées de Verdun, bonbons, surprises, confitures sèches & liquides, sirops, & fruits confits à l'eau-de-vie; il entreprend les fêtes publiques & particulieres, fournit les assiettes, plateaux; & sur-tout de dessert, & fait des envois en province.*

ÉPICIERS DISTILATEURS.

Fabriques & magasins de liqueurs, & fruits confits à l'eau-de-vie.

CAMUS, rue Saint-Martin, vis-à-vis le Prieuré, *tient fabrique & magasin d'esprit-de-vin, liqueurs de toutes especes, eaux vulnéraires pour les dents; & tout ce qui concerne les odeurs, fait des envois en province, & chez l'étranger.*

DOUAUD, rue Mauconseil, *tient fabrique de liqueurs, & magasin d'eau-de-vie en gros.*

FONTANES & compag. rue St. Denis, *magasin en gros.*

GOTDESJARDINS, rue des vieux Augustins, *successeur de M. Georget, tient fabrique & magasin en gros de liqueurs*

& fruits confits à l'eau-de-vie, de toutes especes, fait des envois en province & chez l'étranger.

GILLET & THERON, distilateur de la Reine, rue de Saintonge.

GUERIN, rue de la haute Vannerie, magasin d'eau-de-vie en gros, & de liqueurs.

LANGE, rue du Petit Pont, distilateur ordinaire du Roi, renommé pour les huiles épurées, est inventeur en concurrence des superbes lampes à cheminée de verre, & à courant d'air, connues sous le nom de lampes à la Quinquet, qui produisent un volume d'air égal à 24 bougies, sans produire aucun champignon ni fumée.

MICHELIN, rue St. Honoré, près les Capucins, tient fabrique & magasin de toutes especes de liqueurs.

ONFROY (veuve), rue des Deux Ecus, magasin de liqueurs fines.

SAUVEL, rue des Prouvaires, tient fabrique & magasin en gros de liqueurs & fruits confits à l'eau-de-vie de toutes especes, fait des envois en province & chez l'étranger.

TUBEUF, rue de la Grande-Truanderie, magasin en gros, id.

EPICIERS VINAIGRIERS.

FABRIQUE & magasin en gros de vinaigres superfins pour la table & pour la toilette.

CAPITAINE LECOMTE, place de l'Ecole, vinaigrier distilateur ordinaire du Roi, de la Reine & de MONSIEUR, tient assortiment de plus de 150 sortes de vinaigres, moutarde aux enchois, & fines herbes, & fruits confits de toutes especes.

MAILLE, rue St. André-des-Arts, vinaigrier ord. du Roi, id.

MANUFACTURES ROYALES de bougies, MM.

LELEU (veuve) & compagnie, rue St. Martin, propriétaire de la manufacture Royale de bougies de Dugny.

TRUDON, rue de l'Arbre-Sec, vis-à-vis celle de Bailleul, propriétaire de la manufacture Royale de bougies d'Antony, fournit la Cour.

FABRIQUES & MANUFACTURES PARTICULIERES de bougies, cierges & flambleaux.

Quelques-unes des plus connues sont celles de MM.

AUGER, rue Neuve des Petits-Champs, au coin de celle de Louis le Grand, tient fabrique de bougie & fait l'épicerie.

BARBET, rue St. Honoré, épicier apothicaire, successeur de

EPICERIE-DROGUERIE.

M. *Roblaste*, ancienne maison, tient fabrique de bougies, & fait l'épicerie-droguerie & pharmacie.

BENARD freres, rue St. Martin, vis-à-vis, St. Merry, ancienne maison, tiennent manufacture & dépôt de bougies du Mans.

BENARD, rue Bourtibourg, tient fabrique de bougie, & fait l'épicerie.

BESNARD, rue Saint-Martin, au coin de celle des vieilles Etuves, tient fabrique de bougie, & fait l'épicerie.

BIZART, rue Plâtriere, tient manufacture & dépôt de bougies du Mans.

BOURJOT, Cour du Commerce, cirier de MONSIEUR, tient manufacture & dépôt de bougies du Mans.

COUTURIER, rue Croix-des-Petits-Champs, tient fabrique de bougies, & fait l'épicerie.

DOINVILLE, rue & porte Saint-Martin, tient la cire fabriquée & non fabriquée, & fait l'épicerie.

HERVIÉ, rue Montmartre tient fabrique de bougie, & fait l'épicerie.

HUBERT, rue Saint-André-des-Arts, tient fabrique de bougies, & fait l'épicerie, droguerie & pharmacie.

LADAINTE, rue Saint-Dominique, fauxbourg Saint-Germain, tient fabrique de bougie, & fait l'épicerie.

LAPORTE, rue Saint-Denis, vis-à-vis la rue Greneta, tient fabrique de bougie & de chandelle, & fait l'épicerie.

LAVOYEPIERE (de), rue neuve des Petits-Champs, au coin de celle de Richelieu, fabrique de bougie, & l'épicerie.

LEFORT, rue Saint-Antoine, fabrique de bougies, & l'épicerie.

LEPRINCE, rue des Deux-Ecus, tient manufacture & dépôt de bougies du Mans.

LORIN, rue Montmartre, au coin de la rue Plâtriere, cirier des Fermes du Roi, tient fabrique de bougies, & fait l'épicerie.

MARIE, rue Saint-Honoré, au coin de la rue Sainte-Anne, idem.

MAVRÉ, rue Saint-Honoré, au coin de celle des Poulies, idem.

MENARD, montagne Ste. Genevieve, idem.

MOREL, rue des Arcis, tient fabrique de flambeaux de Bruxelles, & notamment le goudron, poix & résine, & fait l'épicerie.

ORRY (veuve), rue des Prouvaires, tient manufacture & dépôt de bougies de sa manufacture du Mans.

EPICERIE-DROGUERIE.

PARISEL, rue Saint-Denis, près celle des Lombards, *tient manufacture de bougies, cierges & flambeaux.*

. PRIVOTS, rue St. Antoine, vis-à-vis la rue Royale ; *tient fabrique de bougies, & fait l'épicerie.*

QUATREMERE, cimetière Saint-Jean, *tient fabrique de bougies, & fait l'épicerie-droguerie & la pharmacie.*

FABRIQUES ET MAGASINS *de farines, vermichel, maccaroni, fémouille, & autres pâtes & farines de France & d'Italie.*

Quelques-uns des Fabricans les plus connus font MM.

CHARPENTIER, rue de Grenelle, au Gros-Caillou, *tient fabrique & magafin de farines, légumeufe de pois, lentilles, haricots, fèves de marais, & autres légumes, qu'il a trouvé l'art de purger de leurs qualités acerbes & vifqueufes, & de les rendre par-là très-agréables au goût. Cette farine, dont on fait facilement une purée, réunie, à l'économie du temps pour la cuiffon, des avantages confidérables fur le prix des autres denrées, & convient particulièrement aux voyageurs, aux troupes, & à toutes les communautés & penfions bourgeoifes, & collégiales.*

CHAZEL, Italien, rue des Prouvaires, à la Renommée, *tient fabrique & magafin, en gros, de toutes fortes de pâtes d'Italie, & poffede le fecret d'empêcher que les mites ne s'y attachent.*

DUSAP, rue des Prouvaires, *vermichellier ordinaire du Roi, tient fabrique & magafin en gros de pâte de France & d'Italie.*

GILLET, rue neuve des Petit-Champs, *tient affortiment de véritable pâtes de Gênes & de Naples, fous la forme de graines de melon, pignons & d'yeux de perdrix.*

GOUJOT (Madame.), *tient fabrique de la farine pectorale & ftomachique, du fieur Goujot, apothicaire de la Rochelle, approuvée de la Société Royale de Médecine, & dont les bons effets font conftatés chaque jour par de nouvelles atteftations des gens de l'art. Le dépôt eft à Paris, rue des Cordeliers, & chez plufieurs apothicaires de cette ville & du Royaume.*

LAMOLET, rue des Prouvaires, *tient fabrique de vermichel, maccaroni, & autres pâtes d'Italie. Ancienne maifon.*

MAISONS DE COMMERCE D'ÉPICERIE - DROGUERIE EN TOUT GENRE, EN GROS ET EN DÉTAIL.

Quelques - unes des plus connues, font celles de MM.
Auger, rue des vieilles Thuilleries.

EPICERIE-DROGUERIE.

Auger, rue neuve des Petits-Champs.

Auger, rue St. Martin, *la bougie, cierges & flambeaux, &c.*

Auvray, rue du Bacq.

BARBET, rue Saint-Honoré, vis-à-vis les Quinze-vingt, *succeſſeur de MM. Baron & Robaſtre ; ancienne maiſon avantageuſement connue pour la fabrique des bougies , cierges & flambeaux , &c.*

Baron, rue de Rouen.

Bernot, rue de la Verrerie, *les fruits de carême , &c.*

Boutroue, rue du fauxbourg S. Antoine.

Buſnel, rue Saint-Denis, à la ville de Gênes , vis-à-vis la rue du petit Lion, *les gommes, &c.*

Burand, rue Montmartre, au coin de celle Saint-Pierre, *le thé anglois.*

CHARLARD, rue Montorgueil, *les fruits de carême , & oignons de fleurs , &c.*

Caillet, rue Beaubourg, à la ville de Reims, *les Jambons & fromages de Reims, &c.*

Cellier, rue St. Honoré, vis-à-vis la rue neuve des Bons-Enfans, *les couleurs & vernis pour les peintres & le batiment.*

Charpentier, rue Saint-Honoré, près la barriere.

Charpentier, vieille rue du Temple, au coin de celle du Perche.

Chaſtelle, rue du Jardin du Roi, *tient les bleux de Pruſſe, noir d'ivoire & d'Allemagne.*

Chertier, freres, rue du fauxbourg Saint-Martin, *les ſoudes d'Eſpagne.*

Cholot, rue Grenetat au Marc d'or, *les pattes d'Italie & les gommes.*

Chretien, rue Jean de l'Epine, *les ſavons noirs , & particulièrement la ficelle, en gros.*

CLAYE (Remy), rue Galande, au coin de celle Saint-Julien, *les couleurs fines, pour l'impreſſion & l'enluminure.*

Clery, rue du Roule, *les beurres & le vin d'Alicante.*

Couſin, rue Saint-Honoré, près la rue de la Sourdiere.

Crété, rue St. Honoré, près celle des Prouvaires, *la botanique, les beurres ſalés & marrons en gros. Il lui reſte encore quelques bouteiles d'eau-de-vie qui a plus de 40 ans.*

Cugniere, rue des Gravilliers, à la tête noire.

Defaye, (veuve) rue de la Coſſonnerie, *particulierement les beurres, huiles & ſavons en gros.*

DELAVOYPIERE , rue neuve des Petits-Champs , *les bougies & chandelles fines, les ſauciſſons d'Arles , à l'ail & ſans*

fans ail , & la fleur de moutarde de Franche-Comté &
d'Angleterre , &c.

DE LORME , rue de la Verrerie , l'épicerie , droguerie ,
fabrique de chocolat , &c.

Dheur, rue de la Clef , fabrique la bleu de Pruffe , noir
d'ivoire & d'Allemagne.

DEMAISSE , rue Saint - Severin , les liqueurs fines de
France & étrangeres , &c.

Douainville , rue S. Martin , tient la cire fabriquée , &
non fabriquée.

Dubour , rue & carrefour St. Avoye , au bon maître , tient
la cire & les fromages.

DUBOURG , rue S. Honoré , à l'ancien Opéra , tient la
bougie , la fleur de moutarde d'Angleterre & de Befançon
le fromage de Glocefter , pâte d'Italie , & autres comeftibles ,
&c.

Dupleffier , rue du fauxbourg S. Antoine , tient les couleurs & vernis en gros , &c.

DUPONCHEL , rue du Bacq , épicier , apothicaire de la
maifon du Roi, la droguerie , &c.

Efnard (Pierre) , place Maubert , Nº. 20 , les foudes
& potaffes , &c.

ÉTIENNE , rue Coquilliere , les jambons de Bayonne , &
autres comeftibles , &c.

Garnier , rue & près le petit Saint - Antoine , Nº. 62.
tient fabriqué de noir d'ivoir , & d'Allemagne.

Germon , rue Montmartre , les fucres en gros , & le dépôt de mèches préparées pour les lampes à reverbere , ap-
prouvées de l'Académie des Sciences.

Gerofme , rue des vieux Auguftins , les couleurs & vernis ,
pour les peintres & le bâtiment.

Gillet aîné , rue neuve des Petits-Champs , eft particulierement renommé pour les anciennes eaux-de-vie de Cognac ,
& tient toutes les pâtes de Naples & de Gênes , les huiles ,
d'Aix , & tient fabrique de chocolat , &c.

GILOT , rue Phelippeaux , vis-à-vis celle de la Croix , eft
inventeur d'une liqueur agréable au goût , pour les coliques &
maux d'eftomac.

GUENARD , rue Maubuée , fucceffeur & fils de madame
veuve Colaffe , les fromages en tous genres.

HYARD , rue de la Vannerie , les bois de teinture & d'é-
béniflerie en gros. Ancienne maifon.

HUART , rue des Cordeliers , tient affortiment de confi-

C

*tures, liqueurs & chocolat, fabrique l'huile chinique, cire relui-
sante pour les bottes & souliers.*

HUBERT, rue St. André-des-Arts, *épicier cirier.*

HUET, rue de la Monnoie, *tient le dépôt des fromages
à la crême, & petits pains de beurre de Viry.*

JARRY, vieille rue du Temple, vis-à-vis l'hôtel de
Langres.

JOSSE, à la Croix rouge.

LAFORGE l'aîné, rue des Mauvais-Garçons, fauxbourg
St. Germain, *les liqueurs, couleurs, vernis, bois de teintures, & teintures pour les rubans.*

LAFORGE, rue St. Honoré, près celle des Frondeurs,
n°. 249, *tient les couleurs à l'huile & à l'eau, en tasse, en
liqueur & en tablette, rouge d'Hollande pour le carreau, &
bois de teinture.*

Lavoyepierre (de), rue St. Honoré, à l'hôtel des Amé-
ricains, *tient un des magasins le mieux assorti en comestibles
rares & délicats.*

LEBRUNDUC, pere & fils, rue Dauphine, *tiennent le
dépôt de plusieurs drogues & remedes étrangers, approuvés
des plus célebres chimistes.*

LECHEVREL, carrefour de la Croix rouge, *épicier distillateur, tient les fruits de Provence.*

LEFEBURE, rue de l'Arbre-sec, *tient les fruits de Provence, vins de liqueurs, eau de fleurs d'orange, & la partie
des comestibles.*

LEMAIRE, rue de l'Arbre-sec, au deux Provençaux,
*tient les vins de liqueurs, pâtes d'Italie, eau de fleurs d'o-
range.*

LEMOINE, rue de Chartres, n°. 87, *tient magasin général
de comestibles rares & délicats, pour tout ce qui concerne
les hors d'œuvre, entremêts & desserts en chair, poisson, pâtis-
serie, fromages, fruits, liqueurs, vins de liqueurs.*

Leroux, rue Montmartre, *tient particulierement la poix-
résine préparée, pour les selliers, bourreliers & cordonniers.*

LEVASSEUR, fauxbourg Saint Denis, *épicier, cirier,
botaniste*

LOISEAU, rue du petit Carreau, *tient les rotins pour
chaises de canne.*

MENARD, rue & Montagne Ste. Genevieve.

Millerant, rue des Fossés St. Germain-l'Auxerrois, *fabricant de chocolat de S. A. S. Monseigneur le Prince de*

Conti, *eft auteur d'une nouvelle méthode de fabriquer le cho-colat de fanté, approuvé de la Société Royale de Médecine.*

Morlet, rue de Bétizy.

Morel, rue des Arcis, *tient particulierement les poix-réfines, & fabrique de flambeaux de Bruxelles.*

N***, rue Dauphine, à l'hôtel de Genlis, *dépôt & ma-gafin d'anciennes eaux-de-vie de Coignac.*

NESLIN, rue neuve des Petits Champs.

OIGNARD, rue Croix des Petits-Champs, au coin de la rue Coquilliere, *tient le vérit ble firop de calbaffe des Ifles pour la poitrine, & la cire pour les corps.*

PASQUIN, rue St. Honoré, au coin de celle Ti n ape, *fabrique le chocolat, tient le vrai fromage d'Hollande à côte rouge.*

PÉTRELLE, rue de Charonne.

PAYEN, place Maubert, *poffeffeur du vernis de Sentln, à l'ufage des gravures.*

PERDRIEUX, rue du Bacq, à la boîte aux lettres.

PICARD, rue de Richelieu, *tient les jambons de Bayonne, thé Anglois.*

QUENAI, rue Trouffevache, *tient fabrique de pierres bleues.*

REGNAD, rue Dauphine, *eft autorifé, par privilege, à la vente du vérit ble orviétan, contre les maladies épizootiques.*

REBOUL, rue de la Roquette.

ROUSSEL, rue Ste. Marguerite, fauxbourg St. Germain, n°. 11, *fabrique de chocolat, renommée par fa qualité.*

TREZEL, rue St. Honoré, près les Capucins.

TRUDON, rue de l'Arbre-fec, *entrepreneur de la manu-facture royale d'Antony.*

VICQ, rue St. Honoré, près St. Roch.

VIET, rue de Charonne, *tient les foudes & alkali pour les manufactures de fayance & verrerie.*

WATIN, porte Saint Martin, *pour les couleurs en tout genre.*

CHANDELLIERS.

FABRIQUES, MANUFACTURES ET MAISONS DE COMMERCE,

De Chandelles moullées & à la baguette, en gros & en détail.

Quelques-uns des fabricans & commerçans des plus connus, font MM.

Barbier, rue St. Martin.

Berthelin, rue St. Honoré, près St. Honoré, *chandellier ordinaire de la Ville, entreprend les illuminations & décora-tions pour fêtes publiques & particulieres.*

EPICERIE-DROGUERIE.

Biron, rue des Lavandieres.
Boudin, rue du Temple.
Bourgain, rue de Seine, fauxbourg St. Germain.
Caron (Mme. veuve), rue St. Denis.
Chapon, rue St. Paul.
Chapon, rue des Deux-Ponts.
Chartier, rue St. Denis.
Chineau, rue Aubry-le-Boucher.
Foudriat, rue des Noyers.
Fournier, fauxbourg St. Denis, *tient mafacture & magafin* rue des Petits-Carreaux.
Gueron, rue Montmartre, *entreprend les illuminations & décorations, pour fêtes publiques & particulieres.*
Geoffroi, rue Croix-des-Petits-Champs.
Giroux, rue de l'Etoile.
Gobillard, rue St. Honoré.
Héluis, rue de la Vannerie.
Hodan, rue des Canettes.
Laudigeois, rue de la Féronnerie.
Martin, rue St. Honoré, au coin de celle de St. Roch.
Métayer, rue St. Honoré, *chandelier.*
Percheron, rue du Petit-Pont.
Phelipon, rue du Temple.
Phelipon, place St. Michel, *entreprend les illuminations & décorations pour fêtes publiques & particulieres.*
Roffignol (Mme veuve), grande rue St. Antoine, *tient manufacture.*
Thuere, rue Fourtibourg, *tient manufacture.*
Viel, rue St. Martin, vis-à-vis celle de Montmorency, *tient une manufacture.*
Yver, rue St. Sébaftien, *tient manufacture de chandelle de fuif purifié, approuvée de l'Académie Royale des Sciences.*

GRAINETIERS ET JARDINIERS.

Tenant magafin de graines, plantes, fleurs & arbuftes.

Quelques-uns des plus connus font MM.

AUDEBERT fils, rue du fauxbourg St. Jacques, *fleurifte & pépiniérifte, connu avantageufement pour la culture de toutes fortes d'arbres & arbuftes d'agrémens, vient d'augmenter fes pépinieres tant de pleine terre que d'orangerie, de maniere à ne laiffer rien à defirer aux cultivateurs. Les prix des arbres font fixé fuivant leur nature & leur forme.*

EPICERIE-DROGUERIE.

DESSEMETH, rue de l'Arbalêtre, fauxbourg St. Marcel, *pépiniériste*, idem.

ECHTENHAUZÉN, rue St. Honoré, au coin de celle de Rohan, *fleuriste, botaniste & marchand grainier de S. A. S. Mgr. le duc d'Orléans, tient assortiment de toutes sortes de graines à fleurs & potageres, fleurs, oignons de fleurs, arbres, arbrisseaux, & entreprend la conduite des jardins & serres chaudes en toutes saisons.*

Fleury, rue de la Roquette, *fleuriste & pépiniériste du Roi.*

François, rue de la Roquette, *fleuriste du Roi.*

GARNIER (Mlle.), quai de la Mégisserie, à la Poule d'or, *marchande grainetiere fleuriste & botaniste du Roi.*

LEBLASTIER, quai de la Mégisserie, n°. 25 *marchand grainetier de Mgr. le Dauphin, tient un des magasins les mieux assortis en graine potageres, & fleurs de toutes saisons.*

TATIN, place de l'Ecole, *marchand grainetier, fleuriste, botaniste & pépiniériste, tient un des magasins les mieux assortis en tous genres, donne des instructions sur tout ce qui peut intéresser les cultivateurs, & garantit tous les objets portés en sa facture, à l'exception des graines d'arbres & plans d'asperges.*

VILLEMORIN ANDRIEU, quai de la Mégisserie, *marchand grainetier, fleuriste, botaniste & pépiniériste, tient un des magasins les mieux assortis en tous genres, & offre au public les mêmes avantages.*

MARCHANDS DE VIN

DE FRANCE ET DES PAYS- ETRANGERS.

LES MARCHANDS de vin font ceux qui font commerce de vin en gros ou en détail.

Ils doivent leur établissement à Henri III, par un édit de 1577, à l'effet de réprimer les abus qui se commettoient sur le fait de cette marchandise.

Les statuts dressés par cette Communauté furent enregistrés au Parlement, le 6 Août 1688, & ont été renouvellés & confirmés par Henri IV, Louis XIII, & Louis XIV en 1686.

Les Gardes & Maîtres de cette communauté jouissent des mêmes droits & privilèges que ceux des Six-Corps Marchands, & sont ainsi qu'eux admis aux charges Consulaires & municipales.

Les *armoiries* qu'obtint ce Corps, en 1629, sont un navire d'argent à banniere de France, flottant, avec six petites nefs autour, & une grappe de raisin en chef, sur un champ d'azur.

ÉPICERIE-DROGUERIE.

MAGASINS EN GROS DE VINS,

De France & des Pays-Étrangers.

Quelques-uns des Négocians les plus connus, sont MM.

Baroche, rue du Monceau St. Gervais.

Barrez, rue du Temple.

Benard, rue St. Jean de Beauvais.

Boivin, rue des Quatre-Vents.

Buffault l'aîné, vieille rue du Temple.

Buffault le jeune, rue Comtesse d'Artois.

Chatel, rue des Boucheries St. Germain.

Chaulay, rue Froidmanteau.

Cottin, rue de la Vrilliere.

Daire, rue St. Honoré.

Deridan, rue de Charenton.

Duchauffoy, rue Jean pain mollet.

Forget, place du pont St. Michel.

Faffau, rue d'Anjou-Dauphine, *fournit l'hôtel Royal des Invalides, &c.*

Jabert, rue de la Coutellerie, *marchand de vin ordinaire de la bouche du Roi.*

Joly, rue de Poitou au Marais, *marchand de vin ordinaire du Roi.*

Joffet, rue du Vert-bois.

Lafond, vieille rue du Temple.

Paquet, rue Dauphine.

Polliffard, rue Geoffroi-Lasnier, *marchand de vin ordinaire du Roi.*

Raboin, parvis Notre-Dame.

Rapeau, rue des Fossés St. Germain-des-Prés.

Robin, rue Bordet.

Seguin, rue de Grenelle St. Honoré

Vaché, rue Ste. Marguerite.

Vée, rue de l'Arbre-sec.

Vignon, rue de Grenelle St. Germain.

OBJETS DIVERS.

Objets relatifs à l'épicerie en détail.

Huile de Baleine, purgée de la partie *oléagineufe* qui la tenoit toujours figée ; nouvelle découverte précieuse, sur-tout, pour les horlogers. Par M. *Solomée* apothicaire, chimiste, & maître en pharmacie, rue & vis-à-vis St. Paul.

EPICERIE-DROGUERIE.

Moyen d' ter la mauvaise odeur du beurre rance, ou chenci.
Il faut le faire fondre, l'écumer, & tremper dedans une
croûte de pain bien grillée de tous côtés, que l'on y
laissera environ deux ou trois minutes.

Lampes économiques, à cheminée de verre & à courant
d'air, vulgairement appelée *lampes à la Quinquet*, de l'invention de M. *Quinquet* maître en pharmacie, à la Halle,
en concurrence avec M. *Lange*, distillateur ordinaire du
Roi, & auteur des huiles épurées, & mèches économiques, rue du Petit-Pont.

Dépôt d'huile clarifiée, & mèches économiques, cour
des Religieux de l'Abbaye St. Germain.

Moyen d'augmenter l'huile de lampes. Il faut mettre de
l'eau dans un vase de terre avec du sel, observant qu'il
n'y ait qu'autant d'eau & de sel qu'il en faut pour que
le sel se dissolve, sans que l'eau paroisse changée.

On trempe ensuite dans cette eau salée une mèche, que
l'on fait sécher avant de la placer dans la lampe ; on verse
ensuite dans une bouteille une égale quantité d'huile &
de cette eau salée, & on laisse reposer ce mélange ; après quoi
on en verse dans la lampe, qui donne beaucoup de clarté
sans fumée ni odeur, & consume beaucoup moins d'huile.

Allumettes & mèches de lampes de nuit, que l'on peut
faire soi-même avec de l'amadoue jaune, & des cartes
coupées en languettes, que l'on trempe dans du soufre
fondu.

Vernis blanc pour la gravure, désiré depuis long-tems
pour le dessin & la gravure ; vernis noir d'hiver & d'été,
& eau forte à couler, de la composition de M. Lebas,
graveur du Roi, M. Regnault, apothicaire, rue de la
Harpe.

Objet relatif au Chandelliers.

Bougie économique du sieur de Malizard, chez Mme,
Auffroy, rue Censier, fauxbourg St. Marcel.

Objets relatifs aux Marchands de vins.

Nouvelle méthode au moyen de laquelle il est facile de
prévenir, ou de diminuer considérablement la verdeur des
raisins, & qui réunit l'agréable à l'utile, par M. Maupin,
rue du Pont-aux-Choux.

Moyen de tirer un avantage des vieux ceps de vigne. Il
suffit de les couper jusqu'aux racines & de greffer sur ces

mêmes racines. Ils portent, dès la feconde année, & le raifin mûrit même quinze jours plutôt que celui des autres vignes.

Moyen de rendre doux & agréables les vins verds ou aigres Il ne faut que jeter une certaine quantité de coquille d'œufs dans le tonneau. Ces coques en faturant l'acide furabondant & trop développé des vins aigres, les rendent doux & agréables, & ne leur communiquent rien de nuifible.

Vin falfifié ; pour reconnoître cette fraude, il faut jeter dans le vafe quelques gouttes d'acide vitriolique, ou d'alkali fixe pur, ou du foie de foufre qui le trouble, le rend laiteux, & précipite le plomb fous une couleur brune noirâtre, ou expofer un verre à large ouverture dans des privés ; s'il eft falfifié, la couleur fera fenfiblement altérée au bout de quelques heures, & il fera trouble tirant fur le noir.

Machine folide & portative à égrapper le raifin, avec laquelle un feul homme peut égrapper autant de raifin que 50 vendangeurs en peuvent couper.

Le jus & le pepin tombent dans un vaiffeau, & la raffle féparément dans un autre, fans la moindre perte, ce qui difpenfe d'écrafer le raifin, & donne au vin plus de force & de qualité. S'adreffer au bureau d'indication générale des artiftes célèbres, *rue d'Anjou Dauphine* n°. 14.

Preffoir d'environ 9 à 10 pieds, très-folide, quoique compofé de très-petites pièces de bois, & dans la compofition duquel il n'y a ni vis, ni écrou, ni pierres, ni lévier, & avec lequel deux hommes peuvent faire autant d'ouvrage que fix avec un autre.

Moyen de rendre fains & potables toutes fortes de vins tournés au gris, à l'aigre ou à l'amertume, en y infufant une pinte d'*élixir* dans la compofition duquel il n'entre rien de nuifible, & qui a mérité à fon Auteur l'approbation de l'Académie Royale des Sciences & de la Société Royale de Médecine, *idem.*

CORRESPONDANTS.

ABBEVILLE, ville de France, Capitale du Ponthieu en Picardie; à 39 l. de Paris, avec Jurisdiction Consulaire.

Poids. 100 livres d'Abbeville, valent 86 l. poids de marc.

Plantard; pere & fils, Négocians, Armateurs.

FABRIQUE de savon noir.

Butin.　　　Cayeux.　　　Machault.　　　Ricouard.

ABERDEN, ville de l'Ecosse septentrionale.

Brebner, Négociant, Commissionnaire de Salines, &c.

AGEN, ville de France, capitale de l'Agénois en Guyene; à 145 l. de Paris.

MANUFACTURE de Teinture.

Lauzun, Entrepreneur, teint le coton d'un aussi beau rouge que celui d'Andrinople.

AIRE, ville de France en Artois.

FABRIQUE d'Huiles à brûler.

Deucolle, Fabriquant, Dubled, idem.

FABRIQUE de savons noirs.

Lachelin, (Jacq.) Fabriquant.

RAFFINERIE de Sel.

Charles.　　Lachelin.　　Corne.　　Ivain.　　Marg.

PRODUCTIONS & Commerce de vins.

Descamps.　　　　Piofon.　　　　Thribou.

COMMERCE DE TABAC.

Avensac.　　　　Lohen.

AIX, ville de France en Provence; à 185 l. de Paris.

PRODUCTIONS & Commerce considérable de Vins, Eaux-de-vie, Huiles d'Olives, Amandes, Raisins secs, Figues, Pruneaux, Olives à la Picholine, Truffes, Pâtes d'Italie, & Poisson mariné.

Ambert freres.　　　　　　Laporte & Compagnie.
Lieutaud. Magnan.　　　　Mignard & Mathieu.
Perron fils aîné, &c.

A

ALAIS, ville de France dans le bas Languedoc; à 173 lieues de Paris.

M I N E *de Couperofe.*

Marcelle l'aîné & Compagnie, Entrepreneur.

ALBY, ville Capitale de l'Albigeois, dans le haut Languedoc; à 136 lieues de Paris.

PRODUCTIONS & *Commerce de Saffran, Paftel, Anis, Corian-'dre, & de Vins délicats, connus fous le nom de* Gaillac *, très-eftimés des Anglois.*

Borie, Négociant.   *Debar.*
Croifez.   *Rahoux* l'aîné.

FABRIQUE *de Cire & de Bougies, qui ne le cedent,* dit-on *, en rien à la Bougie du Mans.*

Debar, Fabricant.   *Limoufy,* idem.
Joly, cadet, Commiffionnaire.

ALGER, ville d'Afrique; à 333 lieues de Paris.

PRODUCTIONS & *Commerce de Bleds, Cire, Coraux, Maroquins; Plumes d'Autruches,* &c.

Bourville, Négociant.   *Jumon.*
Géraldot.   *Reys.* (Simon)

ALENÇON, ville de France en bafe Normandie; à 40 lieues de Paris, avec Jurifdiction Confulaire.

F A B R I Q U E *de Savons très-eftimés.*

Gilbert le jeune, Négociant.   *Samuel,* Fabriquant.

ALICANTE, ville d'Efpagne très renommée par l'excellence de fes vins & l'étendue de fon Commerce avec un bon Port fur la Méditerannée; à 344 lieues de Paris.

FABRIQUE d'*Efpart* pour agrès & cordages de vaiffeaux & COMMERCE *confidérable* de foude très renommée pour les Criftaux. Amandes douces, cumins, vins d'*Alicante* & de *tinto*, Eaux-de-vie-anifée, Figues, Vermillon, Garance, Huiles d'Olives, Lavandes Palmés Raifins fecs, Réglifes, Saffran & Morue dont annuellement 6 à 7000 Quintaux.

Antoine, Pere & fils, Nég.   *Lavigne,* & fils.
Antoine Louis, *idem.*   *Lavigne.* (Jean Jacques)
Fabinni. (veuve)   *Revel,* & Compagnie.
Feron, & Compagnie.   *Raggio,* freres.
Flécher, (Michel) & Comp.   *Wilcher* & Porter.
Keancy, (Michel) & Comp.

EPICERIES-DROGUERIES.

ALTONA, ville d'Allemagne dans la baſſe Saxe, avec un Port près de Hambourg, & droits de franchiſes.

PRODUCTIONS & *Commerce conſidérable de cuirs très eſtimés; Eaux-de-vie, de grains & autres objets* d'Hambourg.

Baur & Rodde, Négociant.   *Mathieſſen* (Mathias).
Mathieſſen (conrard).   *Vander Smiſſen*, fils.

AMIENS, ville de France, Capit. de la Picardie ſur la Somme, à 29 lieues de Paris.

COMMERCE d'Epiceries-Drogueries, &c.

Dargence, Nég. en Epic.   *Le Brument-Dumont en Sal. &c.*
Joli Gareau, Négociant.   *Le Fevre*, Nég. Commiſſ.
Jourdain-Galland, Négoc.   Leleu, pere & fils, anc. maiſ.
Jourdain de l'éloge.   *Morgand*, freres, anc. maiſon.
    Tiery, en vins Fr. & Etr. &c.

Objets relatifs.

Les Pâtés de Volaille & Gibier; ſont trés-renommés, dits *Pâtés d'Amiens.* Le ſieur Cavet en fait des envois à Paris, & par-tout le Royaume.

AMSTERDAM, ville de Hollande, Capitale des Pays-Bas; une des plus floriſſante & des plus commerçante de l'Europe, à 109, lieues de Paris.

Meſure en continence. Le *Leſt* équivaut à 19 ſetiers de Paris. Les liquides ſe meſurent par aam. Le aam contient 4 ankers. L'anker 2 ſtekans. Le ſtekan 16 mingelens; & le mingelen 2 pintes de Paris.

La Banque de cette ville, conſiſte dans un fond commun & Public, que font tous les Banquiers, Négocians, & Marchands. On y reçoit & paye toutes les Lettres-de-Change, tirées des places étrangeres. Les fonds de cette banque, ſont de trois mille tonnes d'or, & la tonne eſt de dix-mille florins, ce qui revient à 642,500,000 livres de France.

COMMERCE *conſidérable de Sucre raffiné, Beurres, Fromages, Camphes, Vermillon, Azure, Sel Borax, Réſinet & autres objets d'Epiceries-Drogueries du Levant, &c.*

Quelques-uns des Négociants, Armateurs, Banquiers & Comiſſionnaires les plus connus, ſont Meſſieurs :

Abeleven, Nég. Armat.   Aron & Iſaac Capadoce & fils;
Ægidius, (Joh.) idem.   Commiſſ.
Agkeman & fils, idem.   Auræ, Nég. Armat.
Alex. & Eleaz. van. Ebden &   Baald (Jacq.), idem.
   fils, Banq. Com. du Leva.   Bam. & Kruger, Commiſſ.
Alphen & Dédel, Commiſſ.   Baart (Al.), idem.
Angellot, Commerç. de Por-   Bargman, Arm.
   tugal & de Hambourg.   Beek (Lucas van), C. d'Ital.

EPICERIES-DROGUERIES.

Bied (van), Commiſſion. de Balcine, &c.

Bieda (les héritiers) Arm.

Bilqders, frere & gendre, Comer. de fer & la Com. en tous genres.

Bolongars, Com. de Tabac.

Bowi & Comp., Armat.

Brienene, & fils, Arm.

Broeke, Arm.

Burgh (Vander), Nég. Com.

Campaigne & Zoon, Arm.

Chabanne, Comer. d'Allem.

Cleffort & Teiſſet, Arm.

Clémens, & fils, Arm.

Crus, & fils, fait la comiſſ. en tous genres.

Dacoſta, Com. de bois, pour le Portugal, &c.

Dacoſta, (M. & J. Telles), Comer. d'Eſpagne.

Daniel lopes Salredo, Arm.

Danielo Junior, Banquier.

Davidis, & Comp, Banq. & Comer. d'Allemagne.

Declert, Arm.

Dedel & Rocqnelle, Comiſſ.

Dubois (Henri), Arm.

Dulong (D.), & fils, Comer. de Porcel. & autres objets de Fr. & de Norwege.

Dupuis, Nég. Arm.

Duthilh, & fils. Comer. d'Indigo, & autres objets de teinture.

Emmerick, Banq.

Engels (W.).

Eyk (D. V.), Arm.

Eyk, & fils, Arm.

Eys (J. Van.); & fils, Com. de laines d'Eſpagne, &c.

Fixeauv en Zoonem, Commiſ.

Fles (Abraham-Lenoy).

Fleurnois (Dan.).

Fontielle, Arm.

Gérand, & fils, Commiſſ.

Gildemeeſter, Janſz. Commiſ.

Gildeméeſter en Zoon, Com.

Getting, Banquier.

Gombeſtz, & fils, Banquier.

Gérault, & fils, Comer. de France.

Girand,(Pierre) & Roland, Ar.

Gromme, & Comp., Comiſſ.

Gudeboon, Come. d'Allem.

Harſing (C.), Arm.

Hémere, (van.) Arm.

Heulen & Zoonem, Commiſ.

Heurge (Pane).

Hope (Th. & Adr.), Armat. une des plus fameuſes, des plus connues & des plus riches maiſons de l'Eur.

Houthals (van.). C. des Ind.

Jeſurum (Jacob), Comer. d'Eſp. & d'Angleterre.

Joel, Banquier.

Joſeph & Zoon, Banq.

Koname, & Comp., la Droguerie, &c. & le Comer. d'Allemagne.

Kerkoff, Comer. d'Allem.

L'Heureux, & Comp., Arm.

Loches & Eſcot, Arm.

Machiel, Banquier.

Martin, Arm.

Michel, Nég. Ar, Com. d'Eſ.

Millengen (veuve), Comiſſ.

Moliere, & Comp., Arm.

Monten (Henri.), Arm.

Mouteu, fait la Comiſſ. pour l'Allem.

Moyaho, (Geb.), Arm.

Muilman & Vanhémer, Comiſ.

Nagels (J.), Arm.

Nayrac, & Comp., Arm.

Neel, & fils, les objets de teinture.

Neuport, & Comp., Comiſ.

Ochers (B.), Arm.

EPICERIES-DROGUERIES.

Offer (Wed Lamb.), Arm.
Oomf. (P.), Arm.
Oliveroi (Vander & fils), C. d'Efpagne.
Pembrock (Abraham van), Comer. d'Allemagne, & la Com.
Perdrogil (Dolondris), Banq. de la Cour d'Efp.
Pinappel (Corn.), Arm.
Pommares (Cora Dea), Ar.
Pool, & Compag., Comif.
Ravallet en Zoon, Arm.
Remy, Sam, Arm.
Rigail & Collignon, Comer. de Fr. & d'Efp.
Schlusfer (C.), Arm.

Scharpoff (Herm.), Arm.
Slaaps & Zoore, Comer. de grains.
Sweeis (Jacq.), Comiff.
Tarrelingis, Comer. d'Ital. & d'Allemagne.
Texier, & Comp., Comiff.
Tiedeman & Sielo, Comer. d'Allemagne.
Vagel (Joach.), Comiff.
Vanden Burg, Arm.
Varena (G. L.) Arm.
Yflendorff, Yver, & Comp., Comiff.
Zaal, Jun, Reedegel, & C. Armat.
Zuart en Off (Jacob), Arm.

ANDAYE, bourg de France, dans le pays des Bafques: à 2 lieues de S. Jean de Lutz.

Commerce de vins, & notamment d'eaux-de-vie, qui font très renommées, & dont il fe fait des envois confidérables dans toute l'étendue de l'Europe.

Monix, Nég., Banq., Commiffionnaire.

ANGER (S.), ville de Fr. Cap. de l'Anjou, à 65 lieues Paris.

FABRIQUE d'ardoifes très-eftimées, & dont il fe confomme annuellement plus de 10 à 12 millions de milliers.

Benard, Propriétaire d'une Ardoifiere.
Maugas, idem.

COMMERCE confidérable de Vins & Eaux-de-vie.

Alar, Nég., Comiff. en vins & eaux-de-vie, Ardoifes, &c.
Caminet, Banq. Comiff., idem.
Chotar; le jeune, idem.
Guerin, Banq. Comiff, idem.

La Boderies, idem.
Lecocq, Comiff., idem.
Parage, Banquier.
Reveilleres, Comiff.
Roger, Banq., Comiff.
Rouffeau (veuve), Banq., id.

ANGOULEME, ville de France, Capitale d'Angoumois, fur la Charante, qui rend cette ville très commerçante; à 125 lieues de Paris.

EPICERIES-DROGUERIES.

COMMERCE de *Vins & Eaux-de-vie. Ce dernier objet, eft no-*
tamment un Article renommé par la grande quantité qui fe tire
directement de Cognac.

Aupit (Pierre), tient une Raffinerie.

Clavaud, freres, fait la Com. en vin, eaux-de-vie, efprit-de-vin & de genievre, &c.

Glace, pere & fils, *idem.*

Marchais, frere, les vins, eaux-de-vie, Saffran & Bois de conftruction.

Marchais de la Berge, idem.

Noël, les vins, eaux de-v., &c.

Vivol, le genievre, &c.

COMMERCE de Merain. Le quart eft compofé de 303 douves & 202 fonds.

Chemereau & Benet, Nég. C.

Lambert, idem.

Noël, idem.

Riffaud, idem.

ANNONAY, ville de France, dans le haut Vivarais; à 114 lieues de Paris.

COMMERCE d'Epiceries.

Duret.

Chomel, idem.

Parel, idem.

Perrier.

FABRIQUE de Cire, Bougie, &c.

Blachier (veuve).

ANVERS, ville des Pays-Bas, dans le Duché de Brabau.

COMMERCE d'Epicerie, fucre & tabac.

Dewintek, fait la Comiff. en fucre, tabac, &c.

Guillams, tient mag. idem.

Héry, Banq., Comiff.

ARBOIS, ville de France, en Franche-Comté; à 80 lieues de Paris.

COMMERCE de Vins rouge & blanc.

Le vin blanc fur-tout eft très renommé, & réunit au Sémillant & au Mouffeux du vin de Champagne, la douceur & le goût du raifin le plus délicat. Quelques Commiffionnaires infideles, ayant altérée la réputation de ces vins, les Officiers municipaux pour réparer & prévenir de pareils abus, ont choifis & nommés d'Office le fieur *Vermot*, Négociant Commiffionnaire, homme de confiance, auquel on peut s'adreffer avec fécurité.

ARCIS *Sur-Aube*, ville de France en Champagne, à 6 lieues de Troyes.

COMMERCE de Grains.

Aumont, Négociant, Comiff-fionnaire.

Deguerroir, freres, idem.

Larguillon.

Mongin, idem.

Seurat, idem.

ARDRES , petite ville de France en Picardie à 3 lieues de Calais.

RAFFINERIE de Sel.

Grenel , Entrepren.   Specq , idem.

ARRAS , ville de France, Capitale de l'Artois; à 42 l. de Paris.

COMMERCE d'Huiles.

Boneface , Nég.   Gouve , l'aîné.

ARS, Bourg de France dans l'Isle de Ré; à 6 lieues de la Rochelle.

COMMERCE d'Eaux-de-vie.

Buton (veuve) Nég., Com.   Villeneau & Duchefeau, idem.

AVALON , ville de France en Bourgogne ; à 50 lieues de Paris.

Mefure en continence. Le muid fe divife en deux feuillettes , dont chacune contient 144 pintes de Paris. Celle de bled pefe 20 liv., & celle d'avoine contient 826 cubes.

Poids. On diftingue le poid de balance pour le faffran, du poid de romaine, qui fert pour toutes les autres marchandifes.

COMMERCE *confidérable de vins très eftimés , bleds , avoines bois & charbons.*

On diftingue les vins d'Avallon, en trois claffes. Ceux de la premiere, font très fins, très délicats & très agréables. Ceux de la feconde, font excellents pour la fanté. Ceux de la troifième, quoique très eftimés leurs préjudicient. Quelquefois , en ce que leur bonne qualité les a fouvent fait fubftituer aux deux autres, par des Commiffionnaires infideles.

Bienny, Neg. Comiff. en bled, & avoines, &c.

Detroyes, idem., en bois & charbon.

Maunoury, Négoc. Comiff. en vins, &c.

Mocquot, pere & fils, Nég. en bled & avoine.

Mocquot, oncle , *idem.*

Raimond, Cloiffeau, idem., en bleds & avoines.

Raffier d'Armée , idem., en bleds & avoines.

AUBUSSON, ville de France dans la haute Marche, fur la Creufe.

FABRIQUE de cire, cierges & flambeaux.

Blanchard, Nég., Fab., & Entrepren., &c.

Galland, tient une Brafferie.

Commerce de Sel en gros.

Corneille, le jeune, Nég. C.	*Martinon*, idem.
Gaillat, idem.	*Meyron*, idem.
La Cour, idem.	*Prugmères*, idem.
Mainral, idem.	*Regaudie*, idem.

AUMALE, ville de France en Normandie au Pays de Caux; à 44 lieues de Paris.

FABRIQUE *de Savon noir de premiere qualité.*

Larchet de *Mameline*, Nég. Entrepreneur.

AUXERRE, ville de France en Bourgogne, Capitale de l'Auxerrois, très renommée par l'étendue de fon Commerce; à 41 lieues de Paris, avec Jurifdiction Confulaire.

Mefure en continence. Le muid fe divife en deux feuillettes, contenante chacune environ 150 bouteilles de Paris.

Cette ville, très heureufement fituée pour le Commerce en général, eft une des plus floriffantes pour celui des vins, dont le débit fe monte, année commune, à plus de 15000 muids.

On divife ces vins en quatre claffes. Les vins de la *Palotte, Coulanges & Irancy*, tiennent le premier rang, & peuvent aller de pair avec ceux de la troifieme claffe de la haute Bourgogne.

Ceux de *Vermanton, Efcoline & Juffy*, qui tiennent de la premiere & feconde claffe, forment un excellent ordinaire, & font beaucoup plus connus dans le Commerce.

Ceux d'*Augy*, de *Vaux*, des *Champs*, de *Vinceton*, d'*Arcis, Cravant*, & *S. Brices*, tiennent de la feconde & troifieme claffe & forment encore un fort bon ordinaire.

Enfin ceux de *Valan, Gylevêque, Migé, Vincelle, Charanteney, Queine, Monetteau, St. George & Périgny*, qui tiennent de la troifieme & quatrieme claffe, ne font pas moins fûrs & de bonne garde.

Poyard de *Forterre*, Nég. Com.	*Sautereau*, idem.
Boyard Moreau, idem.	*Souflot* de la Palotte.
Durand, idem.	*Villetard* de *Vincelle* & neveu, *idem.*
Finat, idem.	
Hebert, idem.	*Viot*, idem.
Monnot, veuve & fils.	

Durand, Nég. Comiſ., pour le chanvre.   Leſſeré (Henri), idem, pour la partie des laines.

Commiſſionnaires de tranſport par terre & par eau.

Bourgoin, frere.   Les fermiers des coches d'eau.
Cochois & Martin.

AY, petite ville de France en Champagne, près d'Epernay, très-renommée par l'excellence de ſes vins blancs de deſſert, qui font les délices des meilleures tables. *Voyez* Rheims, Epernay, &c.

BARBEZIEUX, ville de France en Saintonge, à 137 lieues de Paris.

PRODUCTIONS & COMMERCE *de vins & eaux-de-vie, dont il ſe fait des envois conſidérables en Angleterre, en Hollande & dans les Colonies.*

Lecourt, Nég., Commiſ. en vins, eaux-de-vie, &c.

BARCELONNE, grande ville d'Eſpagne, Capitale de la Catalogne, à 250 lieues de Paris.

Poids. On diſtingue les poids en livres arobes & quintal. La *livre* eſt de 12 onces, l'*arobe* de 26 livres, & le quintal de quatre arobes ou 104 livres *catalanes.*

Meſure. La pipe contient environ 480 pintes de Paris, & ſe diviſe en quatre charges, & chaque chager en 16 cartaux, contenant 7 pintes & de.. ie.

COMMERCE *de ſalicor, ſoudes, liege, garance, raiſins, noiſettes, ſemouille, anis, cumins, amandes, & vins rouge & blanc de* Mataro, *de* Ribas, *de la* Montagne, *de* Benicarlo, *de* Malvoiſie, & *eaux-de-vie de preuve.*

Arabet, Gautier & Manneig, Négoc., Commiſ.
Armengol Janer, idem.
Bezard & Sargellet.
Creus (Martin).
Durand & Lanſa.
Larrard, & Compag.
Marc & Telb.ier.
Molins, & Compag.

Pommier & Lugat.
Pontet & Villavechia.
Prats, Marti, Baldrig, & Fuſter.
Riera (Valentin.)
Roca (Joachim.)
Timmermans (Guillaume).
Wombel, Arabec, & Compagnie.

BARFLEUR, ville de France en Normandie, dans le Cotentin, à 71 lieues de Paris.

B

COMMERCE d'huîtres, maquereaux, morue verte & salaison, de beurre, de lard, grandes féves, féves, féveroles & poids verds, &c.

Ermiſſe l'aîné, Négociant, Commiſſionnaire.

BARLEDUC, ville de France, Capitale du Duché de Bar, à 48 lieues de Paris.

COMMERCE de planches de Chêne & de Sapin des Voges.

Barthemy, Nég. Commiſſion.
Boudart, idem.
Didier, idem.
Melin.
Pallemant.
Pariſot.

BARI, ville maritime du Royaume de Naples; à 50 lieues de Naples.

COMMERCE d'huiles, amandes, anis, cumins, ſemouille, &c.

Quelques-uns des Négocians les plus connus ſont les nobles Maiſons du

Baron d'Amelio.
de Caniola.
de Fanelli (Emmanuel).
de Farchy.
de Signorile (Michel).
de Vaneſe.
de Zeuly.

BAR Sur-Aube, ville) de France en Champagne; à 46 lieues de Paris.

COMMERCE de grains & vins de très-bonne qualité.

Geoffroi freres, Nég. Comiſ. Péliard & Girardon, idem.

BAR, Sur-Seine, petite ville de France en Bourgogne; à 46 lieues de Paris.

PRODUCTIONS & COMMERCE de vins de fort bonne qualité; grains de toutes eſpèces, laines, chanves, &c.

VAUTHIER, Maire de la ville & propriétaire d'un des plus forts lots de vignes aux Riceys, canton très-renommé.

BASLE, ville de Suiſſe, Capitale du Canton de même nom à 100 lieues de Paris.

COMMERCE d'Epiceries.

Battier (Félix), Nég., Com.
Battier fils, idem. Banquier.
Bernouilly (Nic. Jer.) en drogueries.
Bernouilly (Franc.) & fils. id.
Bourkhard (J. Louis): la banq. & Comm. d'Epiceries.
Dienan, Commiſ.
Eckeinfrein (J. Gaſpard).
Preiwerth (J. Louis) & fils.

Rebert (Nic.); & fils, en garance, &c.
Respinger (Léonard), & fils.
Respinger (Louis & Benoît).
Rosehet (Abraham).
Gemuseus, Commis.
Geymutter Bernouilly, en huiles, &c.
Gevgy & Bernouilly, en drogueries, &c.

Harseher, Commis.
Lachenal (Jérôme) & Bourkard, le tabac, & la banque.
Sarazin, Banq., Comis.
Stehelin (Baltazard).
Thelusson (veuve), Jean.
Wertheman, fils & Huber ; Banq., Comiss.
Wiseher (Léonard), & fils.

BAYEUX, ville de France en basse Normandie, à 26 lieues de Paris.

PRODUCTIONS ET COMMERCE de Bœufs, Moutons, Volailles; beurres, chanvres & soudes de Varrecq.

Cahier, Nég. Banq.
Delamare (J. Louis), Nég. Com.

Picot de la Mare, idem.
Tardif, fils ainé, idem.

BAYONNE, ville de France en Gascogne ; à 1 lieue de la mer & à 70 lieues de Paris, avec Jurisdiction Consulaire.

COMMERCE d'Epiceries-Drogueries, résine, bray, goudron, vins ; eaux-de-vie, huiles d'olives, & de thérébentine, fers, matieres d'or & d'argent, &c. jambons qui y sont très renommés & dont il se fait des envois considérables dans toute l'étendue du Royaume & des Pays Etrangers. Les vins & eaux-de-vie de la Chalosse, du Bearn & de l'Armagnac font le principal objet de leur cargaison pour le Nord & l'Espagne.

Quelques-uns des Négociants, Armateurs, Banquiers ; Commissionnaires les plus connus, font MM. :

Ballangué, Nég., Arm., &c.
Banostrom Dubecq, idem. pour la Hollande & les Pays-Bas.
Bareres, freres, Arm., idem.
Batbedat, Arm., Banq., Com. pour les piastres, &c.
Behic, Nég., Comiss.
Bourdeux, Armat.
Bouteiller, pere & fils, Arm.
Bretoux (Ant.), Banquier.
Bretoux Mandulfe, Arm. Com.
Cazenave, jeune, Comiss.

Caunegre, Comiss.
Cogombles, Arm., Comiss.
Fayet, Armat.
Fonscia, & Compag., Arm.
Fourcade, freres, Armat.
Haudaudine (Denis.), & fils ainé, Banquier.
Lamaignere, jeune, Comiss.
Lartigue, Comiss.
Labat (Dominiq.) fils, Arm
Laborde, idem, les Piastres.
Lassere (Léon), Armat.
Laxague, freres, Banquier.

EPICERIES-DROGUERIES.

Laviffe, idem, les Piaftres.

Lichygaray (S.), Banquier.

Lichygaray & Holek, Armat., Comiff., pour la Flandre & villes Imperiales.

L'hôpital, Comiff.

Lormand, & fils aîné, Arm.

Martin, idem, Armat.

Meillan, idem, Armat.

Miramon, & Compag, Banq.

Monix, la pêche & Salines.

Nogué (Pierre), Armat.

Nougues, freres, Banq.

Palerton, Comiff.

Poudidenot, Nég., Armat.

Pougeot & l'Allemand, idem

Rigal Armat., Comiff.

Robles fils, & Alexis, Arm.

Rochet, Nég. Comif. renomé pour l'eau-de-vie d'Andaye

Rouy, Armat., Comiff.

Tachouers idem, pour les piaft.

BAZOCHES-LES-GALLERANDES ; bourg de France dans l'Orléanois près de Thoury.

PRODUCTIONS ET COMMERCE confidérable de Saffran.

Behue, Nég., Comiff.

Filleau, idem.

BEAUGENCY, ville de France dans l'Orléanois à 36 lieues de Paris.

PRODUCTIONS ET COMMERCE confidérable de vins. On comprend pareillement fous le nom de vins de Beaugency, ceux de Meffas, de Guignes, de Gofne & de Ravets, qui paffent pour être de la premiere qualité de l'Orléanois.

Bafchet Compain, Nég. Com.

Bafchet regà, idem.

Couillard, Jumeau, idem.

Fafe, Nég., Comiff.

Laffeux, idem.

Rabier, idem.

Tardif des Granges, idem.

BEAUJEU, ville de France en Touraine, Capitale du Beaujolois près de Loches.

PRODUCTIONS ET COMMERCE confidérable de vins qui ne le cedent en rien à ceux du Maconnois.

Dumas, Négociant, Commif-fionnaire.

Durieu, idem.

Teillard, idem.

BEAULIEU, ville de France en Touraine, près de Loches.

COMMERCE de bleds, vins & bois de conftruction pour la Marine.

Bonnet, March. de bois, Com.

Drouet, idem.

Galbrun, idem.

Venier, idem.

EPICERIES-DROGUERIES.

BEAUMONT, Paroiffe de France dans le Gâtinois, près de Pethiviers.

PRODUCTIONS ET COMMERCE de Saffran.

Lambert, Négociant, Commiffionnaire.

BEAUNE, ville de France en Bourgogne à 74 lieues de Paris.

PRODUCTIONS ET COMMERCE confidérable de vins de la premiere qualité.

Cette ville, très-renommée par l'excellence de fon territoire, eft regardée comme le chef-lieu d'où s'expédient prefque tous les vins de premiere qualité de la Bourgogne, dans toute l'étendue de l'Europe.

Mefure en continence. La Queue contient 480 pintes de Paris & fe divife en deux *Poinçons* de 240, ou quatre feuillettes de 120 pintes chacune.

On diftingue les qualités de cette précieufe production en quatre claffes.

Vins de la premiere claffe.

La premiere claffe, contient les vins du côteau de *Romané*, dépendants de la paroiffe de *Vofne*, & appartenant prefqu'en totalité à Monfeigneur le PRINCE DE CONTY.

Ceux de *Monrachet* blanc de la Paroiffe de Chaffagne dont la majeure partie appartient au Marquifat de *Chagny*.

Ceux de *Chambertin* produits par un côteau de la Paroiffe de *Geuvrey*.

Ceux du Clos de *Vougeot*, Paroiffe de *Vougeot*, appartenant à l'Abbaye de *Citaux*. Et ceux de Saint-George & le *Richebourg*, des côteaux de *Nuits*, &c.

Vins de la feconde claffe.

Le côteau, de la Paroiffe d'*Alofe*, fournit les vins connus fous les noms de *Vofne*, *Geuvrey*, *Nuits*, *Volnay*, *Corton*, *Pomard*, *Chaffagne*, *Beaune*, &c. Ces vins qui font les délices des meilleures tables de la France & de l'Europe ont le même Bouquet que ceux de la premiere claffe, & font fi bons, fi délicats & fi francs, lorfqu'ils ont acquis le degré de maturité qui leur eft néceffaire, qu'on a de la peine à fe perfuader qu'il en exifte de meilleurs.

EPICERIES-DROGUERIES:

Vins de la troifieme claffe.

Le côteau de la Paroiffe de *Murfault*, fournit particu‑
lièrement les vins de *Puligny*, *Chambolle*, *Murfault* blanc,
Alofe, *Savigny*, *Pernant*, *Mercurey*, *Santenay*, *Cout-Grain*,
Murfault rouge, *Morey*, *Chenove*; &c. Tous ces vins font
encore excellens, moëleux, bienfaifans, & forment un ordi‑
naire parfait.

Vins de la quatrieme claffe.

Les côteaux qui produifent les vins ci-après énoncés,
font dans les environs de Dijon, favoir les *Marcs d'or*, les
Violettes, les *Pouneaux*, *Dijon*, les *Crais de Pouilly*, *Mâcon*,
Ruilly & *Givry*.

Ceux de *St. Valery*, la *Pallote*, *Auxerre*, *Coulanges*,
Avalon, *Irancy* & *Vermanton*, produits par un côteau
qui dépend du vignoble d'*Auxerre*, forment encore un
bon ordinaire. Il n'y a pas de table où ils ne puiffent être
admis, lorfqu'ils font bien choifis. Les plus fins peuvent
même aller de pair avec ceux de la troifieme claffe.

Les Propriétaires qui ont les plus forts lots de vignes,
font Monfeigneur le PRINCE DE CONTI, les *Chartreux*, l'*Hôtel-
Dieu*, le Marquis de *Chagny*, &c.

Quelques-uns des NEGOCIANTS-COMMISSIONNAIRES
les plus connus font MM.

Blandin.	*Monge.*
Bouchard, & Compag.	*Peyre.*
Foret.	*Poulet.*
Gaboreau & *Very.*	*Refort* & l'*Arbaleftrier.*
Gaftinel.	*Regnier.*
La Baume.	*Sauffet* & *Maffon.*
Lauxeurs & *David.*	*Titard.*
Merendon Poulet.	*Viard.*

BEAUVAIS, ville de France, Capitale de Beauvoifis fur
la petite riviere de Thérin, renommée pour la teinture; &
fur-tout pour le rouge de garance, à 12 lieues de Paris.

Le *Mercier*, Teinturier paffe pour exceller dans l'art des
couleurs fines, & notamment de l'Ecarlate.

MANUFACTURES de *Couperofe*, *fupérieures à la Couperofe que
l'on tire d'Angleterre.*

Guérin, Entrepreneur.   *Warnier*, idem.

EPICERIES-DROGUERIES.

BEAUVOIR *Sur-Mer*, dans le bas-Poitou, à 12 lieues de Nantes.

PRODUCTIONS ET COMMERCE *de Grains, Sels & Bestiaux.*

Maublanc (Guillau.), Nég. Commissionnaire.
Rouillé de Guessiere.
Vigneron de la Jousselandiere.

BERGH *Saint Vinox*, ville de France dans la Flandre maritime, à 15 lieues de Lille.

PRODUCTIONS ET COMMERCE *de bled, tabac, lins, beurres & fromages.*

Baczker, Négociant, Commissionnaire.
Chapelire.
Loriusse, idem.

BERGHEN, ville très-commerçante de la Norwège.

COMMERCE *de cuivre, fer, goudron, Poissons secs, Pelleterie, suifs, beurres, cendres, peaux de bouc, &c.*

Grééve (Charles), Négoc. Commissionnaire.
Sanse.
Fanier, & fils.

BERLIN, ville Capitale de l'Electorat de Brandebourg, à 220 lieues de Paris.

RAFFINERIE *de Sucre.*

Ashbum, (Pierre) Nég. Comif.
Baudesson (Daniel), idem.
Ephraim, & fils, Banq.
Jordan, freres, Nég.
Lothier, & Compag.
Moyse, Isaac, & fils, Banq.
Schutz, Banquier.
Splittgerber & Daun, Entrep.

BERNAY, ville de France dans la haute Normandie, à 31 lieues de Paris.

FABRIQUE *de Bougies, œconomiques, ou chandelles superfines & sans odeur.*

Descourt l'aîné, Fabric.
Hubert Dupont l'aîné, idem.
Oursel, tient fabrique & magasin de liqueurs.

BERNE, ville de Suisse, Capitale du Canton de même nom, à 120 lieues de Paris.

Marcuard, & Bentet, Banq.
Zeerleder (L.), Banq. Comif.

BEZANÇON, ville de France, Capitale de la Franche-Comté à 92 lieues de Paris.

Moutrille l'aîné, tient une brasserie considérable, & fait la Commission pour huile de poisson, &c.

Capon, Banquier.

idem.

Fleuretcadet, & Compagnie,

Louvot, idem.

Mugues, François, idem.

Pelier & Pochet, idem.

BEZIERS, ville de France en Languedoc, fur le Canal de communication de l'Océan avec la Méditerannée, à 6 lieues de Narbonne.

Mefures en continence. La mefure de grains, s'appelle fetier, & pèfe 120 à 125 livres, poid de table, deux fetiers de Béziers, ne font pas tout-à-fait le fetier de Paris.

Celle pour le vin s'appelle *muid,* & contient 90 *veltes.*

Celle pour l'huile, s'appelle *chary,* la chary eft compofée de 9 mefures & la mefure de trente-fix *phioles.* La *chary* pèfe quatre quintaux, poids de table, ou trois quintaux 34 livres, poid de marc.

PRODUCTIONS ET COMMERCE *de grains, vins, eaux-de-vie & foies.*

Cofte, Nég. Comiff. en tous genres.

Galibert fils, *idem.*

Hériffon, grains & foie.

Mafcon, idem.

Palouffier, grains & foie.

Pellet, grains, vins & foie.

Saivan, grains, vins & foie.

COMMERCE *d'Epiceries-Drogueries & Confiturerie.*

Barre, grains & huiles.

Boudet l'aîné, la Droguerie.

Bourbon, Confifeur.

Chevalier (Franç.), Confif.

Chevalier (Jean), Confifeur.

Donadieu oncle, laines & Drogueries.

Fayet, grains & huiles.

Granal l'aîné, *idem.*

La Cour, grains & huiles, vins & eaux-de-vie.

Martin, (J.C.) la Droguerie.

Rofier, idem.

Taftavin oncle, *idem.*

Taftavin neveu, *idem.*

Vincenife & Lagarrigue, grains huiles, vins, eaux-de-vie.

Vinguier, idem.

BILBAO, ville d'Efpagne, Capitale de la Bifcaye, à 75 lieues de Madrid & 210 de Paris, avec un bon port de mer.

Poids & mefure. Les mêmes qu'à Madrid.

COMMERCE *confidérable avec les Négocians des principales places de l'Europe, qui prennent en retour des laines, des piaftres, de l'acier, du fafran, des oranges, &c.*

Barbachane, veuve & fils, Nég. Comiff.

Claverie, id.

EPICERIES-DROGUERIES.

Dangerot (J. H.), idem.
Dibire (Martin).
Dom Louis Céfart, les laines.
Donat freres Neg. Commif.
Duat & Compagnie pour
les laines.

Godorquy , & fils.
Goffan , idem.
Goffan (Henri).
La Cofte , idem.
Lauranzin, freres & Comp.
Lawelefi. (Louis & Comp.).

Poids, Mefure, Monnoies & Ufances. Voyez Madrid.

BISCHWILER , gros bourg de la baffe Alface, à 5 lieues
de Strasbourg , près d'Agueneaud.

Poids & mefure de même qu'à Strasbourg.

PRODUCTIONS ET COMMERCE *de grains, vins, tabac, laines,*
huiles de navette & garance.

Bertrand (Ifaac) , Nég.
Bertrand (veuve).

Bocker (Jean - Godefroy).
Haufch (Ifaac).

FABRIQUE *de cordages & Commerce de chanvres.*

Schmidt (Ifaac).
Selzer (Chrétien).

Voelzel (Michel).
Voelzel (Valentin).

BLOIS, ville de France fur la Loire , Capitale du Blaifois,
à 52 lieues de Paris.

Cette ville eft particulièrement renommée par l'excellence
de fes eaux-de-vie & de la bonté de fes vins rouges,
connus fons le nom de *lignage* & d'*Auvernat,* qui eft très-
fumeux , & plus agréable encore que le premier , il coûte
ordinairement un tiers plus que l'autre. On diftingue ceux
de la côte de Vineuil & des Noels. On recueille auffi dans
la Sologne , à 4 lieues de Blois , une efpèce de vin de
deffert qui conferve un goût flatteur & doucereux fe
vend communément moitié plus cher que les autres vins
blancs.

Poids & mefures. Voyez Orléans.

Négociants, Commiffionnaires pour les vins & eaux-de-vie.

Audouin, Nég. Comif.
Blot , idem.
Boucherat.
Brechemin
Cheron l'arche.
Coufin.

Desfray , Brechemin.
Goudron , Fauvin.
Legros de Monillandry.
Pointetau.
Porchet.
Roullet.

FABRIQUE *de jus de Réglife.*

Allain, Fabricant
De la Mothe (Marie).

L'Hôtel-Dieu.

EPICERIES-DROGUERIES.

COMMERCE de bois.

Bazin, Négoc.
Fauconnet.
Flamant.
Gaudron, l'aîné.

Herbelot.
Poulvé.
Rangeard, Germoniere.
Thomain.

BORDEAUX, ville de France, très-renommée par l'excellence de ses vins & eaux-de-vie, Capitale de la Guyenne
sur la Garonne, avec un beau Port, à 48 lieues de la
Rochelle, 52 de Bayonne, 75 de Nantes, & 156 de Paris.

COMMERCE immense en tous genres, & notamment en vins,
eaux-de-vie, farines, &c.

Mesure en continence. Le tonneau Bordelois, est composé
de quatre barriques. La barrique contient 32 veltes. La
velte environ trois pots, & chaque pot environ deux
pintes de Paris. Lorsqu'on dit que les eaux-de-vie sont
à 60 livres, cela s'entend des trente-deux veltes.

Le boisseau de froment qui équivaut à-peu-près à la
mine de Paris, pèse de 120 à 125 livres, & se divise en
deux demi-boisseaux ou 4 quarts, ou 16 cuillers. Le
cuiller de sel, pèse environ 22 liv.

Les principaux objets de Commerce de cette ville, sont
les grains, vins, eaux-de-vie, sucres, cafés, & autres objets
d'exportations & d'importations, tant de la France que
des pays étrangers & de l'Amérique. Les vins sur-tout
font pour cette ville une source de richesses inapréciable.

Ceux qui tiennent le premier rang, sont les vins de Médoc,
de Grave, de Lafite, de Langon & de Balzac, qui quoique
délicieux, n'ont cependant ni la délicatesse du Bourgogne
ni le sémillant du Champagne; mais ils ne leur cèdent en
rien pour la bonté, & c'est en faire assez l'éloge.

La majeure partie des grands vins de Médoc, passe en
Angleterre. Les vins de Grave, se débitent dans le royaume,
ceux de Lafite, de Langon & de Balzac, vont par-tout.

Les vins de Palus, quoiqu'inférieurs, sont d'une excellente qualité; mais ils ne sont bons à boire, qu'après
avoir voyagé; aussi la majeure partie s'envoie-t-elle dans
les Colonies. Les autres, ainsi que ceux de différents Cantons de la Province, servent à la consommation du pays.

On distingue parmi ces derniers les vins de Frontignan, de
Doumés, de Cahors, & de Gaillac, qui sont encore d'une
excellente qualité, & dont il se fait une prodigieuse consommation. Quatre à cinq cens Navires du port, de
200 jusqu'à 600 tonneaux, sont continuellement occupés à

transférer dans les différentes Cours de l'Europe & dans les Colonies, les productions & marchandises en échange de celles qui arrivent journellement par les Navires Anglois, Hollandois, Suédois & Danois, qui apportent du *charbon-de-terre*, de l'*étain*, du *cuivre*, du *plomb*, du *harang*, des *mâts*, du *suif*, du *gaudron*, des *pelleteries*, des *chanvres* des *cuirs*, des *bois de construction*, beurres & bœufs salés d'Irlande, &c. Les retours des Isles se font en *sucres bruts* & *sucres blancs*, *cafés*, *cotons*, *tabacs*, *indigo*, *rocou*, *cacao*. Liqueurs & autres productions des Isles.

Quelques-uns des Négociants, Armateurs, Assureurs, Banquiers & Commissionnaires en tous genres les plus connus, sont MM. :

Alause, Arm.
Alexandre fils, Banquier.
Alexandre, veuve de Jacq. Banquier.
Alexandre neveu, Banq.
Amslie (G.).
Anceze (Pierre), Ar., Aff.
Anceze neveu, Armat. & Courtier d'assurance.
Anglas & *Faydieu*.
Arnaud (Joseph), Ar. Com.
Azevedo (J) Arobes fils, Banq.
Baignoux & Comp., Arm. Commiss.
Baour & Comp., Ar., Aff., C.
Barthon & Comp., Com.
Begouin, *Demaux* & Comp.
Belas, Arm.
Belas cadet, Arm.
Bellamy, Ar., Comiss.
Belsot, *Beilot* & Comp.
Benquet.
Berhault, freres.
Bethman & *Desclaux*, Ar., Aff.
Bethman & fils, Arm. & Consul de S. M. Impériale.
Bichon.
Bignon.
Blauck, & Comp. Commiss.
Bonnaffé, freres.
Bonnaffons Fabre, & Comp.

Bonniot (Alexis).
Bouchon.
Boyer (J. J.), freres.
Bruneau, freres.
Cabarrus (D.).
Cabarrus & fils.
Cabesse, Commiss.
Cachet.
Cadou. (Le)
Calleville. Fait la Commission.
Canuet. Arm. Commiss.
Changeur (Pierre). Assureur.
Chapuy & Comp.
Chatry & *Ducot*.
Chauran, freres.
Cheiron Bonus.
Chicou (Pierre).
Chicou de S. Bris.
Chicou, freres, Commiss.
Cochon-Trop long, & Comp.
Cole & Compag. Commis.
Corbun. Arm. Commiss.
Couchet & *Guibaud*.
Curcier (André).
Dacosta. (Ant.) Banquier.
Decasse.
Degmont. Nég. Commiss.
Degmont. freres, Arm. Com.
Delap (S. & D. H.), Banq.
Delzolier. Arm. & Assur.
Desmazes, *Salleron*, & Comp.

EPICERIES-DROGUERIES,

Dodin.
Draventan & fils.
Dubergier, jeune.
Dubernet, fils aîné, Arm. Com.
Dubor & Demanses. Arm. Aff.
Dubois Viollet.
Dubreuil & Gobert.
Dubrocade Rouget.
Ducret.
Dudillot.
Duffour.
Dugay (Arnaud).
Durand, freres.
Durand (Pierre).
Duret de la Planc. Commif.
Dutith.
Duverger & Comp.
Espivem de la Ville Boisnet.
Fyma & Deyma, freres
Fauchey, pere & fils.
Feuillerade.
Flaugergue.
Foger & Comp.
Fontemoing. Affureur.
Francienne. Affureur Commif.
Gaillard & Lafaurie.
Ganfsfort.
Garreau & Bernon,
Gaffies.
George junior.
Géraud & Dardelle. Commif.
Giard.
Gilbert.
Gorse freres, & Bontemps.
Gradis (David) Arm. Banq.
Gradix & fils, Banquier.
Grignet. Arm.
Grignon, Aff. Commif.
Harmensen & Comp. Com.
Hoften (P.).
Jalineau, freres.
Journu freres.
Karling & Comp. Commif.
Labadie. Arm.
Ladurantie.

Lafite (L. & J.).
Lafite Dupont.
Lafond. Arm. & Affur;
Lalane.
Lalle.
Lameyre (David), Banq.
La Mothe. Arm. & Affur.
Lavaud (François). Arm.
Lavaud (Jean).
Laville & Raly. Com.
Lemesle Oursel, & Comp.
Léonard & Jean Lafite.
Lercar, freres.
Le Tellier, freres. Arm. & Aff.
Lieneau.
Lineau, freres & Comp. Com.
Macharty, freres Arm. Com.
Mallac, freres. Arm. & Aff.
Martheille, & Comp. Arm.
Mathieu Ruchiker.
Mathieu (Franc.), fils aîné.
Menoir (Pierre). Arm. & Com.
Mercier.
Metzeler Boyer, & Comp. Com.
Meynard.
Milhas ainé, Arm. & Aff.
Montet & Henry.
Moraes. Banquier.
Nairac (Alexandre).
Nairac (P.), & fils aîné. Com.
Ollanier, veuve & fils. Arm.
Passade & Comp.
Pecholin.
Peixoto, Banq.
Peyres & Comp.
Peyres, pere & fils. Arm. Af.
Pons & Compag. Arm.
Quinet.
Rabard, freres.
Raymond, frères.
Raphaël.
Ratteau.
Ravefies. Commif.
Renaud.
Renould.

EPICERIES-DROGUERIES,

Richard de *Meyeres*.
Rifleat. Banquier.
Rifleau, Pere & fils Arm. Com.
Rodrigues, Banq.
Sanddilhan. Com.
Seguineau, pere. Arm.
Seignouret. Arm. & Aff.
Schinner (Hercule). Comif.
Streicks.
Streickcifen, Banq. Comif.
Teflard & Gachet. Arm. & Aff.

Texier. Arm. Comif.
Toya. Arm. & Aff.
Viard, & Comp.
Viard & Granier. Armateur & Commiffionnaire.
Videau & Ifard.
Vincent (M.).
Virazel & Duclos. Armateur & Commiffionnaire.
Wirtz, & Compagnie. Com.
Wuffuftemberg, & Comp. Com.

COMMERCE d'Epiceries & graiffleries en gros; telles que lard, graiffles, jambons, beurres, huiles, favons, grains, fel & légumes.

Caduc jeune, rue Fufterie.
Changeur, rue Rouffel.
Curcier aîné, rue Fufterie.

Curcier cadet, idem.
Curcier junior, fur le Port de la Grave.

COMMERCE de Goudrons, Bray & autres matières réfineufes.

André, quai de Roban.
Brun freres, rue Royal.
Beau (veuve) Lalande & Compagnie.

Colineau, près la porte de la Grave.
Audidot, idem.
Duvergier & Lille, place St. Julien.

COMMERCE de vins en gros pour la Ville.

Arnouilh, rue des Aydes.
Aftruc, rue Bouhaut.
Bley, rue Sainte-Croix.
Bouquet, rue des Andouilles.
Chaine, rue des Bouviers.
Chevalier, rue Ste.-Catherine.
Dutaflat, rue S. Julien.
Duvergier, place S. Julien.
Fieuzal, place S. Julien,
Fontau, fur les foffes des Tanneurs.
Gabourrin, rue Ste.-Croix.
Lafite, rue du Parlement.
Laguife, rue de la Monnoye.
Laffire, rue de la Mercy.

Perrens, à S. Genes.
Pons, Négociant à *Damazan*, eft particulièrement connu pour les vins noirs de première qualité dont il fait des envois confidérables dans les Colonies.
Robert, porte S. Julien.
Rodrigue, rue Cauffe-Rouge.
Saint-Aignan, hors la porte Tourny.
Simon, rue Ste.-Catherine.
Videau, hors la porte Saint-Julien.
Vidouze, rue Permentade.

BOULOGNE *fur-Mer*, ville de France, capitale du Boulonnois, à 57 lieues de Paris, avec un Port d'accès difficile, & un mouillage peu sûr.

EPICERIES-DROGUERIES.

COMMERCE *de charbon de terre, vins de Bourgogne, de Champagne, eaux-de-vie, beurre, thé & salaisons de harang, maquereau, &c.*

Audibert, Nég. Comiff.

Belle, idem.

Coilliot (Guillaume).

Coilliot (Jacq.).

Delporte.

Dubreuil, veuve.

Ducarnois.

Lattaignant.

Le Porc d'Ornicourt.

Libert.

Podevin (Gillet).

Vaffeur (Pierre).

FABRIQUE *de Savons noirs.*

Delporte, Fabriquant.

RAFFINERIE *de Sucre.*

Bequerelle.

Podevin.

BOURBON (Ifle), dans la mer d'Etyopie en Afrique, à 20 lieues de l'Ifle de France, & à 2680 de Paris.

PRODUCTIONS ET COMMERCE *de riz, fucre, caffé & bois d'ébène & de construction.*

Amat, Négociant.

Avril (Madame), *idem.*

Bois Martin, idem.

Deroftaing & Hermans, Entrepreneur des Forges.

Fourneau, Nég.

Navarre Cotteret; & Comp.

BREMEN, ville d'Allemagne libre Imperiale & Anféatique fur le *Vezer*, à 170 lieues de Vienne.

Cette ville eft après celle d'Hambourg, une des plus confidérable pour le Commerce. Elle a environ 150 Navires, dont une partie eft deftinée à la pêche de la Baleine & le furplus à l'importation & exportation des diverfes marchandifes qui entrent dans fon Commerce.

COMMERCE ET FABRIQUE DE TABAC, &c.

Buxtorff. Nég. Commif.

Conrard Wilhemy. Idem.

Deberfeld (Antoine).

Juger, freres.

Lambert Jacobfon.

Meyren.

Schroder, freres.

Scutten.

Viel Jelhaufen.

BRIGNOLLES, ville de France en Provence, à 203 lieues de Paris.

PRODUCTIONS ET COMMERCE *confidérable de cuirs, huiles d'olives, oranges, amandes & pruneaux, connus dans le Commerce fous le nom de Brignolles.*

Barberoux, Nég. Commif.

Bayle, idem.

Rouffelin, l'aîné.

Rouffelin, cadet.

BRUXELLES, ville des Pays-Bas, Capitale du **Brabant** sur la Seine qui la traverse à 60 lieues de Paris.

Bidermann, Nég. Commf.	Leynieres, Banquier.
Chapel, Banq. Commif.	Olbrechts, Commiffionnaire.
Coue, Commiffionnaire.	Overmann, Commif.
Danoot, Banq. Commif.	Romberg, Commiffionnaire.
Debay, Banquier.	Vandercloefter, Banq.
Deflandes, Neg. Commif.	Valckiers, Banq.
Crau de Turck, Banquier.	Vanfchoor, Banq.

BUFFY, Paroiffe de France en Champagne, près de Rheims.

PRODUCTIONS ET COMMERCE *de vins très-eftimés.* Voyez les Commiffionnaires de Rheims & Epernay.

CADIX, ville confidérable d'Efpagne dans l'Andaloufie, avec un très-bon Port, à 356 lieues de Paris.

Poids. 100 livres de Cadix, font 93 liv. 1 quart de Paris.

Mefure en continence. La mefure de grains, s'appelle *fanegue* elle contient environ 4 boiffeaux & demie de Paris.

Cette ville eft regardée comme le centre du Commerce de l'Efpagne ; c'eft dans fon Port que l'on charge tous les ans, les galions & les autres Vaiffeaux qui vont porter dans le nouveau monde, les productions des Fabriques & Manufactures Européennes, & qui en rapportent en échange de l'or en lingot & en poudre, & de l'argent en barres & en piaftres. On rapporte auffi de *Cadix* des vins précieux de *Malaga*, de *Rota*, de *Xerès* & de *Tinto*. Des citrons, des oranges, fruits fecs, des cuirs en poils, perles, Emereaudes, indigo, cacao, quinquina, laines de Vigogne, bois de Campêche de Gailhac, beaume du Pérou, Squine Salfe pareil, &c.

Quelques-uns des Négociants & Commiffionnaires les plus connus, font MM. :

Barrere (Louis) Serrazin, & Compag. Nég. Banquier Commiffionnaire.	Galatoire, freres & Comp. id
	Goiran, oncle & neveu.
	Karleyent, Payent & Comp.
Cayla Solier Cabanes, Jugla & Comp., Arm., &c.	Labadie, & Compag.
	Laffore & Compag.
Chancel & Comp. Banquier Commiffionnaire.	Laffere & Comp.
	Laville, freres & Comp.
Danglade freres & Comp.	Le Couteux & Comp.
Dubernard, Jauriquibery, & Compagnie. Idem.	Le Fer, freres & Comp.
	Lefcar.
Durand (Chriftin), & Compagnie. Idem.	Magon.
	Mercy, la Caffe & Comp.

EPICERIES-DROGUERIES.

Prafca, Arboré & Comp.
Quentin, freres & Comp.

Simon, Arnail, Fornier, & Comp.
Viraard, Montant; & Comp.

CAEN, ville de France, capitale de la baffe Normandie, à 3 lieues de la mer & à 51 lieues de Paris.

Poids & Mefures, les mêmes qu'a Paris.

Banquiers, Commiffionnaires.

Cuffy.
Douffieres.

Duperré.
Signard.

VOYEZ les tablettes de renommée de la DRAPERIE, &c.

CAHORS, ville de France, dans la Guyenne, capitale du Quercy, à 12 lieues de Montauban, & 126 lieues de Paris.

Poids. On fe fert ordinairement du poids de table qui eft d'un cinquieme moins fort que le poids de Marc.

Les huiles fe vendent à un poids particulier, qui équivaut à 116 liv., poid de marc & à 145 livres, poid de table. La *Pipe* pour les Vins eft comme à Bordeaux.

PRODUCTIONS ET COMMERCE *confidérable de vins; eaux-de-vie, hules de noix, trufles, &c.*

Ces vins connus fous le nom de *vins noirs*, fe vendent aux Armateurs de Bordeaux, qui les font paffer pour leur compte, à des Négociants de Hambourg, de Rotterdam & autres parties du Nord.

Les eaux-de-vie qui fe font à Cahors, font preuve de Hollande. La pièce contient 52 verges.

Carriol, Nég. Comiff.
Durand, idem.

Ifaac (Baptifte) idem.
Nadal, idem.

CALAIS, ville de France dans la Picardie; à 32 lieues de Londres, & 61 de Paris avec un port franc fur la Manche.

COMMERCE *confidérable de vins & eaux-de-vie de Bordeaux de la Rochelle & de Nantes. Sels de Brouage, beurres & cuirs d'Irlande & autres marchandifes en tous genres des Fabriques & Manufactures de France & d'Angleterre.*

Quelques-uns des principaux Négocians, Commiffionnaires, font : MM.

Audibert l'aîné, Nég. Com.
Caffiery, Comiff.
Carmier, Banq. Comiff.
Carmier du Faux, B. Comiff.
Devimeux, Banq. Comiff.

Dupont pere, Nég. Comiff.
Dupont, fils aîné, idem.
Fayol, Banq. Comiff.
Hemery, Nég. Commiff.
Laurent (Ifaac). idem.

Leguillon.

Leguillon l'aîné, idem.
Mollien, idem.

Montbaillarcq, idem.
Tellier de Blantiez.

CANY, Bourg de France en Normandie, à 39 l. de Paris. Poids & mesures. Le baril d'huile de 60 pots, pèse 248.

FABRIQUES ET COMMERCE considérable d'huiles de lin & de rabette, à la fourniture & consommation desquelles vingt moulins à eau ont peine à fournir.

Négocians, Fabricans & Commissionnaires.

Auquetil (Pierre).
Deschamps (Pierre).

Gedeon Guillaume).
Le Pilleur (Augustin).

CAP-FRANÇOIS, ville & Port de mer sur la côte septentrionale de l'isle S. Domingue.

PRODUCTIONS ET COMMERCE considérable de sucres bruts & blancs, indigo, caffés, cotons, cacao, cuirs en poil & tanné, taffia, liqueurs & sirops.

Mazois, Nég. Commis.

Vaultier & Compag., idem.

CAUDEBEC, ville de France en Normandie, capitale du Pays de Caux à 38. l. de Paris, avec un canal où les Navires qui viennent de la mer peuvent mouiller.

FABRIQUES de vinaigres & Commerce de vins, eaux-de-vie, plumes, ardoises &c.

Duilly, Fabric. & Comis.
Le Cerf, Nég. Comiss. en vins.

Lestiboudois, Fab. & Comis.
Rondel, Fab. & Comiss.

CETTE, ville de France & Port de mer sur la Méditerrannée, dans le bas Languedoc ; à 6 l. de Montpellier & à 194 de Paris, très-renommée par la supériorité de ses Salins.

Cette ville peut être considérée comme l'entrepôt-général des *vins, eaux-de-vie, huiles, verd-de-gris,* & autres productions ou marchandises des Fabriques & Manufactures de Nismes, Montpellier, Carcassonne, Ganges & Lodève, qu'on exporte chez l'Etranger.

Quelques uns des Négocians, Commissionnaire les plus connus, sont MM.

Berrail (L.).
Bousquet.
Bresson.
Contaldo (Dominique).
Fliviers.
Grand Jean.

Imbert.
Lamarche (de)
Mercier (Charles).
Romans.
Ruchon.

MM ***. Les Concessionnaires & Administrateurs des Salines, privilégiés du Roi.

D

EPICERIES-DROGUERIES.

CHABLIS, ville de France en Baſſe Bourgogne, à 3 l.
d'Auxerre & à 43 l. de Paris.

PRODUCTIONS ET COMMERCE *conſidérable de vins blancs de
bonne qualité & connus avantageuſement dans le Commerce.*

Chapotin la Jonchere, Négoc.   Feuillebois, idem.
  Commiſſionnaire.   Rathier, idem.

CHAGNY, bourg de France en Bourgogne.

PRODUCTIONS ET COMMERCE *de vins fort eſtimés, dont les
                      envois ſe font preſque tous à Beaune.*

Voyez les Négocians & Commiſſionnaire de Beaune.

CHALONS, ville de France en Champagne, ſur la riviere de Marne, à 7 l. de Reims, & à 40 lieues de Paris.

PRODUCTIONS ET COMMERCE *conſidérable de grains, chanvres & vins de Champagne rouge & blancs, en pièces & en
bouteilles. La vente des chanvres ſe fait principalement dans
les Foires de la Saint-Dénis & de la Saint-Martin.*

Boitel, Nég. Commiſſ. pour   Laverne, les vins, &c.
  les vins, &c.   Lepinette, les grains, & chan.
Bouet, les vins, &c.   Salmon, les grains & chanvres.
Fontaine (veuve), les chan-   Morel, les grains & chanvres.
  vres, &c.   Tonnancourt, les vins, &c.

Vinaigres fins & moutarde, dont il ſe fait un très-gros Commerce.
Theuveny, Fabricant.

CHALONS *Sur-Saône*, ville de France en Bourgogne,
très-commerçante; à 15 lieues de Dijon.

PRODUCTIONS & COMMERCE *de vins d'une bonne qualité, bleds &c.*

Le Port de cette ville étant, pour ainſi dire, l'Entrepôt
des deux mers, on y fait deſcendre des vins du Beaujolois,
du Maçonois, du Dauphiné & du Languedoc & des fers
des forges, de Bourgogne & de la Franche-Comté avec
nombre d'autres objets de Commerce, qui rendent cette
ville très-floriſſante.

Royer (Loüis), Négociant Commiſſionnaire, en tous
  genres.

CHAMBOLLES, Paroiſſe de France, près de Nuits en
Bourgogne.

PRODUCTIONS & COMMERCE *d'excellens vins.*

Voyez les Négocians & Commiſſionnaires de Beaune.

CHAMERY, Paroiſſe de France en Champagne, près
de Reims, en Champagne.

EPICERIES-DROGUERIES.

PRODUCTIONS ET COMMERCE de vins d'une bonne qualité.

Voyez les Négocians & Commiffionnaires de Reims, & d'Epernay.

CHAMPAGNE (la), eft une des plus belles Provinces de France, renommée par l'excellence de fes vins, dont il fe fait un commerce & des envois confidérables dans les quatre parties du monde. Voyez les Négociants-Commiffionnaires de *Reims, Châlons, Epernay,* &c.

CHARLEVILLE, ville de France en Champagne, à 50 l. de Paris.

PRODUCTIONS & COMMERCE de grains, bierre & ardoifes.

Agnel, Négociant, Commiffionnaire en grains.

Chaffoureaux, tient une Brafferie.

Colard & Chatelain, en ardoif.

Laurent, Nég. Commiffionnaire en grains.

Loleau, idem.

Morin, tient une Brafferie.

Piel, idem.

CHARTRES, ville de France, capitale de la Beauce, à 15 de Paris.

COMMERCE de bled confidérable dont la majeure partie fe convertie en farine fur le lieu.

Bouvet, l'aîné. *Fouré, Girault,* Banquier. *Lemaire.*

CHASSAGNE, Paroiffe de France & Bourgogne : près de Beaune.

PRODUCTIONS ET COMMERCE d'excellens vins.

Voyez les Négocians & Commiffionnaires de Beaune.

CHASSELAS, Paroiffe de France en Bourgogne près de Mâcon.

PRODUCTIONS & Commerce de bons vins.

Voyez les Négocians & Commiffionnaires de Mâcon.

CHATEAU-SALINS, ville de France en Lorraine, à 68 l. de Paris.

PRODUCTIONS ET COMMERCE de fels, cendres & faffran.

La Saline d'où fort ce fel peut en former 50 à 60 muids par jour & fuffit pour fournir toute la Lorraine, les Voges, les trois Evêchés, le Barrois, le Clermontois, Sédan, Charleville & Mézières.

VINCENT Directeur & Receveur-Général.

Les cendres des Salines étant reconnues pour être meilleures que les autres. On en fabrique du falin qui fe débite aux Marchands.

EPICERIES-DROGUERIES.

Hainglaife, Entrepreneur.
Grillet, Nég. Comiff. en bled

& faffran, dont la récolté eft très-abondante.

CHATELLERAULT, ville de France en Poitou, à 68 lieues de Paris.

PRODUCTIONS ET COMMERCE confidérable de grain, vins, & eaux-de-vie, du Poitou, de la Saintonge, du pays d'Aunis & d'Angoumois, pruneaux, anis, coriandre, cire, huile de noix & de lin, &c.

Quelques-uns des principaux Négocians, Banquiers & Commiffionnaires les plus connus, font MM.

Brault (Vincent), Négociant, Banquier.

Contencin pere & fils, les vins, eaux-de-vie, &c.

Creuze, frere, Nég. Banq.

De la Haye, les vins, eaux-de-vie, &c.

Le Coq & Cheneau, Nég. Ban.

tiennent une Blanchifferie de Cire.

Martineau, le Coq & Comp. les vins, eaux-de-vie, &c.

Preau (Philippe). Banq.

Turquaut, pere & fils, Nég. Banquiers tiennent une blanchifferie de Cire.

CHATILLON-Sur-Marne, petite ville de France en Champagne, à 3 lieues d'Epernay, & à 7 de Reims.

PRODUCTIONS ET COMMERCE de vins d'une bonne qualité.

Pecheux, Nég., Commiffionnaire. Voyez, Rheims, Châlons, Epernay, &c.

CHAUMONT en Baffigny, ville de France, fur la Marne, à 57 lieues de Paris.

BLANCHISSERIE de Cire. Les Cires qu'on y prépare, fe tirent de la Bretagne, du Limofin, de la Pologne & de l'Allemagne.
Dufauffay, Entrepreneur.   Gentil, idem.

CHERBOURG, ville de France en Normandie, à 85 lieues de Paris. Avec un port de mer.

PRODUCTIONS ET COMMERCE de feves, Cire, Beurre excellent & peut être le meilleur de la France, bœufs, porcs, lards & jambons falés, foudes de Varecq pour les verreries, &c.

Négocians, Armateurs & Commiffionnaires.

Couey des Effards,
De Chantereine.
Dorival Feuardem,
Dulongpré Couey,
Hervieu, pere & fils,
La Tourelle Caubiffon.
Llals freres, tiennent parti-

culièrement la partie des foudes de Varecq,
Macé, l'aîné.
Poftel, freres, tiennent particulièrement les foudes de Varecq, pour les verreries,
Preval Seguineau.

Quondam, tient particulière- *Rouxel.*
ment les foudes de Varecq. *Simon Bras.*

CHINON, ville de France en Touraine, à 6 lieues de Saumur, & à 10 lieues de Tours.

PRODUCTIONS ET COMMERCE *de grains, vins, eaux-de-vie, prunes de Sainte Catherine, pruneaux, amandes, huiles de noix & cerifes feches, dont il fe fait des envois confidérables à Nantes, Orléans & autres villes commerçantes du Royaume.*

Mollandin, & Compagnie, Négociant Commiffionnaire.

Voyez les Négociants Commiffionnaires de *Saumur.*

CHOUILLY, Paroiffe de France en Champagne, près d'Epernay.

PRODUCTIONS ET COMMERCE *d'excellens vins.*

Voyez les Négocians Commiffionnaires, d'*Epernay.* &c.

CLAMECY, ville de France dans le Nivernois.

PRODUCTIONS ET COMMERCE *de bois à brûler.*

Bogne, Marchand de bois. *Desbons*, idem.
Breton, idem. *Lalande*, le jeune.

CLERMONT, ville de France, capitale de l'Auvergne; à 88 lieues de Paris.

COMMERCE *de Pâtes de pomme & d'abricot qui paffent pour les meilleures qu'on connoiffe en ce genre.*

Deveze & Malleville, Négoc. *Lamotte*, Nég., Banq.
Doniergue, idem. *Luftrat*, Nég.
Heulz, idem. *Vazeille*. idem.
Juge, Nég., Banquier.

COGNAC, ville de France dans l'Angoumois, fur la Charente, à 20 lieues d'Angoulême, & à 100 lieues de Paris.

PRODUCTIONS ET COMMERCE *confidérable de vins, eaux-de-vie efprit-de-vin & graines de lin.*

Mefure en continence. Le tonneau eft compofé de 4 Barriques, contenant 28 à 30 veltes.

Les eaux-de-vie & l'efprit-de-vin fe vendent par 27 feptiers mefure de Paris, & fe mettent communément en futailles, de 60 à 65 feptiers & quelquefois en pipes de 90 fetiers.

La graine de lin, fe vend à la *pochée*, qui pefe 160 liv., poids de marc.

Les vins, connus fous le nom de vins de *Borderies*, font fort eftimés, & les eaux-de-vie fur-tout, tiennent le premier rang parmi celles qu'on fait dans le Royaume. Les meilleures font celles qui font faites avec le vin blanc. La graine de lin, n'y eft pas moins eftimée & il fe fait de chacun de ces objets des envois confidérables tant dans l'intérieur du royaume, qu'en Hollande, en Angleterre, en Irlande & autres pays étrangers.

Augier freres, Nég. Comif.

Charrier (Louis), idem.

Gautier (Guy), idem.

Gafpard de Leriget des Roucheres , idem.

Heneffy & Saule , idem.

Lallemand (Michel).

Martel Lallemand, veuve , & Compagnie.

Penchaud d'Epende.

Wolprecht. idem.

COLOGNE, ville d'Allemagne, capitale de l'Electorat du même nom, fur le Rhin, à 104 lieues de Paris.

·Poids· Le poids dont on fe fert à Cologne eft de 4 pour 100 moins fort que le poids de marc.

COMMERCE confidérable de vins du Rhin & de la Mofelle.

Bianco , Nég. Commiffionnaire en tout genre.

De Tolagre, idem.

Erven , Nég., en vins.

Efchvveiler, Commif.

Effer , idem, en vins.

Hendrichs ,

Honeff, idem , en vins.

Kramer , en vins.

Kugelgen , Commiffionnaire.

Laforet, Commiffionnaire.

Martini, idem.

Prengrueber.

Schmitz , en vins.

Scholl & Schulrgen.

Ulpenich , en vins.

Commerce de Tabac.

Honeff.   Pleniffen.   Reinhard.

Eaux de Cologne.

Farina, Diftilateur de la véritable eau de Cologne, renommée à fi jufte titre par fes excellentes qualités.

COMMERCY , ville de France en Lorraine fur la Meufe, à 60 lieues de Paris.

PRODUCTIONS ET COMMERCE de grains, vins, bois, bœufs & chanvre.

Négocians Commiffionnaires.

Baudot, en vins. &c.

Ceillier, idem.

Frezier. idem.

Le Rouge, idem.

Marchands de bœufs qui s'achetent dans la Franche-Comté , s'engraiffent dans le Commercy, & fe vendent dans le Verdunois , le Clermontois, &c.

Piquant.

Rollin, idem.

EPICERIES-DROGUERIES.

CONSTANTINOPLE, l'une des plus grandes villes de l'Europe, capitale de l'empire Ottoman, avec un Port vaste & sûre à 576 lieues de Paris.

Négocians, Commissionnaires, en tout genre.

Aciotti.	Paschal Bazili, & Comp.
Bonfi & Figlio.	Rosales.
Famin, & Compag.	Thomaso, & Comp.
Nathan (J.)	Ventura Fua, & Comp.

COPENHAGUE, ville capitale du Dannemarck, avec un bon port sur la mer Baltique, à 110 l. d'Amsterdam 180 de Londres, & 225 de Paris.

COMMERCE *considérable de suifs, chanvres, cabillaud, stocfikz, froment, ferments, seigles & bestiaux maigres.*

Quelques-uns des Négocians, Armateurs & Commissionnaires les plus connus, sont : MM.

Buscki & Compagnie.	Isemburg (veuve), & Compagnie.
Courtonne, fils.	
David & Jogn Broswn.	Isseln.
Hermanda.	Wewer, & Compagnie.
	Zinn. (J. L.)

COUCHES, bourg de France en Bourgogne près d'Autun sur la *Saône*; à 4 lieues de Châalons & à 92 de Paris.

PRODUCTIONS ET COMMERCE *considérable de vins de bonne qualité & eaux-de-vie. On recueille année commune sur ce territoire & les environs plus de 30000 pièces de vins, & 500 tonneaux d'eau-de-vie.*

Les cantons de Precelle, la Foize, Noizerret, Bouhy, la Creuse & Nyon sont les plus renommés.

Il s'y fait 4 à 500 tonneaux d'eaux-de-vie par an.

Les vins se vendent comme dans toute la haute Bourgogne par pieces contenant 240 Pintes, mesure de Paris.

Bellemain, Nég. Commiss.   Segoillot, cadet.

COULANGE-LA-VINEUSE, bourg de France en Bourgogne à 2 lieues d'Auxerre, près d'Autun.

PRODUCTIONS ET COMMERCE *de vins de très-bonne qualité.* Loger, Nég. Commiss. Voyez les Comm. de *Beaune & Auxerre.*

CRAMENT, Paroisse de France en Champagne, près d'Epernay.

PRODUCTIONS ET COMMERCE *d'excellens vins blancs.*

Voyez les Commiſſionnaires de *Reims*, *Epernay*, &c.

CRAVANT, ville de France en Bourgogne, près d'Auxerre.

PRODUCTIONS ET COMMERCE *de vins, qu'on peut aſſimiller
aux vins d'Auxerre des deux premieres claſſes.*

Voyez les Négocians & Commiſſionnaires d'*Auxerre.*

CROISIC (le) ville de France, & port de mer en
Bretagne à 102 lieues de Paris.

FABRIQUE *de ſoude qui ne le cede en rien à celles d'alicante &
commerce conſidérables de grains, vins, eaux - de - vie, ſel,
miel, &c.*

De la Marque l'aîné, Nég. Commiſſionnaire.

DANTZICK, ville libre dans la Pruſſe-Royale. L'une des
quatre capitales anſéatiques ſur la Viſtule, près de la mer
Baltique avec un bon port & un très beau canal à 74 l.
de Warſovie & 300 de Paris.

COMMERCE *de bleds, vins de France, de Hongrie, de Tokay,
eaux - de - vie camphrées, ſuifs, ſoufres, & autres objets
d'Epicerie.*

Négocians Commiſſionnaires.

Dobles (Emmanuel).	*Raffeiſen.*
Daringue & Beringhenſen.	*Scuman & Paules.*
Flehere.	*Thomas Hermand Long.*
Hoffman & Berend.	*Woolff.*

DIEPPE, ville de France qui eſt regardée comme le
principal entrepôt de ſalines du Royaume avec un port de
mer dans la Haute-Normandie, au pays de Caux à 38 l.
de Paris.

COMMERCE *de harengs, de maquereau & de morue.*

La pêche du hareng ſur-tout eſt très-conſidérable, &
occupe plus de 100 bateaux du premier au 10 Septembre.
Les autres pêches ſe font vers la fin d'Octobre. Le hareng
des deux premieres eſt apporté ſalé dans des barils. Celui
de la derniere n'eſt ſalé en mer que les jours ou les bateaux
n'empêchent que peu, le ſurplus eſt verſé en rade dans des
chaloupes, & vendu à des Marayeurs qui le portent à
Paris, & dans pluſieurs autres villes.

On nomme le hareng auquel on a ouvert la gorge, &
qu'enſuite on a ſalé & mis en baril, *hareng blanc*, parce
qu'il

qu'il n'a rien perdu de sa couleur argentine. Il se vend au *Lest* composé de douze barils, contenant chacun environ un mille; l'autre se nomme *hareng saur*, parce qu'après avoir été salé moitié moins que le *harang blanc*, on l'expose pendant quinze à dix-huit jours à la fumée, & qu'il prend une couleur rousse.

Chaque *Lest* de harang blanc avant d'être expédié est *paqué*, c'est-à-dire *alité* & pressé dans huit barils ou 16 demi barils ou 32 quarts ou 64 huitieme. Le baril *d'hareng saur* contient 1020 & le demi baril 510.

Le *Maquereau* est un poisson de passage comme le harang. La pêche se divise pareillement en *salée* & *fraîche*. La premiere pêche se fait aux côtes d'Irlande & à l'entrée de la manche, depuis la Quasimodo jusqu'à la mi-Juillet. La pêche fraîche se fait sur les côtes de Dieppe au commencement du mois de Mai, & finit pareillement à la mi-Juillet; on le vend comme le harang, à des *Marayeurs*, qui le transportent frais à Paris & dans plusieurs villes du Royaume.

La Morue se pêche au *Banc de Terre-Neuve*, se sale avec du sel gris, & *s'alite* en pille dans les navires. Celle qui se pêche en *Islande* s'apprête à la maniere Hollandoise; se sale avec du sel blanc, & s'alite dans des barils. La majeure partie des armateurs de Grand-Ville & de Saint Malo, expédient pareillement pour Dieppe, ce qui rend cette branche de commerce très-considérable & proure à cette ville, une source inépuisable de richesses.

Négocians, Armateurs en salines.

Arnois freres.	*Cavaro* (fils) Colas)
Boillay (Augustin).	*Dandasne* (Nicolas)
Boisseau (Pierre).	*Lemaître.*
Boulard (Salomon).	*Martel* (veuve).
Cavaro (veuve).	*Vassé* (Guillaume).

Négocians, Armateurs & Commissionnaires en salines.

Blanquet (Bonaventure).	*Lecanu* (fils).
Boillay l'aîné.	*Legrand* (l'aîné).
Breuzen (veuve & fils.)	*Legriel* pere & fils.
Duval.	*Legriel* (Jacques.)
Feré (Jean).	*Lemesle* (Joseph).
Flouest (Louis).	*Lemesle* (Jacques.)
Flouest (Jacques)	*Lendormy.*
Fou (Jean).	*Losiner* (Antoine).
Jean (Jacques).	*Niel* l'aîné, Sal. & Ver.
Lebrun (Philippe).	*Niel* (Louis) Sal. & Ver.

E

EPICERIES-DROGUERIES.

i.. hault (fils).   Vasse (Abraham).
Michault (Pierre).   Vasle (Etienne).

Négocians commissionnaires en salines. MM.

Albitte Dorival (veuve). Losiner (veuve).
Beaucousin.   Morisse (veuve).
Bourbon.   Niel (Jean).
Cavaro (l'aînée veuve). Paon (Louis).
Cavelier pere.   Reine (Charles).
Cavelier fils.   Richard (Louis) Sal. Ver. &c.
Garnier Abdon.   Thiessray.
Hamel (Jacq.) & Ch. neveu. Toumire (Mathieu).
Hamel (veuve) Camille. Voisin (Antoine).
Lebarun &c.   Voisin (Niël).

MANUFACTURE ROYALE de tabac, à l'instar de celle de Paris ; on y brûle tous les trois mois l'écorse de tabac, & le tabac defectueux dont les cendres se vendent pour servir à perfectionner le blanchissage des toiles.

DIJON, ville de France, capitale de Bourgogne, à 67 lieues de Paris.

Mesures en continence. La mesure pour les vins se nomme *queue*, on la divise en deux *pieces* ou *poinçons*, chaque poinçon se divise en deux *feuillettes*, contenant 120 bouteilles de Paris, chacune.

PRODUCTIONS & COMMERCE *de grains, vins & pastels.*

Les vins sur-tout y sont très-renommé par leur bonne qualité.

Négocians commissionnaires pour la réception & expédition de toutes sortes de marchandises.

Bureau puîné, neg.commis. Rameau veuve & fils.
Champagne frere, id. Tronc & compagnie, idem.
Covard, id.

FABRIQUE *de Moutarde.*

Naigeon, fabriquant de moutarde, fait des envois partout le Royaume.

DOUAY, ville des Pays-Bas, dans la Flandre Fançoise, à 6 lieues de Cambrai, & à 45 de Paris.

Poids & mesures, le poid dont on se sert est de 14 onces & la mesure pour les grains pese environ 150 liv.

PRODUCTIONS & COMMERCE de lins en bottes, très-estimés & graines de *colsat, houblons* &c.

Cailleaux, négociant. commiss. *Dubuisson,* idem.

FABRIQUE *d'huile, de lins & de colsat. Villok fabric.*

DUNKERQUE, ville de France dans le comté de

Flandre , avec un port de mer fur la manche , à 60 lieues de Paris.

Cette ville, par la franchife de fon port, fert pour ainfi dire, d'entrepôt à toutes les nations qui y font paſſer tous les objets de leurs productions ou de leur induſtrie. La pêche de la morue en Islande , fait une des principales branches de commerce : les Dunkerquois entonnent leurs morues & la falent comme les Hollandois. La tonne repaquée en faumur contient 300 livres de poiſſon , & en fel fec 312 livres , poids de ville, ou de 14 onces.

La meſure pour les liquides eſt le *pot* qui tient 2 pintes & demi de Paris ; celle pour les grains eſt la *raſiere*, peſant 240 liv. poids de marc.

Quelques uns des principaux Négocians , Armateurs pour la pêche de la Morue & du Hareng, ſont : MM.

Ajer (Guillaume).	*Lombard.*
Caſtelin (J. B.)	*Longeville* Pere.
Delbaere.	*Mazurier.*
Gillodts (Pierre).	*Morel* (veuve).
Jaccaud.	*Ringaert.*
Leroy (J. Bapt.)	

Négocians Armateurs faiſant la Commiſſion.

Bettefort & comp.	*Gomba* & *Archdeacon.*
Cailliez pere.	*Guitron.*
Caſtelin (Ch. Ant.)	*Hendrix Driexſen* aîné.
Chamonin.	*Licbaert* & freres.
Connelly fils & Arthur.	*Lointhier* pere & fils.
Darras & fils.	*Meſgnot* , Dallec.
Debaecque freres.	*Morel* veuve & fils.
Debonte, Lemaire & *Wan-Uxem.*	*Peichiers* , freres.
	Pol (J.) & comp.
Decroos & *Roland.*	*Power* (C. L.)
Degarvier.	*Reynaud* freres.
Delaſtre , d'Alkerque.	*Styval* Pierre & fils.
Devinck (François).	*Torris* (jeune).
Didier (Melchior).	*Treſca* (Conſtant).
Dourlen (Auguſte).	*Treſca* pere.
Drouillard & fils & *Thierry.*	*Treſca* Bonaventure.
Emmery, pere & fils.	*Vande caſtelle*
Fiquois (P. Etien.)	*Voeſlin* freres.

Négocians en vins.

Hendriexſen Pierre.	*Mazuel* & comp
Labenne & *Alart.*	*Oſlin.*
Maerten **Deputte.**	

EPICERIES-DROGUERIES.
FABRIQUES DE TABAC.

Brieex (Pierre).
Debruyne.
Demerffeman.
Denis (Pierre).
Defticker freres.
Devulf.
Donche.
Edouard.

Froye (Louis).
Froye (Pierre) & fils.
Hecquet & Hovelt.
Louvat (Jacques).
Maffelin.
Mouton.
Vandeper (Ant. & fils.)
Vercouftre (J. B.)

RAFINERIE DE SUCRE.

Varlet propriétaire.

GENIEVRERIE à l'inftar de celle de Hollande.

Carpeau de Maricours & compagnie.

AMIDONNERIES.

Baillon,   Thibault.   Longeville fils.

EDIMBOURG, ville capitale de l'Ecoffe, à une demie lieues de la mer, 90 lieues de Londres, & à 197 lieues de Paris.

PRODUCTIONS & COMMERCE, Chanvre, Laine, Charbon de terre & poiffon falé.

Négocians commiffionnaires en tout genre.

Audrens (Ino.)
Barnerman (h.) id.
Facolour (Rich) id.
Lothium (Ino.) id.

Selonhonften (& comp) id.
Walkerplecher (David) id.
White & Martin, idem & no-
tamment la partie des laines.

EPERNAY, ville de France en Champagne, fur la Marne, très-renommée par l'excellence de fes vins, à 6 lieues de Reims & 30 lieues de Paris.

Mefure en continence, la queue que l'on divife en deux pieces pour la facilité du commerce, contient environ 460 bouteilles.

PRODUCTION & COMMERCE confidérable de Vins blanc & rouge de la premiere qualité, auxquels font encore réunis ceux que produifent les fameux côteaux dAy, Hautvillers, Pierry & Cumieres, qui y font adjacens. Voyez REIMS.

Quelques--uns des négocians commiffionnaires, faifans des envois de ces vins, tant en pieces qu'en bouteilles, partout le royaume, & dans les pays etrangers, font MM.

Dautez nég. commiff.
Gillet nég. commiff. id.
Lochet de Vaudidon, id.
Lochet du Chenes, id.

Marc nég. commiff. id.
Moette id.
Vileme, id.

EPINAL, ville de France dans la Lorraine, fur la Mo-zelle, à 4 lieues de Remiremont, & à 92 de Paris.

EPICERIES-DROGUERIES.

Mesure en continence, *l'imal* rempli de froment, pese environ 23 liv. & forme la huitieme partie du *régal*, qui est la mesure la plus usitée de la province ; l'avoine & l'orge se mesurent *comble*.

PRODUCTIONS, FABRIQUES & COMMERCE d'*Huiles*, *de Chanvre*, *de Lin*, *Navette*, *Colsat*, *Chenevis*, *dont il se fait des envois considérables en Alsace & en Suisse.*

Deblaye nég. commission. en grains.	*Laroche*, les grains.
	Phulpin.
Dispot & Mongin id.	*Piconot & Billot*, les huiles.
Guilgot, les huiles.	*Toussaint.*
Hallier, les grains.	*Viriot.* idem.
Honot, les huiles.	*Voirin & Adam*, les huiles.
	&c.

Commerce de bois vulgairement appellé bois de Vosge, dont une partie se convertit en planches, & le surplus en merain, ételles de collier, sabots, pelles, bois de crible & de tamis, &c.

Billot, nég. commiss.

ESTAMPES, petite ville de France dans la Beauce, sur la riviere de Juine, à 13 l. de Paris.

PRODUCTIONS & COMMERCE de *bleds*, &c.

Chevalier nég. commiss. en grains &c.

Hamouy pere, idem.	*Hamouy* fils, idem.

EU, ville de France dans la haute Normandie, à 38 l. de Paris.

FABRIQUE *de Savon vert*, *très-estimée.*

Hocquet (Pierre) fabriq.

Rabion négt. commiss. en tous genre.

FECAMP, ville de France & port de mer, en Normandie dans le pays de Caux, à 45 l. de Paris.

PRODUCTIONS & COMMERCE de *Soudes*, *de Vareck*, *Thé*, *Eaux-de-vie*, *Huiles de lin & de robette*, *bois de teinture & salaison de Hareng*, *Maquereau & Morue*, *dont il se fait un Commerce & des envois considérables dans toute l'étendue du royaume.*

Quelques-uns des Négocians Commissionnaires les plus connus, sont MM :

Berigny (Jean).	*Marcottes*
Clery (Bernard).	*Massif.*
Leduey.	*Tougard.*
Lesage.	

FINAL, petite ville de la république de Gênes.

PRODUCTION & COMMERCE, *Citrons*, *Huiles & Dragées.*

Casanova (Jean-Baptiste)	*Ferry* (Jean-Baptiste.)

EPICERIES-DROGUERIES.

FONTAINEBLEAU, ville de France dans le Gâtinois, à 14 l. de Paris.

PRODUCTIONS & COMMERCE *de Genievre en abondance, & fort estimé.*   t

Gouet, Marchand Epicier, fait un élixir & un ratafia de genievre, très-recherchés.

FONTENAY-LE-COMTE, petite ville de France dans le Bas-Poitou, à 122 l. de Paris.

PRODUCTION & *Commerce de bleds.*

Gaspard, nég. commiss.   Roulin, idem.

FRANCFORT, ville impériale & anséatique d'Allemagne, sur le Mein qui la partage en deux parties, dont une porte le nom de *Francfort* & l'autre celui de *Saxen-Haufen*, à 110 l. de Paris.

Cette ville tient un rang distingué dans le commerce par son heureuse position qui la rend, pour ainsi dire, l'entrepôt de l'Allemagne, & du commerce que la Hollande, la France & l'Angleterre entretiennent avec cette partie de l'Europe.

Le commerce qui s'y fait, notamment pendant le temps des foires, est immense, aussi sont elles célebres dans toute l'Europe; chacune d'elles dure trois semaines, & commence l'une à la seconde fête de Pâques & l'autre à la Nativité de la Vierge. Les marchandises sont exemptes de tous droits pendant les trois premiers jours.

COMMERCE *d'epiceries, drogueries laine & autres marchandises des Isles & des Indes.*

Quelques-uns des négocians les plus connus en cette partie, sont : MM.

Bauman (Christian) négociant commissionnaire.

Bethman, banq.	*Grimeisen*, Banq.
Bolongaro freres.	*Mults* neg. commiss.
Boulomgaro nég. commiss.	*Olenschlager* banq.
Busth (Martin) nég. commiss.	*Passavam*, freres, nég. com.
Butman banq.	*Ramadier*, idem.
Clarus nég. commiss.	*Renier*, idem.
Elbling, idem.	*Keuss*, id, *Smith* banq.
Gontard, idem.	*Schweiser*, id. commiss.

Nota. Il y a un bureau d'indications générales privilégié impérial, du commerce de l'Europe, à Franfort où l'on donne avis de tous les événemens qui peuvent intéresser les négocians, l'industrie, les sciences & les arts.

Il en coute 6 liv. pour faire inférer quelque chose de quelques pays que ce soit ou pour commission qu'on accepte, sous une provision modique, & 3 l. pour une reponfe fur toutes demandes & informations paffageres.

Le même bureau eft établi à Paris, rue d'Anjou Dauphine, N°. 14.

FRONTIGNAN, petite ville de France dans le bas Languedoc, à une lieue de Cette, & à 137 lieues de Paris.

Cette ville eft très-renommée par l'excellence de fes vins mufcats, qui font très-recherchés, & font les delices des meilleurs tables; fes eaux-de-vie & raifins en caiffe. ne font pas moins eftimés. *Voyez* CETTE.

GAILLAC, ville pricipale du pays Albigeois en Languedoc, fur la riviere du *Tarn*, à 7 l. de Touloufe, & 150 l. de Paris.

Cette ville dont la fituation eft une des plus agréables & des plus favorable au commerce; eft l'entrepôt de celui du haut Albigeois, du Rouarge & d'une partie de l'Auvergne.

PRODUCTION & COMMERCE, de vins connus dans l'étranger, fous le nom de vins *du Coq*, qui ne le cedent en rien au vin de Bordeaux, & font très-recherchés par les négocians d'Hambourg, d'Amfterdam & autres pays du nord.

Quelques-uns des négocians les plus connus, font: MM:

Cauffe pere & fils.   Loubery.
Lacombe.   Teyffonnieres freres.

GAND, ville capitale de la Flandre, Autrichienne, au confluent de l'Efcaut, à 10 lieues de Bruxelles, à 66 l. de Paris.

Poid, 100 livres de Gand valent 94 liv. poid de marc. La mefure du grains s'appelle *hefter*, 56 font 19 fetiers de Paris.

COMMERCE *de Vins, Grains, Lin, Chanvre, Colzats ou graines de choux pour faire de l'huile, Alun, Couperofe, Potaffe, Brai, Suif, Goudran* &c.

Audenrogge, banq.   Hamelling, idem.
Cardon.   Poorter, Romberg & comp.
De Vulf.   Tricot, Idem.

GÈNES, villes ancienne, des plus confidérables d'Italie & capitale de la république du même nom.

Sa fituation en forme d'amphitéatre, fur le bord de la mer, la beauté de fon port qui a 3000 de circuit, & fon opulence, l'ont fait appeller *Gènes la fuperbe*.

Cette ville tire des quatre parties du monde, des mar-

EPICERIES-DROGUERIES.

chandifes de toutes ofpeces ; celles qu'y apportent les étrangers font dépofées, en arrivant, dans un magafin que l'on
nomme *porto franco*, & ne payent de droits qu'à proportion de la vente ; s'il n'y a point de débit, le bureau
de la république permet de les remporter fans payer aucun tribut, n'y pour l'entrée ni pour la fortie.

PRODUCTIONS ET COMMERCE *Limons, Oranges, Olives*
Figues, Amandes, Confitures fèches & glacées, Fromage
de Parme, Macaroni, Vermicelli & Lazaigne, Huiles
d'olives, Savons, Parfums, Caffé, Corail & Drogues du
levant pour la médecine & la teinture

Quelques uns des négocians, commiffionnaires les plus
connus, font : MM.

Aubert (Pierre).	*Panage*, (Antoine).
Bagnafco (Jérome).	*Paumier*, les héritiers de Jean
Boiffier.	Gafpard.
Kregt-Niz & comp.	*Panago* (Ant)
Leopoldi & *Conticci.*	*Schalapffer.*

GENEVE, ville capitale de la république de ce nom,
fur le Rhône qui la divife en deux parties inégales, &
lui ouvre une voie de communication avec les deux mers,
à 28 l. de Lyon, & 128 l. de Paris.

Bonnel freres, commiffion-	*Garrigues*, frere de Luc &
naires en tous genre.	compagnie banq.
Mirabeau & *Chapui*, com-	*Martin* veuve, & *Banslin*,
merçans en épicerie.	idem.
Sautter (Daniel) pere & fils.	

GERARDDEMER, paroiffe de Lorraine, près Remiremont. où s'adreffent les lettres.

PRODUCTIONS & COMMERCE *de fromages anifés, façon d'Hol-*
lande, très-recherchés depuis quelques années.

Vaftheler, idem.

Valentin, Claudet, nég. commiff. à la Breffe.

GIVRI, paroiffe de France en Bourgogne, près Châlons fur Saône, renommée par l'excellence de fes vins qui
paffent pour les plus délicats du Châlonois, *Voyez*
CHALONS.

GOIX-LES-SAINT-BRICE, Paroiffe de France en Bourgogne, près d'Auxerre, renommée par la bonté de fes
vins, qu'on peut affimiler aux vins d'Auxerre de la premiere claffe.

De Lifle, Commiff.	*Guinier - Boulanger*, idem.
Voyez AUXERRE.	

GOURNAY-EN-BRAY, ville de France en Normandie,

EPICERIE S-DROGUERIES

à 5 lieues de Beauvais, très-renommée par l'excellence de
ses beurres & fromages qui sont fort recherchés.

Carbonnier, Nég. | Commiss. Salmon idem. | Samson. id.

GRAND-VILLE, ville de France sur les confins de la
Normandie & de la Bretagne, avec un port de mer, à
75 lieues de Paris.

PRODUCTIONS & COMMERCE considérable de salaisons,
huîtres marinées en barils, morue verte, merluche, &c.

Quelques-uns des Négocians-Armateurs les plus connus,
sont : MM.

Boisnard, l'aîné.	Hugon, l'aîné.
Boulmer.	La Houssaye.
Clément-des-Maisons.	Le Magnonet.
Deslandes.	Perrée.
Deslandes-Beaupré.	Piquelin.
Dumanoir-le-Pelley.	Tapin.
Forterie-des-Cerisiers. & com.	

GRAND-VILLIERS, bourg considérable de France en
Picardie, à 22 lieues de Paris.

PRODUCTIONS & COMMERCE de grains, huiles de lin,
de navette, cidres, poirés &c.

Baron, nég. com. huiles &c.	Magnier (Cl.) les cidres.
Berni de Monsure les huiles.	Mortier (Nic.) les cidres.
Butteux (F. L.) à le Halloy.	Mortier-la-Feuill:de.

Caudriller fils aîné, les cidres. Segaul veuve, à Sarnoy.
Marteau.

GRASSE, ville de France en Provence, à 26 lieue
d'Aix, & 173 de Paris.

PRODUCTIONS & Commerce d'oranges, citrons, berga-
motte, huiles, amandes, figues, &c.

FABRIQUES de parfums, eaux d'odeur, quintessence, save-
nettes, pommades, eau d'écorces de citron, boîtes de toilettes
borbonnieres, dont il se fait un débit & des envois considé
rables dans toute l'étendue de l'Europe.

Artaud, nég. commiss.	Luce, idem.
Berard, idem.	Pugnaire.
Bonin, idem.	Ricord.
Gérard, fils.	

GRAVELINES, ville du pays bas dans la Flandre Fran-
çaise, avec un port, à 60 lieues de Paris.

PRODUCTION & Commerce de pois, beurre & fromages.
Hochard, nég. commiss.

GRENOBLE, ville de France, capitale du Dauphiné,
sur l'Isere, à 124 l. de Paris.

Teissert, freres, tiennent magasin & assortiment considé-

F

rable de liqueurs, & notamment le ratafiat commun, renommé, fous le titre de *Ratafiat de Grenoble*.

GRUYERE, petite ville de la Suiffe, au canton de Fribourg, renommée par l'excellence de fes fromages, connus dans le commerce fous le nom de *fromage de Gruyere*.
Veu & compagnie, négociant-commiffionnaire pour la partie de fromages.

GUYANNE (la), Colonie françaife dans l'Amérique méridionale, dont Cayenne eft le chef lieu.
PRODUCTION & COMMERCE *de fucre, caffé, indigo, rocou & coton, qui eft le plus eftimé de tous les cotons des Colonies françoifes de l'Amérique.*
Franconie, nég. commiff.

HAMBOURG, ville libre & impériale, premiere place de commerce de l'Allemagne, avec un bon port, à 36 l. de l'océan & 200 l. de Paris. On eftime que le commerce de cette place, qui correfpond avec toutes les principales places de l'Europe, fe monte à plus de 80 millions par an.

Les objets d'exportation de cette ville, font les bois de conftruction pour la marine royale. Les cuivres en planches, les plombs en faumon, le fer-blanc en feuilles, les tôles, fils de fer & de laiton, le bleu d'azur, l'arfénic, les cires, laines, plumes & foie de porc, les huiles de baleine, les fanons & les fpermes qui en proviennent.

Poids, 100 livres de Hambourg ne pefent que 98. poids de marc.

Quelques-uns des Négocians les plus connus, qui font le commerce avec la France, font : MM.

Berend Roofen.	Eybe (N. B.)
Bezeler & Claeffen.	Engel (Jean-Frédéric).
Boué (Pierre) & fils.	Eidald.
Carftens (Frédéric)	Eggeling (J. G.).
Claimer (Guillaume) le jeune.	Godefroy (Jean Céfar).
& Wefphalen.	Godefroy (Pierre).
Dier (Jean) & Euft. Cordes.	Gottlieb, Knaulth (veuve)
Diderie de Dobbeter.	Charles.
Doorman (François).	Greve (Jean-Gérard).
Doerner (Martin).	Græpel & Heife.
Droop (Jean-Frédéric).	Gries (Pierre) & fils.
Duncker (Jean-Frédéric).	Hancker (Jean).

EPICERIES-DROGUERIES.

Haffe (Joachim Mathias).
Henckel & Eimbeke.
Herman, Conrard, Schœr.
Henrick Peterſen.
Hœpner.
Kauffman (C. D.)
Klefecker & Paſchen.
Kœſter (Paul).
Kœſter, freres.
Kramer (veuve Paul) & Bernard Rooſe.
Krummes (Louis).
Knoop (D. K.)
Lieneau (Daniel).
Leers, freres.
Lib & Jean Weſtphalen.
Locher (Guillaume).
Luis (Jean) & fils.
Lutkens (François Nicolas).

Mathieſſen & Silem.
Mutzenbecher (André).
Mart. Ser. Ohman & comp.
Corn. Died. & Soh. M. Paulſen.
Poppe de Chapeau Rouge & compagnie.
Rendtorff (J. H.)
Reiners (Chriſtian).
Rucker & Wortman.
Rovohl (David Henry).
Rucker & Pepen.
Schoerder (Chrétien-Mat).
Stoppel, freres.
Wibran & Piſtorius.
Vidat & comp.
Wiedeman.
Voght (Gaſpard) & comp.
Worthman Jean).

BANQUIERS.

Aaron, Samuel, Vonhalle
Abendana, Mendez.
Aſſur, Geumg. (Joſephe).
Brandon, freres.
Brandon (Joſeph Iſraël).
Elie, Volf, Abraham, Vonhalle.

Heinecke.
Jal Battirsz.
M. L. Vonderporten.
Moſes, David, Hertz, Théodore.
Oppenhe.
Théodore Lavezzari.

Compagnies d'Aſſurance.

Flemmich (J. Franc.)
Giesbert, Cleking.
Kellinghioſen, Joachim.

Tonnies (Jean-Franç.)
Ulric, Maer.

Commiſſionnaires.

Averhof & Von Schewin.
Beckſtein & Sieveking.
Clamer Slbeth.

Gerard Henri, Walcke.
Von, Anen & Hinſch.

Nota. Outre la monnoye courante, frappée au coin de la ville, on y reçoit pluſieurs eſpeces étrangeres ; mais d'après leur valeur intrinſéque, & ſuivant le cours de la place. L'argent & l'or n'ont pas entr'eux une proportion fixe : l'or eſt réputé marchandiſe qui vaut plus ou moins, ſuivant le cours.

La banque eſt établie ſur les mêmes principes que celle d'Amſterdam ; ſon objet eſt de ſervir de caiſſe générale à tous les Négocians de Hambourg, qui, au moyen de cet établiſſement payent & reçoivent ſans tranſport d'eſpeces & par un simple revirement de partie. L'argent de banque vaut environ 24 à 25 pour cent plus que l'argent courant.

HARFLEUR, ville de France & port de mer en Normandie, à 2 lieues du Havre.

Rafinerie de sucre, dont le dépôt est au Havre.

MM. *Duval. Beaufreres*, Entrepreneurs.

HAVRE DE GRACE (le) ville de France dans la basse-Normandie, à l'embouchure de la Seine, avec un port sûr & d'un facile accès, à 45 l. de Paris.

La proximité de cette ville avec la capitale, & l'avantage que la Seine lui procure de pouvoir communiquer avec l'intérieur du royaume, & principalement avec la Normandie, l'Isle de France, la Champagne & la Bourgogne, rend cette place une des plus commerçantes du royaume.

Poids. Celui dont on se sert est connu sous le nom de poids-le-roi, qui est de huit pour cent plus fort que le poids-de-marc. On a accordé en outre des droits *de trait & de tarre*, sur les denrées coloniales ; cinq boisseaux & demi de grains, mesure du Havre, font le setier de Paris.

Administrateurs de la compagnie privilégiée du sénégal, chargés de la vente des gommes & autres marchandises traitées pour le compte de la compagnie.

MM. *de Chevremont & Massieu de Clairval.*

COMMERCE, *la pêche & l'importation & exportation des productions & marchandises des fabriques des différentes provinces de France, d'Angleterre, du Levant, du Nord & des Colonies.*

Quelques-uns des principaux Négocians, Armateurs, sont MM.

Amel & compagnie.	*Beziers, Carmicael & Donavan*
Bacheler & Faubisson.	*Bunel* (Jean-Bapt.)
Bailleul & Mondey.	*Chareau* & fils.
Barnabé & Besognet.	*Chevremont* & comp.
Baudry & Boulogne & fils.	*Christinat* (veuve) & fils.
Bassac & comp.	*Colleville* (J.)
Beaufils & Pouchet.	*Delabriere.*
Bechet.	*Delahaye* (veuve) *Lebouis* & fils.
Begouin, Demeaux, & compagnie.	*Delannoy* (Alexandre).
Bellot.	*Delonguemare de la Salle,* veuve & fils.

EPICERIES-DROGUERIES.

De Saint-Jean.
Dubois le jeune.
Dubuc (J. Bapt.).
Eyrier l'aîné (veuve).
Famin (veuve) & fils.
Fauconnier, Bonvoisin & compagnie.
Fauquet-le-Chibelier & Dufou.
Feray (veuve J.) & Majsieu.
Feray (J. Bapt.) & comp.
Ferée, Darcour (Pierre).
Foache (freres).
Fortin fils (P.).
Fosse (Em.)
Gauvin (M.) & fils.
Gregoire (veuve & fils).
Guerard, Rialle & comp.
Hauvé l'aîné.
Heroult (Franç.) & comp.
Homberg (veuve) & Homberg, frere.
Lacorne (Louis).
Lacoudrais, Baudry & le Prevost.
Lalanne.
Lacut, freres.
Lartois & Hardouin.
Lebourgeois (Phil.).
Lecouvreur & Guerard.
Lefébure.
Legrand (Louis) & comp.

Lemesle (Ch.) Oursel & Germain.
Lemesle (Louis) & fils.
Lemonnier (E. B.) freres.
Leseigneur (A) & Alexandre.
Levillain (veuve) & A. Dubuc.
Limosin (A).
Marc.
Martel.
Millot, fils aîné.
Monier (veuve Jean).
Morogeau.
Neyammer.
Paschal freres.
Pigeon (A) & fils aîné.
Poisson (J.)
Poullet (Ch.) & fils aîné.
Prier (G.) & Prier freres.
Quertier (J.) & Leduc l'aîné.
Reilly & comp.
Reynieke.
Rigoult & comp.
Roth.
Ruellan & comp.
Sporer & comp.
Stuart.
Thienllent femme Colleville) & comp.
Thurninger & comp.

MANUFACTURE de tabac très-estimé qui occupe plus de quatre à cinq cens Ouvriers.

M. Chaussé Directeur.

RAFINERIE de Sucre d'excellente qualité, & d'un très-beau blanc.

Eichoff, Entrepreneur.

Duval freres, propriétaires de la Rafinerie d'Harfleur qui n'est pas moins recommandable.

HODIMONT, bourg très-considérable des Pays-Bas, dans le Duché de Limbourg.

Négocians en gros, faisant le commerce & la commission en tous genres.

Rasquin pere,   Rasquin fils.

FABRIQUE de Savon.   Defaat, Fabric.

HONFLEUR, ville de France dans la haute-Normandie, avec un beau port fur la rive gauche de la Seine, à 2 lieues du Havre, & à 42 lieues de Paris.

PRODUCTIONS & COMMERCE, *Bled, Cidre & Bois de conf-truction. La pêche de Morue fur le banc de Terre-Neuve, fait un objet de Commerce très-confidérable.*

La Morue fe vend au cent qui eft compofé de 136 Morues de 24 pouces de long; celle qui eft au-deſſous de cette mefure jufqu'à 19 pouces, fe livre double au même prix. Le commerce des colonies eft le même qu'au *Havre-de-Grace.*

Quelques-uns des principaux Négocians-Armateurs, font MM.

Bermont.	*Legriel.*
Bruneaux.	*Lyon de St. Thibault.*
Heulte & fils.	*Prencord.*
Lacondraye.	*Rigoult.*

JARNAC, petite ville de France dans le pays d'Aunis, fur la Charente, à deux lieues de Cognac où s'adref-fent les lettres, & à 100 lieues de Paris.

PRODUCTIONS & COMMERCE *de Grains, Lins, Vins & Eau-de-vie très-renommée & connue fous le nom d'eau-de-vie de Cognac, qui y forme une très-forte branche de Com-merce: il s'en exporte plus de 15 à 1800 pieces dans le royaume & chez l'étranger.*

Quelques-uns des Négocians, Commiſſionnaires les plus connus, font MM.

Demontis (Paul).	*Renard* (Jean).
Ranfon (J. J.) & *Delamain.*	*Roulet* (Paul) & *Desbordes.*
Ranfon, Boisblanchard.	

JAVELLE, dans l'Iſle de France, à une demie-lieue de Paris.

MANUFACTURE *de Vitriol, fous la protection de Monfeigneur Comte d'Artois.*

M. *Vallet,* Directeur.

KINZINGEN, ville d'Allemagne en Franconie, fur le Mein.

FABRIQUE *de beau noir de lie de vin, connu fous le nom de* noir d'Allemagne.

Landermanne (Jean-Samuel) *fabriq.*

LANDERNEAU, ville de France, avec un port de mer sûr, en Baſſe-Bretagne, à 4 lieues de Breſt & à 125 lieues de Paris.

PRODUCTIONS & COMMERCE *de Grains, Pois, Feves, Cire & Miel très-eftimé, dont il fe fait des envois confidérables.*

Quelques-uns des principaux Négocians - Armateurs, Commiſſionnaires, font MM.

Duclos, Legris l'aîné	Leyer (Louis).
Dutoya (Jean).	Mazurier l'aîné, fait la banque & commiſſion.
Duval, Legris.	
Kros (Barthelemy).	Rouloin (J. B.)

LANGON, petite ville de France dans le Bazadois, à 10 lieues de Bordeaux.

PRODUCTIONS & COMMERCE *de Vins blancs d'une excellente qualité, & avantageuſement connus dans le Commerce, Eaux-de-vie &c.*

M. le Comte de *Saluces*, Propriétaire, fait des envois.

LANGRES, ville de France en Champagne, à 63 lieues de Paris.

COMMERCE *de Bled conſidérable, Vins, Chanvre & Fromages d'excellente qualité.*

Brayer, nég. pour la partie des bleds.	Jourdheuil (Mlle.) la partie des fromages.
Garnier, idem.	Lavayte, nég. en bleds, &c.
Gaucher, les vins, chanvres &c.	Sirodot, nég. en bleds.
Henry, idem.	Thevenot, Lataile, la partie des fromages.
Jacquot, la partie des ſrem.	

FABRIQUE & COMMERCE *de Mules de corde pour hommes & pour femmes, dont la femelle eſt de cuir & la couverture de cordes, peignées, nattées & doublées des peaux d'agneau ou de moutons.*

Babeau nég.	Merander.
Jourdain pere & fils, id.	Thevenot freres.

Négocians, Commiſſionnaires en tous genres.

Cornefert.	Monteco.
Migneret.	Populus pere.

LANION, ville de France en Bretagne, à 122 lieues de Paris.

PRODUCTIONS & COMMERCE *de Chanvre, Etoupes blanches & Beurre ſalé.*

FABRIQUE *de Mèche à canon.*

Noroy (veuve).	Kbriand nég.

LARMA, ville d'Italie dans la principauté de Gênes, près Monaco.

PRODUCTIONS & COMMERCE *d'Huiles fines, en abondance.*

Quelques-uns des principaux négocians, font MM.

Benſa (J. B.) & comp.	Rambaldy & comp.
Deze & comp.	Straforello & Peragalo.
Gaſaldy & comp.	Heurieux & comp.
Martin & comp.	

LA ROCHELLE, ville de France en Aunis, *Voyez*
ROCHELLE.

LEIPSICK, ville d'Allemagne, dépendante de l'électorat
de Saxe, à 15 lieues de Virtemberg

Cette ville est floriſſante par ſon commerce, ſur-tout
pendant le temps des foires du nouvel an, de Paques, &
de la Saint Michel, qui durent chacune quinze jours,
& y attirent un concours prodigieux de Négocians d'Allemagne, de France, d'Angleterre, de Hollande, de Suiſſe, de Gènes & d'Italie.

Négocians, Commiſſionnaires, MM.

Calvocy (veuve) & comp.	*Kuter* (J. H.)
Chilet, particulierement la	*Winhles* (Chriſt. Georges)
pelleterie.	& comp.
Frizeau freres,	

LIBOURNE, ville de France en Guyenne, dans le
Bordelois, au confluent de la Dordogne & de la riviere
de l'Iſle. à 5 lieues de Bordeaux.

PRODUCTIONS & COMMERCE *de Vins, Grains, Sel, Merrain, Verrerie & denrées coloniales, à l'inſtar de Bordeaux.*

Quelques-uns des principaux Négocians-Armateurs, ſont
MM.

Begaud.	*Fourcand* (Louis).
Fontemoing & Chaperon, Ar-	*Jaumard.*
mateurs.	*Lacaze.*
Fontemoing (Raymond).	*Largeteau.*
Fontemoing Louis) id.	*Nonette.*
Fourcand (Jean).	*Proteau.*

Négociant, Commiſſionnaire.

Delande le jeune.

LIEGE, ville libre & impériale d'Allemagne, dans le
cercle de Weſt, capitale de l'évêché du même nom,
ſur la meuſe, . . . lieues de Paris.

PRODUCTIONS & COMMERCE *de Charbon de terre, Alun,
Tabac, Epiceries & Drogueries pour la médecine & la
Teinture.*

Outre que l'alun du pays de Liege eſt de la meilleure
qualité, il ne s'en trouve point qui ſoit plus à portée de
la France ; auſſi tire-t-on de Liege la majeure partie de
celui qui s'y conſomme.

Propriétaires des Uſines.

La Baronne d'Aigremont	ſon agent, au château de
Le Duc d'Aremberg, s'adreſ	Houtepen.
ſer à M. *Jean de Bien*,	*Le Chevalier de Cheratte.*
	Parſy (l'Avocat).

Florine

EPICERIES-DROGUERIES.

Florine (l'Abbé de).
Fourneau.
Hauxeur (le commiffaire).
Jacobi (Louis J.) & comp.
Lamine, agent de l'état.
Macquenay & Grifard.

Mairlot (L. J.)
Malherbe.
Pirotte.
Planchard, chanoine.
Soyron, prep. de l'état.
Wifmael (le commiffaire).

Nota. On peut auffi s'adreffer directement aux voituriers, foutraitans, commiffionnaires avec d'autant plus davantages, que ceux-ci, en le conduifant eux-mêmes à fa deftination, fe chargent au retour, de vins, d'huiles, & autres marchandifes propres au commerce de Liege. Quelques-uns des plus connus, font MM.

Degille. | Elias. | Lejeune. | Offlers.

MANUFACTURE de Tabac qui fait aujourd'hui une des principales branches de Commerce de Liege, & dont la majeure partie paffe en Allemagne.

Bouctay nég.
Henkare (J).

Louval.
Méftrel.

FABRIQUE d'Eau forte. M. Hertz. fabriq.
FABRIQUE de Savon noir. M. Godenne fabriq.
FABRIQUE de Couperofe, Calamine & verd de gris.

Lenoir fabriq.

Paludé (veuve).

BANQUIERS.

Boekhous.
Larbalette (veuve) & Dubois.

Nagel Mackers.
Veftour (Mlles.) & comp.

LILLE, ville de France, capitale de la Flandre, à 52 lieues de Paris.

PRODUCTIONS & COMMERCE de Graines graffes, Beurre, Lin, Tabac & Garance, Savons, Sucre rafiné & Huiles. Que plus de 200 moulins à vent font occupés à préparer. Négocians faifant le commerce en gros par fpéculation. Quelques-uns des plus connus, font MM.

Degrielle nég.
Defchamps.
Defruelles.
Dhau.
Gruzon.

Leclerc (François).
Legrand le blond.
Lefage (Auguftin).
Martel (Pierre).
Queftroy.

Négocians faifant la commiffion.

Barret.
Caftelet & comp.
Desloigne.

Fruzon.
Salmin.

Rafineries de Sucre.

Ballion. Brame. Delcour. Mas. Morcou.

EPICERIES-DROGUERIES.

FABRIQUES de Savons.

Crepy.   Dathis (veuve).   François

LIMOGES, ville de France, capitale du Limosin, à 90 lieues de Paris.

Ardant (François) banquier.
Deffalles, nég. commiff.
Grellet idem.
Michel (Henry).

Michel (cadet).
Muret, écuyer.
Petiniaud (Jacques).

LISBONNE, ville capitale du Portugal, à l'embouchure du Tage, à 362 lieues de Paris.

PRODUCTIONS, COMMERCE & EXPORTATION de Bleds, Vins & Eaux-de-vie, Anis, Raisins, Citrons, Limons, Ananas, Sel, Tabac, Figues, Oranges, Indigo, Huile & fanons de Baleine, Cocos, dents d'Eléphant, Baume de Copahut, Ipécacuanha, Canelle, Poivre-long, Gingembre, Sucre commun, Sucre candi, Safran, Parfums & Fruits confits, secs & liquides.

Négocians commissionnaires MM.

Connolli & compagnie, le commerce d'Italie.
Dupont, Lepage & comp.
Fernandez (Antoine).
Gildemefter.
May & Coppendale.

Mellis, Pierry & de Wifmes pour le bois de brefil.
Pulyard (François).
Páry Meillish & comp.
Vandenvertken, la commif-sion d'Allemagne.

LISIEUX, ville de France dans la haute Normandie, à 37 lieues de Paris.

Deneuville & fils banquiers.   Thillaye idem.

LIVOURNE, ville d'Italie dans la Toscane, avec un bon port fur la Méditerranée, à 58 lieues de Rome.

La liberté qu'ont les étrangers, de faire entrer en cette ville, toutes fortes de marchandises, fans être aftreints à aucune visites, & la médiocrité de droits, d'entrée & de fortie, ont rendu fon commerce très-floriffant.

COMMERCE d'Huiles d'olives & de toutes fortes de Marchandife du levant & du ponent.

Quelques-uns des Négocians, Commiffionnaires les plus connus, font MM.

Aghib & comp.
Archivolti & comp.
Cazenove, freres.
Deleon (Joseph).
Fratelli Provanzal.

Gentil & Orr.
Leopold & comp.
Michael, Pereyra de Léon.
Montet (Ifaac).
Sapte.

LONDRES, une des plus confidérable ville de l'Europe, capitale de l'Angleterre, dans la province de Mildefex, fur la tamife, à 90 lieues de Paris.

EPICERIES-DROGUERIES.

Poids & Mefures en continence : on fe fert à Londres de deux efpeces de *Poids*. 100 livres du grands poids rendent 102 livres poids de marc, & 100 liv. du petit poids, ne rendent que 91 liv. & demi.

La mefure pour les grains s'appelle *Carte*, 32 cartes produifent 59 fetier de Paris.

La mefure pour les liquides eft le *Firkin* de 8 *Gallons*, & le gallon de 8 pintes de Londres ou quatre pintes de Paris : enforte que le Firkin équivaut à 32 pintes de Paris.

La banque de Londres a le privilege exclufif d'efcompter, tous billets & lettres de change, dont les termes d'échéance font au-deffous de 6 mois.

COMMERCE *confidérable de toutes les productions de l Inde & des Colonies.*

Magafins de Drogueries, de Chimie & Pharmacie.
Alex. Dalmahoy. Ludgate Hill.
Clarke & Acan. No. 8. *Barbican.*
Hardwcke Moore & Schappe Bifchopfgate ftreet.
Henry Batley Row fteert.
Niniam Ballentine. No. 89 *Wood ftreet.*
Richard Villiamfon No. *Wood ftreet.*
Richard Staveley Fenchurch ftreet.
Thomas Stallard Leadchalle ftreet.
Vezey Bradney & Robuch. No. 26. *Laurence Lane,* Cheap-fide.
Vm. Viner No. 166. *Fenchurch Sreet.*

BANQUIERS.
Quelques-uns des plus connus, font MM.
Arches, Bides-Mande, Warts & comp. No. 2. *Cohite, Harcourt, Lombard Street.*
Barclay, Divan & Bening No. 56. idem.
Batfon, Stephenfon & Hoggart, No. 69, idem.
Bland, Barnet, & Hoare No. 62. *Lombard Street*
Boldero, Barnfton, Carter, Smilh & Barnfton No. 5. *Manfion, Houffe Street*
Boldero, Kendall, Adey & Braffier, No. 77. *Lombard Street.*
Broun, Collinfon & Triton, No. 58, idem.
Caftel, Cohately & Pervel, No. 66, idem.
Charle, Negthingale & Nigtingald, No. 70, *Lombard Street.*
Dorien, Rucker, Dorien & Martin. No. *Finck Lance.*
Gines & Arknifon, No. 50, *Lombard Street.*
Gravart, Duntze, Praede & comp. No. 3, *Freemancourt Cornhill.*

EPICERIES-DROGUERIES.

Henry Hoare, Rich. And. Henry, No. 37, Fleet Street.

J. Thom. Halifax, Mills, Glyn & Mitton, No. 18, Birchin Lane.

J. William, Lemon, Barth, Buller, Furly, Lubbock & comp. N°. 11, Manfion, Houffe Street.

Lee Ayton & Braffey, No. 71 Lombard Street.

London, Exchange-Bankin & compagnie, Saint James Street.

Lowry, Necoton & compagnie S. E. Corner Lombard Street.

Magne & Graham, Yerminstreet Saint James.

Martin Stone, Blackwuell & Foot No. 68, Lons Lombard Street.

Mafon Currie, James & Jellowley, N. 22, Cornhill.

Moorhoufe, Willis & Read, N°. 76, Lombard Street.

Robert Child & comp. N. 1, Fleet Street.

Robert Drummond & comp. Charing, Croff.

Robert Herries & comp. St. James Street.

St. Charles Raymond, Bartharley, Weber & comp. George Street, Manfion Houffe.

Smith, Payne & Smith Manfion Houfe.

Staples, Roger, Baron, Th. Dimfdale Jonh. Dimfdale & Jofiah Barnard No. 50, Cornhill.

Thomas, Couttes & comp. No. 59, Near Durhain, Yard Strand.

Um. Low-Vere & Jennings, No. 20, Birchin-Lune.

Walpole, Clarke, Bourne & Potts, No. 28, Lombard Street.

Welch, Rogers & comp. N°. 8, Cornhill.

Wickendem, Moffait, Kenfington & Boler, No. 20. Lombard Street.

L'ORIENT, ville de France en Bretagne, un port de mer au fond de la baye de Saint Louis, à 121 lieues de Paris.

COMMERCE, Cafés de Moka & de Bourbon, thés de toutes nature, confiture, Aloës, Sel ammoniac, Siné, Salfepareille, Borax, Toutenague, Noix vomiques, Tamarin, Cachou, Cordanum, Amomum, Mufc, Civette, Effence de rofe, Sagou, Myrrhe, Caffe, Rhubarbe, Gingembre, Mufcade, Géroffle, Poivres de toutes efpeces, Epipotte, Canelle, Caffia lignea, Miel verd, Salpêtre cauris, Camphre, Encens, Benjoin, Gomme gutte, Laque arabique, Ammoniac, Elemi & toutes fortes d'épiceries & de droguecries.

EPICERIES-DROGUERIES.

Adminiſtrateurs de la nouvelle compagnie des Indes. MM.

Berard.
Berard cadet.
Bermier.
Bezard.
Dodun.
Decourlade.
Gougenot.
Monteſſuy.
Moracin.
Perier.
Sabatier & Deſprés.

Négocians Armateurs.

Quelques-uns des plus connus ſont MM.

Arnoult Deſſaulſays.
Barclay (J. H.) & comp. Maiſon Améric.
Bardon.
Berard (J. J.) & comp.
Bondeville.
Bonet freres.
Boulitreau.
Bourdé.
Deſchateles, aîné.
Deſchateles (le jeune.)
Delaye, freres.
Deſchiens (veuve) & Trentignan.
Deſclos (veuve) Schmaltz, & fils.
Duſſault (J.)
Ferrand, Lazé & comp.
Fourmy fils.
Galabert aîné.
Galabert jeune.
Gerard.
Godin.
Guerard.
Grubb, maiſon améric.
Henry de la Blanchetais.
Kbalaney.
Lanchon (J.) freres & compagnie.
Lapotaire & Vallée.
Lavayſſe, Puchelberg & compagnie.
Lemir.
Lelubois.
Lelubois de Marſilly.
Macarty (Wen.) maiſon Américaine.
Manſel (veuve).
Mazois & comp.
Marais (Michel).
Montigny de Montplaiſir.
Nesbitt (J. H.) & comp. maiſon Américaine,
Plantamour, Rillet & compagnie.
Quatrefages.
Riedy & Thurninger.
Saches (J. F.)
Salomon, maiſon Améric.
Therrien & comp.
Wilt Delmeſtre & comp.

LÜBECK, ville d'Allemagne, à 15 lieues d'Hambourg & 212 lieues de Paris.

COMMERCE, les Vins & Eaux-de-vie de Bordeaux, de Cette & de Bayonne, en retours deſquels on exporte des Marchandiſes & productions du Nord.

Négocians faiſant la commiſſion en Vins, & Eaux-de-vie, MM.

Kohpeis (J. C.).
Otto (J. T. H.).
Pleſſing.
Rettich. (J. H.) & fils.

EPICERIES-DROGUERIES.

Henry Hoare, Rich. And. Henry, No. 37, Fleet Street.

J. Thom. Halifax, Mills, Glyn & Mitton, No. 18, Birchin Lane.

J. William, Lemon, Barth, Buller, Furly, Lubbock & comp. No. 11, Manfion, Houffe Street.

Lee Ayton & Braffey, No. 71 Lombard Street.

London, Exchange-Bankin & compagnie, Saint James Street.

Lowry, Necoton & compagnie S. E. Corner Lombard Street.

Megne & Graham, Yerminftreet Saint James.

Martin Stone, Blackwuell & Foot No. 68, Lons Lombard Street.

Mafon Currie, James & Jellowley, N. 22, Cornhill.

Moorhoufe, Willis & Read, No. 76, Lombard Street.

Robert Child & comp. N. 1, Fleet Street.

Robert Drummond & comp. Charing, Croff.

Robert Herries & comp. St. James Street.

St. Charles Raymond, Bartharley, Weber & comp. Georg Street, Manfion Houffe.

Smith, Payne & Smith Manfton Houfe.

Staples, Roger, Baron, Th. Dimfdale Jonh. Dimfdale & Jofiah Barnard No. 50, Cornhill.

Thomas, Couttes & comp. No. 59, Near Durhain, Yard Strand.

Um. Low-Vere & Jennings, No. 20, Birchin-Lane.

Walpole, Clarke, Bourne & Potts, No. 28, Lombard Street.

Welch, Rogers & comp. No. 8, Cornhill.

Wickendem, Moffait, Kenfington & Boler, No. 20. Lombard Street.

L'ORIENT, ville de France en Bretagne, un port de mer au fond de la baye de Saint Louis, à 121 lieues de Paris.

COMMERCE, Cafés de Moka & de Bourbon, thés de toutes nature, confiture, Aloës, Sel ammoniac, Siné, Salfepareille, Borax, Toutenague, Noix vomiques, Tamarin, Cachou, Cordanum, Amomum, Mufc, Civette, Effence de rofe, Sagou, Myrrhe, Caffe, Rhubarbe, Gingembre, Mufcade, Géroffle, Poivres de toutes efpeces, Epipotte, Canelle, Caffia lignea, Miel verd, Salpêtre cauris, Camphre, Encens, Benjoin, Gomme gutte, Laque arabique, Ammoniac, Elemi & toutes fortes d'épiceries & de drogueries.

EPICERIES-DROGUERIES.

Administrateurs de la nouvelle compagnie des Indes. MM.

Berard.
Berard cadet.
Bermier.
Bezard.
Dodun.
Decourlade.

Gougenot.
Montessuy.
Moracin.
Perier.
Sabatier & Després.

Négocians Armateurs.

Quelques-uns des plus connus font MM.

Arnoult Dessaulsays.
Barclay (J. H., & comp.
     Maison Améric.
Bardon.
Berard (J. J.) & comp.
Bondeville.
Bonet freres.
Boulitreau.
Bourdé.
Deschateles, aîné.
Deschateles (le jeune.)
Delaye, freres.
Deschiens (veuve) & Tren-
     tignan.
Desclos (veuve) Schmaltz,
     & fils.
Dussault J..
Ferrand, Lazé & comp.
Fourmy fils.
Galabert aîné.
Galabert jeune.
Gerard.
Godin.
Guerard.
Grubb, maison améric.
Henry de la Blanchetais.

Kbalaney.
Lanchon (J.) freres & com
     pagnie.
Lapotaire & Vallée.
Lavaysse, Puchelberg & com-
     pagnie.
Lemir.
Lelubois.
Lelubois de Marsilly.
Macarty (Wen.) maison
     Américaine.
Mansel (veuve).
Mazois & comp.
Marais (Michel).
Montigny de Montplaisir.
Nesbitt (J. H.) & comp.
     maison Américaine,
Plantamour, Rillet & com-
     pagnie.
Quatrefages.
Riedy & Thurninger.
Saches (J. F.)
Salomon, maison Améric.
Therrien & comp.
Wilt Delmestre & comp.

LUBECK, ville d'Allemagne, à 15 lieues d'Hambourg
& 212 lieues de Paris.

COMMERCE, *les Vins & Eaux-de-vie de Bordeaux, de Cette*
& de Bayonne, en retours desquels on exporte des Marchan-
difes & productions du Nord.

Négocians faifant la commiffion en Vins, & Eaux-de-
vie, MM.

Koppeis (J. C.).
Otto (J. T. H.).

Plessing.
Rettich. (J. H.) & fils.

EPICERIES-DROGUERIES.

LUNEL , ville de France dans le bas Languedoc, à 5 lieues de Montpellier, 182 de Paris.

PRODUCTIONS &. COMMERCE *d'excellens Vins muscats, très-renommé & dont il se faits des envois dans toute l'étendue du royaume & des pays étrangers.*

Paillias , neg. commiss.

LYON , ville de France , capitale du Lyonnois , au confluent du Rhône & de la Saône , à 100 lieues de Paris.

COMMERCE *d Epiceries-Drogueries , Huiles de Provence & Fromages de Suisse.*

Quelques-uns des magasins les plus connus, en ce genre, sont de MM.

Amar.	Ferlat (Claude).
Adisson pere & fils & compagnie.	Goudard freres , tiennent la vraie thériaque de Venise.
Berthaud (François).	
Bessot.	Lombard & fils.
Bruneaud (François).	Loras.
Burbet (Ant.).	Majeur & comp.
Clavier.	Repond & comp.
Delorme.	Rique pere & fils & Lafond.
Delucenay pere & fils & Caillat.	Weguelin (Christophe) Scharbe & comp.

Négocians Commissionnaires.

Clerjon & Cramail.	Perrin & Carmagnac.
Jacond pere & fils.	

MANS (le) ville France , capitale du Maine, à 43 lieues de Paris.

FABRIQUES *de Cire & Bougies très-renommées , & connue avantageusement par sa bonne qualité & sa blancheur qui la font distinguer de toutes celles qui sortent des autres manufactures.*

Leprince pere & fils ancienne maison , fait la banque & commission.	Leromain , idem.
	Ory (veuve) idem.

COMMERCE *considérable de Volaille & Gibier, la volaille sur-tout y est d'une excellente qualité , aussi jouit-elle de la plus grande réputation.*

Fourniole Md. commiss. & pourvoyeur de la cour.	Luclot (veuve) id.

MARENNES , ville de France en Saintonge , à 14 lieues de Larochelle , & 134 lieues de Paris.

Mesure en continence , pour les grains. Le sel se vend

EPICERIES-DROGUERIES.

au cent, compofé de 28 muids, mefure de Brouage qui font 12 muids & demi de Paris ; le muid contient 24 boiffeaux, & le boiffeau pefe environ 80 liv. poids de marc.

Mefures en continence pour les liquides. Le vin fe met en en futailles de 29 veltes, & chaque velte répond à 8 pintes de Paris chacune. Les eaux-de-vie fe vendent à tant les 27 veltes & fe livrent en tierçon de 60 veltes, environ.

PRODUCTIONS & COMMERCE, *Sels, Vins, Eaux-de-vie & Huîtres vertes excellentes & très-renommées.*

Bertrand l'aîné nég.	*Menardy* l'aîné.
Dubourg idem.	*Veillon* pere & fils.
Godet freres, idem.	

MARSEILLE, ville de France en Provence, une des plus commerçante de l'Europe, & avantageufement fituée, avec un bon port fur la Méditerranée, à 169 lieues de Paris.

PRODUCTIONS & COMMERCE, *excellentes Huiles, Fruits exquis, Figues, Olives, Grenades, Amandes & Avelines Corail travaillé, Rafinerie de Sucre, Vitriol, Nitre, Alun & Souffre fupérieurement préparés, Bouchons de liege,* &c.

Le commerce de cette ville eft confidérable, il s'étend fur toutes les Marchandifes du Levant, des côtes de Barbarie, de la Morée, de l'Italie, de l'Efpagne, des ports de l'Océan, de la Méditerranée & de la Baltique, des principaux Etats de l'Europe, des Ifles Françoifes & de l'Amérique.

Quelques-uns des principaux Négocians-Armateurs, font MM.

Armant & Reynaud fils.	*Carle* (J. P.)
Armand & Rambaud.	*Cars, Tabaret* & comp.
Artaud (André Philippe)	*Chauvin* fils aîné.
Audibert (P. M.)	*Chavilly* (J. P.)
Audibert.	*Crefp.* (J. L. Marc).
Avdil (Leon) *& Sarmet.*	*Crefp* (Alex.)
Aycart.	*Daniel* (B.)
Bart & comp.	*Delaroque* (P. Ph.)
Barthelemy (Jacques).	*Dez* (Martin) & comp.
Baux (Jean & David)	*Dherculez* & comp.
Bec.	*Dillens* & comp.
Bigaud, Poulard & comp.	*Donu.*
Bourguignon, neveu.	*Dugnies* (Auguftin) & com.
Brouilhong, Acquis & com.	*Eymard* pere & fils.

EPICERIES-DROGUERIES.

Eyſſantier & Richerme.
Favre, Dragon & comp.
Ferrol & Bignan.
Feû (Pierre).
Folck.
Fouquet Lechibelier & comp.
Gaſpard & Jacques Hugues.
Gibauſſet (veuve).
Grenier (freres) & comp.
Guchard & Barry.
Guiſe (Pierre-Auguſt.)
Haguelon (J. B.)
Harnavon.
Henry (Joſeph).
Herman (Georges).
Hermite (Pere & fils).
Houſſu (Jér.) Blan & comp.
Hugues (G. & L.)
Icart (André).
Julien (L.)
Jué (Alex. & comp.
Kirck (J. J.)
La Baſtide, Sallet & comp.
Laroques (Philippe).
Lecouvreur & Guerard.
Lemée (François).
Ligean freres.
Lignier (L.) & comp.
Martin (Sébaſtien).
Martin, fils d'André.
Martin de la Cavalle.
Martin, Fabre & comp.

Meinier (L.)
Morel (D.) & fils.
Pailles (Joſeph)Niel & comp.
Pajan & Gouve.
Parain (Ant.) & comp.
Paraire & comp.
Paran, freres.
Parot, (Bonav.)
Peragallo (Barthelemy).
Perier, Salſe & comp.
Perin (Louis).
Philippe, cadet.
Pinatet (Hemt.)
Puzeau & comp.
Roux (Gaſpard).
Roux (J. J.)
Rouxelle, freres.
Salles (Ch. & Louis).
Samatan.
Second (Joſeph).
Second, fils.
Seguineau.
Seranne & Bardon.
Serot (M.) & veuve Palot.
Sicard (J. F.)
Solier, Martin, Salavi & comp.
Straforello & Peragallo.
Tarteiron & fils.
Tolofan, Jovas & comp.
Ventré & Paſchal.

MARTINIQUE (la) Isle de l'Amérique ſeptentrionale, la plus conſidérable des Antilles, ſous la domination françoiſe.

PRODUCTIONS & COMMERCE, Café, Sucre brut & rafiné, Sirop de Melaſſe, Tabac, Indigo, Rocou, Cacao, Poivre, Gingembre, Caſſe, Sené & autres Drogues médecinale & Epiceries.

Blancar, Roujot & comp. nég. commiſſ.

MÉES (les) petite ville de France en Provence, près de Forcalquier où s'adreſſent les lettres, à 188 l. de Paris.

PRODUCTIONS & COMMERCE d'excellens vins rouges.

. M. Salvator, Avocat, propriétaire de forts lots de vignes, fait des envois.

EPICERIES-DROGUERIES.

MEHUN SUR LOIRE, ville de France dans l'Orléanois, à 4 lieues d'Orléans & 32 lieues de Paris.
PRODUCTIONS & COMMERCE *de vins de fort bonne qualité.*

veuve *Baschet* & fils nég. commiss.	*Rapeau.*
Dargent , Lorieux.	*Rimbault*, pere.
Dubois , Flattet.	*Rimbault* , fils.
Jarry.	*Roger.*

MENTON, petite ville d'Italie de la principauté de Monaco.

PRODUCTIONS & COMMERCE, *Huiles , Citrons* &c.
Emery, pere & fils nég. commiss.
Alphonse & comp. *Aliany* (J. Bapt.)

MESSAS, paroisse de France dans l'Orléanois, près de Beaugency où s'adressent les lettres.
PRODUCTIONS & COMMERCE *de Vins propres à former un bon ordinaire.*
Desjardins nég. commiss. *Herbaudieres* , id.

METZ, ville de France, capitale du pays Messin, au confluent de la Moselle & de la Seille, à 72 lieues de Paris.
PRODUCTIONS & COMMERCE , *Vins , Eau-de-vie , Liqueurs, Confitures , Epiceries-drogueries* &c.
Négocians , Commissionnaires en épiceries-drogueries, tirées directement de Hollande.

Aubertin.	*Pantaleon.*
Blondin.	*Remy* (Nicol. l'aîné).
Dosquet.	*Remy* le jeune.
Gautier (Joseph).	*Schmals* (Mathias).
Hanesse (Toussaint).	*Taisson* (Jean).
Lemoine (Jacques).	*Valmerange* (l'aîné).
Marly (Luc & fils).	

MAISONS DE COMMERCE d'Epiciers Confiseurs, Liquoristes &c.

Cheneval, confiseur.	*Marchand* confis.
Hennequin Liquoriste,	*Roussel* confis.

FABRIQUE d'*Amidon.*
Baillere Fabric. *Martin* id. *Wattier* id.

PÉPINIERIERISTES faisant des envois en France & chez l'étranger , d'arbres à fruits & d'ornement de toute espece.
M..... ial fils. Simon freres.
Banquier *Commissionnaire en tous genre.*
Noel - Cheneval.

H

EPICERIES-DROGUERIES.

MEZIN, ville de France dans le Condomois, à 2 lieues de Nerac.

PRODUCTIONS & COMMERCE considérable de Lieges, Cires, Miels, Lieges en planches & fabrique de bouchons.

Bergens & Saintourens Négocians, Commiff. en tous genres.

Boué id.   Laporte id.   Leconte idem.

MIDDELBOURG, ville des pays bas, capitale de la Zelande, à 80 lieues de Paris.

PRODUCTIONS & COMMERCE de Garance non robées & Mulles.

Van-de-pene & Meyners nég. commiff.

MILHAUD, ville de France en Rouergue, à 170 lieues de Paris.

PRODUCTIONS & COMMERCE d'Amande en coques d'excellente qualité caffées & triées en forte.

Chabentour nég. commiff.

MONACO, ville & principauté de l'Italie, à 224 lieues de Paris.

PRODUCTIONS & COMMERCE d'Huiles & citrons &c.

Barriere (Jean-Bapt.) nég. commiff.

Daniel & comp. id.   Albing freres.

MONTARGIS, ville de France dans l'Orléanois à 30 lieues de Paris.

PRODUCTIONS & COMMERCE de Beurre·

Chaguet & Joly nég. commiff.

MONTAUBAN, ville de France dans le Quercy, à 140 lieues de Paris.

BANQUIERS.

Dumas freres.

Serres (Joseph) Bellio, Duges & comp.

Vialete, Daignan & compagnie.

MONTPELLIER, ville de France dans le bas Languedoc, à 2 lieues de la mer & 152 lieues de Paris.

PRODUCTIONS & COMMERCE Eau-de-vie, Esprit de vin, Liqueurs, Eaux de senteur, parfums, vins & Verd-de-gris.

La ville de Montpellier doit la possession exclusive de cette derniere branche de commerce a la propriété de ses caves, & principalement à la qualité de ses vins qui sont parfaitement propres à la manipulation du cuivre avec lequel on fait le vert-de-gris. Il s'en fait une très-grande consommation pour la Hollande, l'Angleterre, l'Allemagne & l'Italie, qui l'enlevent en poudre ou par pains de 25 livres.

Quelques-uns des Négocians, Banquiers, Commissionnaires les plus connus, sont MM.

Allut le cadet, banquier, commiss.	*Dinand* (veuve) & fils banq.
Barreau freres & comp.	*Eslor* & fils.
Bezard pere & fils.	*Fajon* freres.
Blouquier fils.	*Faul* & fils & *Vicla.*
Bonafoux freres.	*Isnel* & *Luchaire.*
Bourelly, *Puech* & comp.	*Lajard*, *Brunet* & comp.
Cambon & comp.	*Martin* (Pierre) banq.
Cambon (J. H. C. Pierre).	*Picot. Fary*, *Sue* & comp.
Coste.	*Pouier* freres.

MORLAIX, ville très-commerçante de France dans la baffe-Bretagne, avec un port sur la Manche, à 114 lieues de Paris.

La position favorable de cette ville, la rend le centre du commerce des trois grands Evêchés de *Léon, Tréguier & Cornouaille.*

PRODUCTIONS & COMMERCE : *pois, feves, beurre, graisses, miel cire, huiles & manufacture de tabac* qui occupe 7-à 800 ouvriers.

Quelques-uns des Négocians, Commissionnaires les plus connus, sont MM.

Barrere & Behic.	*Lange*, pere & fils.
Beau freres.	*Lannux* freres.
Bernard.	*Larraut* (veuve) & comp.
Cornic (veuve) & fils.	*Mazurié.*
Descombes (veuve).	*Miron.*
Lannux & *Lebras.*	*Pitot* (Pierre-Louis)
Dessaux.	*Rannou.*
Guen.	*Sermansan*, banq.
Hamelin. banq.	*Villard* (veuve) *Macé, de*
Lamotte Birée.	*Richebourg* & comp.

MOULINS, ville de France, capitale du Bourbonnois, sur l'Alier, à 67 lieues de Paris.

Négocians, Banquiers, Commissionnaires.

Gibon (Barthelemy).

Ripoud freres.

MUGRON, petite ville de France en Gascogne, près de Tartas, où s'adressent les lettres, à 198 lieues de Paris.

ENTREPOT & COMMERCE, *de Vins* de la Chalosse, du

EPICERIES-DROGUERIES.

Béarn & de l'Armagnac, dont il fe fait une très-grande confommation dans le Nord.

Négocians, Commiffionnaires.

Bollen (veuve).	Saint-Genez.
Breton (Mart. Ant.)	Tourton-Vanooftrom.
Domangé l'aîné.	Vanooftrom (Léon).
Lichigarey.	

MÜLHEIM, petite ville d'Allemagne dans le duché de Berg, près de Cologne.

COMMERCE & FABRIQUE de Savon.

Burgergs (Jean Theod.)	Dick Van Hees & comp.

FABRIQUE de Tabac.

Ewid (Dan.) Fabriq.

FABRIQUE de poudre à tirer.

Cramer (Guill.)

MURSAULT, bourg de France en Bourgogne, près de la ville de Beaune, très-renommée par l'excellence de fes vins. *Voyez* BEAUNE.

NANCY, ville de France, capitale de la Lorraine, à 72 lieues de Paris.

Banquiers.

Berthier, Henrion.	Duvez, pere.
de la Ruelle.	Lelong & Defrivages, pere.

NANTES, ville confidérable, & l'une des plus com-merçantes de France, dans la haute Bretagne, fur la Loire à 7 lieues & demi de fon embouchure dans la mer, à 87 lieues de Paris.

COMMERCE confidérable de Sucre rafiné, Liqueurs & autres marchandifes, exportées des colonies.

Quelques-uns des principaux Négocians, Armateurs font MM :

Arnoult pere & fils.	Chiron (Ant.)
Andrieux pere & fils.	Coiron freres.
Aubry Delafoffe.	Corperans freres & fils &
Babut (veuve) & Labu-	comp.
chere.	Dacofta freres.
Bally l'aîné.	Delaire, Painparay & La-
Baland.	maignere.
Bertault & Laudaluze.	Delamaignere l'aîné.
Bertault freres.	Delaville.
Blot & Sallenten.	de la Bouffeticre.
Bouteiller pere & fils.	Deluyne.
Charetre & Ozane.	Defnebrouq & fils.
Chaurant freres.	Deridelliere, Leroux.

EPICERIES-DROGUERIES.

Drouin freres.
Drouin.
Ducollet & fils.
Ducoudray Bourgault & freres.
Esnoul Delasandre & Caillaut.
Espivent, Delaville-Bonnet.
Exaudy & Lepot.
Feideau & Thébault.
Gerbier.
Geslin (veuve) & fils.
Guillon fils & de Lapivred.
Jacquier freres & comp.
Landaluse (B.)
Langevin freres.
Lassale.
Lathe-Baudiere freres.
Lemasne (veuve J. B.) fils
   aîné & Preaux.
Lemesle & Haudaudine.
Leray & Charet, Clartay.
Libault (F.) fils.
Lincoln.
Lory & Godin.

Macorelles.
M.zard (Ant.)
Michel & Ducamp.
Mnier (J. J.)
Montaudouin.
Morin (Pierre).
Mu... ., ...pin.
Murpi., . D...chose.
Pel.ier, D.boyer & Carrier.
Perro.. (Ambroise).
Pla.a.rd, Durieux.
Prebois.
Richard (G.)
Richard.
Riedy, Turminger.
Rucker, Bazelay.
Simon (Aug.) & Roque.
Taillebois.
Touchy.
Tourgouilhet & Rousseau.
Wilsescheim & Autus.
Vonbobart & Pralle.

NAPLES, ville capitale du royaume du même nom, avec un port sur la méditerranée, à 50 lieues de Rome & 350 de Paris.

PRODUCTIONS & COMMERCE, *Huile de pouille, & de Calabre pour les savonneries, Suc de réglisse, Manne, Vins & Eaux-de-vie &c.*

Les vins les plus connus & les plus recherchés, font ceux de Lacrimachristi, les blancs grecs, les vins rouges de puzzoli, Gragnano, piedimonti &c.

On tire aussi de Naples, du Ris, des fruits secs, des Oranges, des Limons, des Amandes douces & ameres, des Noisettes, du Safran, des noix de Galle, & autres objets d'épiceries &c.

Quelques-uns des Négocians, Spéculateurs, Banquiers & commissionnaires les plus connus, font MM.

Berio (F. Marie).
Cuteler & Heigelein.
Forquet (Charl.) & comp.
Janvier, de feu (Jean-Bapt.)
   Rossy.
Liquier, Falconnet & comp.

Meuricoffre, Scherb & comp.
Palomba (Jules).
Palomba (Nicolas) de feu
   Maiteo.
Perier (Mic.) & comp·
Peschair (Jean).

Rabi (Jean-Pierre) & comp. | Vieuffeux, Reimond & comp
Tirnay (Georges).

NEUFCHATEL, ville de Suisse, capitale du canton du même nom, à 94 lieues de Paris.

PRODUCTIONS & COMMERCE de Vins rouges & blancs, font estimés.

Boffet freres nég. commiss.

NICE, capitale du comté du même nom, à 170 lieues de Paris.

PRODUCTIONS & COMMERCE d'Huile fine, Citrons, & Anchois d'excellente qualité.

Coupon (J. Bapt. nég. com. | Leclair.
Deauchesse & comp. id. | Isaac Moïses & fils.
Gerard (Louis). | Imbert (J. Bapt.)
Laugier (J. B.) | Spitalier nég.

NIORT, ville de France dans le Poitou, sur la Seure, à 14 lieues de Poitiers, & 89 de Paris.

PRODUCTIONS & COMMERCE de Laines, Bled & Farine.
· Quelques-uns des Negocians les plus connus, font MM.

Bernard (Augustin) | Orillacq.
Bernard freres. | Taillefert, fils aîné.
Martin, Monteuil,

On tire aussi de Niort de l'Angélique confite de la premiere qualité.

Confiseurs tenant Magazin d'Angélique qui est très-renommées.

Gerbier (Louis). | Rocheteau (Philippe).
Gerbier (Geoffroy Philippe).

NUITS, ville de France en Bourgogne, à 3 lieues de Beaune & 65 de Paris.

PRODUCTIONS & COMMERCE, d'excellens Vins de Bourgogne de premiere qualité, connus fous le nom de vins de la côte de Saint-Georges.

Quelques-uns des Négocians, Commissionnaires les plus connus, font MM.

Jacquenot. | Marey freres.
Laufeure. | Vergnet.
Voyez la ville de BEAUNE.

OLERON (isle d') petite isles de France fur la côte d'Aunis & de Saintonge, à 8 lieues de Larochelle, & 130 de Paris.

PRODUCTIONS & COMMERCE, Vins & Eaux-de-vie.
Biscou nég. commiss. | Meaume.

EPICERIES-DROGUERIES.

Compere Delaubier. | Pinasseau.
Lajaille.

OLIOULLES, petite ville de France en Provence, à 11 lieues de Marseilles & 210 de Paris.

PRODUCTIONS & COMMERCE, *Olives, Huile fine, Amandes de toutes especes, Avelines, Figues, Raisins & autres fruits de Provence.*

Sauve & Guichard nég. commiss.

OLIVET, bourg de France dans l'Orléanois, à une lieue d'Orléans.

PRODUCTIONS & COMMERCE, *Vins & Vinaigre.*

Négocians Commissionnaires, MM.

Cribier. | Delalaye.
Gautry.

ORANGE, ville de France dans le Dauphiné, capitale de la principauté du même nom, à 5 lieues d'Avignon & 141 de Paris.

PRODUCTIONS & COMMERCE, *Bled, Vins, Huiles, Safran, Garance & Chenevis.*

Charat, nég. commiss.

ONEILLE, ville d'Italie sous la domination du Roi de Sardaigne, à 25 lieues de Turin & 13 de Nice.

PRODUCTIONS & COMMERCE *Huiles d'olives, connue sous le nom d'huile de port Maurice.*

Vieuseux (Jacques) & fils, & Beauregard Négocians, Commissionnaires.

ORLEANS, ville de France, capitale de l'Orléanois, sur la Loire, à 27 lieues de Paris.

Cette ville située presqu'au centre du royaume, est pour ainsi dire le dépôt général des productions de la Provence, du Languedoc, du Dauphiné, du Lyonnois, de l'Auvergne, de la Suisse, du Bourbonnois, du Nivernois & des marchandises qui sont exportées de la Bretagne. de de l'Anjou, de l'Aunis, de la Saintonges, de l'Angoumois & du Poitou. Le commerce particulier de cette ville s'étend sur toutes les productions & marchandises qui sortent de ses manufactures & des provinces circonvoisines.

Poids & Mesures en continence. On se sert du poid de marc. Le tonneau de vin d'Orléans s'appelle *queue*, qui contient 480 à 500 bouteilles, mesures de Paris; la *queue* se divise en deux demi *queues*, ou quatre *poinçons*.

La mesure pour les grains s'appelle *muid*, & pese 600 livres; le muid contient 12 *mine*; la *mine* deux *minots*; le minot deux *boisseaux*, & le boisseaux huit *litrons*.

EPICERIES-DROGUERIES.

PRODUCTIONS & COMMERCE, *Vins, Eau-de-vie, Vi-*
naigre, Sucre & Saffrans &c. Les vins font très-eftimés
& forment une branche de commerce confidérable.

Quelques-uns des Négocians & Commiffionnaires en vins,
les plus connus, font MM.

Bignon l'aîné , nég.	Houdouard (veuve).
Bouchez (Nicolas).	Lochon (veuve).
Couet , Girault commiff.	*Poupardin.*
Coulombeau (Barthel.)	*Poupardin du Vivier.*
Georgeon (commiff.)	*Poupardin des Ormeaux.*
Geftard , Bataille.	*Rathouis* commiff.

Négocians faifant auffi la partie des Vinaigre qui font très
renommés par leur excellente qualité.

Billard.	*Foucault* (Pierre).
Bonnefemme.	*Godard* (Pierre).
Boulard (Pierre).	*Laugrain.*
Boulard veuve.	*Leroy* (Pierre).
Carougea.	*Loché.*
Chatellain.	*Menager* pere.
Cimetiere.	*Quau.*
Crofnier (Pierre).	*Theriaque.*
Dubois.	

Saffran ; la majeure partie de celui qu'on recueil dans
le Gâtinois, fe vend à Orléans.

Négocians , Commiffionnaires.

Caffaing Poupaille (veuve).	*Leberche* veuve & fils.
Coulombeau.	*Piffeau Cagnié.*
Hugues.	

Objets d'Épiceries-Drogueries, exportées de différens ports
de mer , dont la ville d'Orléans peut-être regardées comme
l'entrepôt général.

Quelques-uns des principaux Négocians, font MM.

Bignon l'aîné.	*Lefort.*
Breton Geffrier.	*Lemoine , Monbrun.*
Chreftien.	*Louvel.*
Colas des Francs.	*Miron* (F.) *& Verger.*
Crignon de Bonvalet.	*Miron de Troies.*
Crignon , Sainfon & fils.	*Miron Fabus* freres.
Defay , Boutrou (veuve).	*Miron des Ormeaux.*
Defmadiers (L.) *l'Afneau.*	*Morand Faucher.*
Geffrier-Taillebert.	*Pajot* (Hubert).
Hubert , Huffon.	*Petit Billard.*
Lafneau l'ainé.	*Pineau* (Benoît) freres.
Lafneau le jeune.	*Piffeau Cagnié.*
Lefebvre.	*Pompon & Boileve.*

privé-

EPICERIES-DROGUERIES.

Privé-Hachin.

Rousset & Amelot (veuve).

Scurat de Guilleville.

Taffin Hudault.

MAGASIN, d'eau-de-vie, de l'Angoumois, de la Saintonge, du Poitou & principalement de Cognac, Chinon, Saumur, Amboise & Blois.

Bignon l'aîné nég. com.

Lafneau l'aîné id.

Mcrat freres.

Miron Fabus freres.

Rousseau.

RAFINERIES de sucre.

Les rafineries d'Orléans sont très-renommées ; tous les sucres qui en sortent sont d'excellente qualité, & il s'en fait un débit considérable dans toute l'Europe.

Négocians Rasineurs.

Colas de Brouville freres.

Colas de Malmusse & fils.

Colas de la Noue.

Crignon de Bonvalet.

Crignon-Sainson.

Culembourg & Dufour.

Delahaye. & Testulier.

Desfrancs.

Geffrier (F. Alex.)

Grivot le jeune.

Jogues & Guedreville.

Meusnier (Michel).

Miron & Taffin-Seurrat.

Miron-Levassor.

Raguenet.

Ravot (veuve) & Demadieres.

Sarrebousé de la Guilloniere.

Vandebergue, Ville Bouré.

Vandebergue (veuve) & fils.

BLANCHISSERIES pour la cire.
Négocians MM.

Brou.

Dumuys.

Germon (veuve) & Huquier.

Henry.

Négocians, Commissionnaires en tous genres MM.

Bignon l'aîné.

Bouchez (N.)

Chassaing (veuve) & Poupaille le jeune.

Coulombeau (Bart.)

De Boislandry freres.

Demadieres Fleury.

Guinebault & Gurner.

Hondouard (veuve).

Hubert-Husson.

Miron (Franç.) & Verger.

Rime (Paul).

Robillard.

Sergent Benoist.

OSTENDE, ville du pays Bas dans la Flandre Autrichienne, avec un bon port, à 10 lieues de Dunkerque & 76 de Paris.

COMMERCE considérable d'épiceries & drogues pour la médecine & pour la teinture.

Desgravieres (Pierre) & compagnie nég. commiss.

Hayaert & comp. idem.

Liebaert, Bacs & comp. idem.

I

EPICERIES-DROGUERIES.

PERPIGNAN, ville de France, capitale du Roussillon, à 175 lieues de Paris.

PRODUCTIONS & COMMERCE d'excellens vins, eau-de-vie, grains, fruits de toutes espèces, huiles, salicot & soudes pour les verreries & la fabrication des savons.

Les vins muscats de *Rivesaltes*, les vins blancs cuits, & ceux de *Macabeo*, de *Grenache* & de *Malvoisis*, ne le cedent en rien aux meilleurs vins d'Espagne.

-Riches propriétaires en fonds de vignes
MM. de la communauté de Saint Jean.
De la Hauliere, Seigneur & Commandant de *Salces*.

Quelques-uns des Négocians, Commissionnaires en tous genres, les plus connus, sont MM.

Astruc freres.	*Fages*.
Boulbenne.	*Jué*, commiss. tient le bureau
Cinglas.	du roulage.
Durand (Françoie).	*Martin* freres.

Change général, à l'hôtel des monnoyes, pour la négociation de toutes sortes d'effets sur les principales places du Royaume & de l'Europe.

Dastros, fondé de procu-	*Faure*, agent de change.
ration.	*Mathieu*, idem.

PHALZBOURG, ville de France en Alsace, à 11 lieues Srasbourg, & 92 de Paris.

FABRIQUE de Liqueurs fines.

Sarrey, distillateur, renommé pour la liqueur connue sous le nom *d'eau de Noyau de Phalsbourg.*

PITHIVIERS, ville de France dans l'Orléanois, à 18 lieues de Paris.

PRODUCTIONS & COMMERCE de vins, miels & saffran qui passe pour le meilleur de l'Orléanois.

Négocians Commissionnaires.

Duchesne, le saffran &c.	*Musnier*, id. & le miel, fort
Gaudon (veuve) les vins.	recherché à cause de sa blan-
Gaudon freres, id. & miels.	cheur, &c.
Marteaux, le saffran.	

COMMERCE de pâtés d'alouettes très-renommés.

Provencher, Patissier, fait des envois.

PONS, ville de France en Saintonge, à 22, lieues de la Rochelle & 144 de Paris.

PRODUCTIONS & COMMERCE de bleds, vins & eaux-de-vie.

Arbouin, nég. commiss.	*Broussard* & *Jarzon*.
Basset l'aîné.	*Dumorisson*.

PONTARLIER, ville de France en Franche-Comté, à 108 lieues de Paris.

Mauprel, banq.	Pion l'ainé, nég. commiss.
Parguez, veuve & fils, id.	Regnaud, banq.

PORT MAURICE, ville & port de mer d'italie, dans l'état de Genes près de Monaco.

PRODUCTIONS & COMMERCE, de bleds, citrons & d'huiles d'olives, en abondance & très-estimées.

Bensa freres.	Rembaldy.
Gastaldy (J. Bapt.)	Straforeta.
Giribaldy.	Varez, Idem.
Martin & comp.	Veuxieux & comp.

RÉ, (isle de) petite ville de France dans la Gascogne, à 3 lieues de la Rochelle.

RODUCTION & COMMERCE considérable de vins, eaux-de-vie, sels, vinaigre, morue, hareng, goudron &c.

Mesures en continence. Le sel se vend par 28 muids de 24 boisseaux chacun : le muid pese 2000 liv. & les 28 équivalent 12 muids de Paris.

Les liquides se vendent au tonneau, de 120 veltes le tonneau qui se divise comme à Bordeaux en 2 pieces ou 6 tieçons ; la piece en 2 barrique, & la barrique en 2 quarts de 15 veltes, dont chacune contient environ 8 pintes de Paris.

Quelques-uns des Négocians, Commissionnaires les plus connus, sont MM.

Bauffant, pere & fils.	Fournier, Desoræcaux & compagnie.
Baudin (François).	
Dechezeaux (G.) & Lan, vice commissaire de la marine de Hollande.	Fairholm & Luther.
	Kraefft (veuve) & comp.
Dechezeaux (Louis).	Rivaille Dupré, (veuve) & fils aîné.

REIMS, ville considérable de France en Champagne, sur la riviere de Vesle, très-renommée par l'excellence de ses vins, à 35 lieues de Paris.

PRODUCTIONS & COMMERCE immenses de vins rouges & blancs, mousseux & non mousseux. Les côteaux les plus fameux & les plus renommés, sont ceux de Versenay, de Bouzy, de Taisy, de Sillery, de Verzy, de Mailly &c. qui composent le vignoble de Reims, & produisent ces vins délicieux & recherchés dans toute l'Europe.

Négocians, Propriétaires faisans la vente des vins de leur crû, MM.

Aubert.	Callou.

EPICERIES-DROGUERIES.

Canelles.	Leleu.
Carbon.	Lepagnol.
Clicquot (veuve).	Levêque.
De Blois (veuve).	Maillefer.
Deligny.	Malphilatre.
Deperthes.	Mopinot.
Defemeufe (veuve).	Oudan (Chevalier).
Favart.	Oudin.
Foureau.	Paquot (veuve).
Fremins.	Patouillart.
Gadiot.	Picret.
Godinot.	Pinchart.
Guerin.	Prevoteau.
Hapillon.	Rivart.
Hedoin.	Robert.
Lagoille (veuvs de).	Rogier (veuve).
Lalondre.	Saubinet.
Lanier.	

Négocians, Commiffionnaires qui, quoique Propriétaires de lots de vignes affés confidérables, achettent encore par fpéculation des vins de différens crus de la Province.

Andrieux.	Jajeot.
Aubriot.	Jobart.
Benoit.	Lecomte.
Bidaut.	Legrand.
Bourgogne-le-Doux.	Muiron.
Bruyant, freres.	Payart.
Cadot.	Pyart.
Cambray.	Repichet.
Clicquot.	Robert.
Delamotte.	Ruinart.
Defmons (veuve).	Soyer (veuve).
Drouet.	Sutaine.
Herent.	Vandervechen.
Jackson.	Velu.
Jacob.	Vincent.

Commiffionnaires faifans des envois.

Chenu.	Pierquet.
Godinot, Buffry.	Pothé l'aîné.
Lefevre.	Savoye.
Paris.	Valois.

FABRIQUES & COMMERCE confidérables de pains d'épices & confitures feches. Les poires de rouffelet fur-tout qu'on y prépare, font très-recherchées.

EPICERIES-DROGUERIES.

Négocians, Commiſſiounaires faiſant des euvois.

Billette.

Corrigeux l'aîné.

Corrigueux cadet.

Leſebure.

BANQUIERS.

Champion (veuve).

Goneſt.

Pinchard.

Provenchere.

Sutaine pere & fils.

Tronſon pere & fils.

Watelet.

Commiſſionnaires de voitures

Beſançon & Perier.

Dauphinot.

Gerdrey & Faſſin.

Lajoye & Petit.

Lamneſon.

Muiron , Petit.

Prevoteau , freres.

REMBERVILLIERS, petite ville de France en Lorraine, près de *Luneville* où s'adreſſent les lettres , à 85
lieues de Paris.

PRODUCTIONS & COMMERCE *de grains.*

Négocians , Commiſſionnaires , MM.

Boileau (Henry).

Briquel.

Dupré le jeune.

Malorty.

RENNES, ville de France, capitale de la Bretagne ,
ſur la *Vilaine* qui la ſépare en deux parties, à 78 lieues
de Paris.

PRODUCTIONS & COMMERCE *d'excellens beurre. Les plus*
avantageuſement connus ſont ceux de Pacé & *de la Pre-*
valais qui ſont d'un goût très-délicat & très-fin.

Commiſſionnaires pour le tranſport faiſant des envois.

Alix.

Leprieur.

Mottelay.

BANQUIERS, MM.

De la Fleuriais.

Marie & Gouée.

Tremadon & Champgnon.

Villegaudin , Leboucher &

Barbier.

RICEYS (les) Bourgs contigus en Champagne près
Bar-ſur-Seine, ou il faut adreſſer les lettres, à 44 lieues
de Paris.

PRODUCTIONS & COMMERCE *de vins d'excellente qualité,*
pour un bon ordinaire.

Les premieres cuvées peuvent aumoins aller de pair avec
les vins de la quatrieme claſſe dé Bourgogne. On y fait
auſſi des vins gris qui ſont très-recherchés dans la Flandre

Autrichienne, parce qu'indépendamment de leur bonne qualité, ils ont la propriété de pousser la biere.

Négocians, Commissionnaires ayant de fort lots de vignes.

Carteroy de Saint Louis.	*Petit Franc.*
Carteroy, Gerard.	*Robbin.*
Houet de Saint Pierre.	*Roy.*

RIGNY-LE-FERON, bourg de France en Champagne près de Villeneuve l'Archevêque, où il faut adresser les lettres, à 32 lieues de Paris.

PRODUCTIONS & COMMERCE *de vins rouges pour l'ordinaire & vins blancs qui ne le cedens en rien aux vins de Chablis.*

Propriétaires faisant la vente des vins de leur cru.

Rouillat.	*Viot.*

ROCHEFORT, ville de France en Aunis, avec un bon port pour la marine royale, & un port marchand sur la Charente, à une demie lieue de son embouchure dans la mer, & à 126 lieues de Paris.

PRODUCTIONS & COMMERCE *considérable de vins & eaux-de-vie de Cognac.*

Négocians-Armateurs, MM.

Chauvet (veuve) & Faurès	*Pelletreau (Jean).*
Gachinard (veuve) & de la Pouge.	*Pelletreau (François) & comp. fait la banque.*
Hebre de Saint Clément & comp.	*Priou (P.) pere & fils.*
Hebre (François).	*Thomas l'aîné.*

Négociant Commissionnaire.

Charier.

ROCHELLE (la) ville considérable de France & capitale du pays d'*Aunis* avec un très-beau port de mer sur l'océan, à 120 lieues de Paris.

Poids & mesures en continence. Les poids dont on se sert, sont d'un pour cent moins forts que le poid de marc.

La grande mesure pour les *grains* s'appelle *tonneau*, qui équivaut à 9 setiers de Paris.

PRODUCTIONS & COMMERCE, *sels, vins, eaux-de-vie, chanvre, graines de lin & marchandises quelconques de France, des Colonies, de Hollande, du Nord, de l'Es-*

EPICERIES-DROGUERIES.

pagne, du Portugal, de l'Angleterre de l'Ecosse & de l'Irlande.

La position avantageuse de cette ville la rend, en effet, une des plus florissantes par son commerce de France, & des Colonies.

Le Poitou, la Saintonge & l'Angoumois fournissent à son commerce, les grains, les vins, les chanvres, les bestiaux & le papier.

La Provence & le Languedoc lui fournissent des olives, huiles, savons, capres, anchois, fruits de carême, noix de galle, riz sené, manne, pistaches, liege & maroquin.

La Bretagne, de la morue, du poisson sec, du merrain, des toiles à voiles & du fer en barres & en verges.

Bayonne, des fanons & des huiles de baleine, des jambons, du bray, de la reglisse, & des laines d'Espagne.

Le Hollande, du beurre, des fromages, des drogues, du poivre, de la canelle, du gérofle, de la muscade, des chanvres, du lin en bottes, des fils, des mâts, du bray, du goudron & toutes sortes de merceries & quincailleries.

Les Pays du Nord, des chanvres, des lins, merrains, mâts, cordages, poëles à frire, fils d'archal, cuivres, ouvrés, en plaques, du fer & de l'acier.

L'Espagne, des vins de Cherès, d'Alicante, de Malaga, de Tinto, des raisins secs, des bois de Campeche & des laines.

Le Portugal, des huiles d'olives, de la cassonnade, du tabac du Bresil & de Marignan, des cuivres, des cuirs secs, du bois de teinture, des parfums, de l'hipécacuana, des cocos propres à la tablettérie, du musc & de l'ambre gris.

L'Angleterre, du charbon de terre, de l'étain, du plomb, de l'alun, de la couperose, des cuirs secs & en poils, du tabac de Virginie & toutes sortes de clincailleries.

L'Ecosse & l'Irlande, des beurres & viandes salées, du saumon, en barils du charbon de terre &c.

Quelques-uns des principaux Négocians, Armateurs & Commissionnaires, sont MM.

EPICERIES-DROGUERIES.

Admirault (veuve) & fils aîné.

Arnaud freres.

Carrayon fils aîné.

Carrayon & fils.

Debeauſſay & Thouron.

Demiſſy , fils.

Deſtockar & Debers.

Dumouſtier de Fredilly.

Dumouſtier , freres de Jarnac.

Fleurieau freres & (Pierre) Thouron.

Gareſché (Daniel).

Garreau & Bernon.

Giraudeau Benjamin.

Goguet.

Guibert (Jacques).

Joly (Etienne).

Lanus.

Leclerc (Auguſt.) & Baudins

Lefébure (M. A.)

Poupet & Guimet.

Quenet (veuve) & Denis.

Raſteau freres.

Robert freres & D. Heimbach.

Schaaff (Nic.)

Vanhoog Googwerff (P. J.)

Wilkens freres.

Vivier (Lami).

Veis & fils (Emmanuel & Nicolas.

ROQUEFORT, ville de France dans le Rouargue, à 4 lieues de *Milhaud*, où s'adreſſent les lettres, & à 170 lieues de Paris.

PRODUCTIONS & COMMERCE *de fromages connus très-avantageuſement dans le commerce & très-eſtimés.*

Négocians, propriétaires de caves, propres à la formation des fromages, faiſans des envois.

Arlaboſſe nég. commiſſ.

Buffet.

Vernehet.

ROQUEVAIRE, bourg de France en Provence à 5 lieues de Marſeille & 198 lieues de Paris.

PRODUCTIONS & COMMERCE *de vin muſcat , rouge & blanc d'excellente qualité, capres , raiſins ſecs , figues, & avelines de la cadiere.*

Laʒarre nég. commiſſ.

Negrel , idem.

ROTERDAM, ville conſidérable de Hollande , ſur la Meuſe & très-commerçante, avec un port de mer à 3 lieues de la Haye, 22 lieues d'Amſterdam & 193 lieues de Paris.

Poids & Meſures. Les poids ſont les mêmes qu'à *Amſterdam.* La meſure pour les grains s'appelle *Laſt*, qui eſt d'environ 3 pour cent plus forte que celle d'Amſterdam.

Les eaux-de-vie ſe vendent en futailles de 30 *Wietels*, qui équivalent à 30 veltes de France. Les huiles d'olives &

& de baleine se vendent par *tonnes* de 340 slopens de 5. livres chacun, poid leger.

COMMERCE *considérable de poivres, muscades, canelles, gérofles & autres marchandises d'épiceries-drogueries, provenant des Isles Hollandoises.*

Niel & Leers nég. commiss.

ROUEN, ville considérable de France, capitale de la Normandie, sur la *Seine*, à 8 lieues du Havre & 28 lieues de Paris.

Poids & mesures. On se sert à Rouen, de trois poids connus sous le nom de *poids-le-roy poids-de-vicomté & poids de marc.* Le quintal de l'un pese 184 liv. poids de marc ; celui dont on se sert communément pour les laines, pese 108 liv. Le thé, le caffé, le chocolat, la Rhubarbe, les gommes & autres marchandises *d'épiceries-drogueries* se vendent au poid de marc, si on ne spécifie l'espece du poid lors du marché.

PRODUCTIONS & COMMERCE *considérables de grains, cidres, liqueurs, poires, pommes, confitures & épiceries-drogueries.*

Quelques-uns des négocians, commissionnaires les plus connus, pour les objets d'épiceries, les liqueurs & sur-tout les confitures de gelée de pommes, dont on n'a pu jusqu'ici imiter le goût exquis & la transparance, sont MM.

Anger.	*Lamaury* (de)
Affelin.	*Lannoy* (de).
Berard.	*Laffé.*
Berat.	*Lefebure.*
Çarré, veuve.	*Monfreville* (de).
Coquet.	*Mouette*, veuve.
Crevel.	*Vatier.*

Raffinerie de sucre, MM.

Aubin.	*Laurent.*
Bordier.	*Lemoine*, veuve.
Gouefroy.	*Thierry.*

Blanchifferie pour la cire, MM.

Baudoin le jeune.	*Euftache.*
Boisjouvin le jeune.	*Matthieu*, veuve.
Delaunoy pere.	*Mery* (L.)

FABRIQUE *d'huile de vitriol.*

Guillebaut, entrepreneur.

BANQUIERS.

Canu.	*Lecouteux*. ancienne maison.
Leboursier.	*Lucas*

K

EPICERIES-DROGUERIES.

SABLES D'OLONNES (les) petite ville de France en Poitou, avec un port de mer, à 10 lieues de la Rochelle & 120 lieues de Paris.

COMMERCE & INDUSTRIE. *Les fels, la morue verte, les huitres & fardines fraiches &c.*

Les Sables d'Olonne envoient à la pêche de la morue au *Banc-de-Terre-Neuve*, qu'ils préparent à la maniere des Hollandois, c'eft-à-dire au fel blanc, & que l'on nomme communement *morue verte*. La fardine fe pêche fur les côtes des fables ; & le fel forme une branche de commerce très-confidérable. Le fel fe vend au muid ; le muid pefe 1920 liv. & fe divife en 24 boiffeaux, pefant chacun 80 livres.

Quelques-uns des Négocians-Armateurs les plus connus, font MM.

Coppat.	Pezot & Grouneau.
Gaudin.	Robert.
Lodre.	

SAINT-DENIS, petite ville de l'Ifle de France à 2 lieues de Paris.

Il y a deux foires franches ; l'une au mois de Juin, le lundi d'après la Saint Barnabé qui dure 15 jours, & l'autre à la fête patronale qui dure 8 jours, pendant lefquels il fe fait une vente confidérable de toiles peintes & lainages, & autres marchandifes.

Dubreuil (Chriftophe) négociant, commiffionnaire, reçoit, expedie, achette & vend par commiffion toutes les marchandifes qui lui font adreffées pour Paris ou autres villes du royaume.

SAINT-DIE, petite ville de France fur la Loire, à 3 lieues de Blois.

PRODUCTIONS & COMMERE *de vins & eaux-de-vie.*

Guerin, nég. commiff.	Roger, idem.
Porcher, idem	

SAINTES, ville de France, capitale de la Saintonge, fur la Charente, à 124 lieues de Paris.

PRODUCTIONS & COMMERCE *de bleds de Turquie. vins & eaux-de-vie.*

Il fe recueille année commune, environ 8000 tonneaux de vins rouge & 5000 tonneau de vins blanc, dont la majeure partie fe convertit en eaux-de-vie, & produit 3 à 4000 barriques.

Quelques-uns des principaux Négocians-Commiffionnaires, font MM.

EPICERIES-DROGUERIES.

Charier.

Duchaine.

Favre.

Forès.

Gout.

Laurent.

Marechal.

Savary (veuve).

Viaud.

BANQUIERS.

Panetier.

SAINT-IBERY, ville de France dans le bas Languedoc, près d'Agde où s'adreffent les lettres, à 203 lieues de Paris.

PRODUCTIONS & COMMERCE *de vins & eaux-de-vie de fort bonne qualité, dont la majeure partie paffe à Genéve & à Paris.*

Jouglas (Bernard) nég.

Lairit (Pierre).

SAINT-MALO, ville confidérable de France en Bretagne, avec un port de mer de difficile accès, à 34 lieues de Nantes & 82 lieues de Paris.

Cette ville floriffante par fon commerce, malgré fa pofition défavantageufe qui ne communique par aucune riviere navigable avec l'intérieure du royaume, foutient, par la vigilance & l'activité de fes négocians, une correfpondance & une relation intime avec Nantes, & comprend un affortiment refpectif de toutes les marchandifes dont ces deux villes font pourvues.

COMMERCE & INDUSTRIE. *La pêche de la morue, la vente & l'exportation en retour de toutes efpeces de marchandifes des colonies & des productions, fabriques & manufactures du royaume & des pays étrangers.*

Les Négocians expédient chaque années 100-à-150 bâtimens au Banc de Terre-Neuve, & aux Ifles de Saint-Pierre & de Miquelon, pour la pêche de la morue, qui, d'après avoir été féchée fur la grave, & falée au fel gris, eft portée à Bordeaux, à Bayonne, à Nantes, en Efpagne & en Italie, d'où ces bâtimens rapportent, en retour, toutes les denrées de productions & marchandifes en tous genres. Celle qui fe pêche au Banc de Terre-Neuve fe prépare à la Hollandoife, & fe porte à Dieppe ou dans quelques autres ports de France pour la confommation de Paris & de l'intérieur du royaume.

Quelques-uns des principaux Négocians-Armateurs, font MM.

Anquetil, Brutierre.

Bodinier l'aîné & Rouhault.

Canneva l'aîné.

Chenu Pied-Noir.

Deshays, Dolley & Louvel.

Deshays, Veron & comp.

Despefchers , Guillemaut.

Dubois (Benjamin).

Duguen , Quefnel & comp.

Dupuis, Fromy & fils.

Fichet (Jofeph).

Guillemault & Bodinier. (J.)

Harrington.

Jalobert fils & Herbert.

Lachambre Duverger.

Reftif.

BANQUIERS.

Brault , négociant banquier & commiffionnaire du bureau de correfpon- dances générales.

Defrenaudais , tient mag. d'é- pice its & denr. coloniales.

Dumanoir Fournier banquier ,

SAINT-MIHEL , ville de France en Lorraine, à 7 lieues de Toul, de Bar-le-Duc, de Verdun & à 66 lieues de Paris.

PRODUCTIONS & COMMERCE affés confidérables de bleds , vins, eaux-de-vie , huiles de navettes & de faines , vins du Rhin & de la Mofelle, kirchevaffer & aatres liquéurs de Phalsbourg & de Nancy. Les vins font fort eftimés, par- ticulierement ceux des côteaux d'Apremont, de Loup- mont , de Varneville , de Buffiere & de Saint- Jullien.

Ces vins ont l'avantage de pouvoir fe tranfporter & fe bonifier même dans le tranfport

Durand, nég. commiff. en tous genres.

SINT-OMER, ville de France en Artois, fur la ri- viere d'Aa, à 8 lieues de Dunkerque & de Calais, & 54 de Paris.

PRODUCTIONS & COMMERCE , grains , amidon , eaux-de-vie & huiles de colfat.

Négocians , Commiffionaires en tous genres MM.

Caffieri pere.

Dourlens (Omer).

Herbout (Jofeph).

Legrand (Alb. Guil.)

Lorthioy freres & fœurs.

Lemaire , Pagart.

Lemaire veuve (J. B.).

Revol.

Tellier le jeune.

Trefcat (Aug.)

SAINT-QUENTIN , ville de France en Picardie, à 34 lieues de Paris.

FABRIQUES de favon verd.

Blondel freres.

Dhuc & comp.

SAINT-REMO , petite ville de la république de Gênes, renommée par l'abondance & l'excellente qualité de fes citrons.

PRODUCTIONS & COMMERCE d'huiles , citrons & favons.

Grimaldi conful de France. | Cremataburly nég. commiff.

SAINT-VALLERY , ville de France en Picardie, à 40 lieues de Paris.

EPICERIES-DROGUERIES.

Cette ville avantageusement située pour le commerce, correspond avec plusieurs province de France & presque tous les états de l'Europe, dont elle exporte les productions & les marchandises des différentes fabriques & manufactures en tous genres.

Quelques-uns des négocians les plus connus, sont MM.

Anguier.
Bruslé (Adrien).
Bruslé (Jacques).
Charpentier (Franç.)
Desgardin (Pierre).
Lefebure (François).
Lefebure (Jacques).
Masset.

SALCES, petite ville de France dans le Roussillon, près de *Perpignan* où s'adressent les lettres à 221 lieues de Paris.

PRODUCTIONS & COMMERCE *d'excellens vins rouge & blancs, connus sous le nom de* Maccabeo.

M de la *Haulieres*, seigneur de Salces, commandant de la grande ville, un des plus riches propriétaires en fonds de vignes, faits des envois.

SALERNES, paroisse de France en Provence, près de *Barjols* où s'adressent les lettres à 187 lieues de Paris.

PRODUCTIONS & COMMERCE *de vins, huiles, d'olives excellentes, figues & soye, &c.*

Il se recueille, année commune, environ 16000 coupes de vin, dont la majeure partie passe dans la haute Provence, le Dauphiné & le Piémont; 5-à-6000 coupes d'olives, & 5-à-6000 quintaux de figues très-délicates qui se vendent depuis 6 jusqu'à 24 liv. le quintal.

Bougeois (F. M.) négociant commiss.
Colle, idem.

SARBRUCK, ville de la Lorraine Allemande, à 15 lieues de Metz.

FABRIQUE *d'alun, de couleur rouge & commerce d'épiceries drogueries de Hollande.*

Frolich.
Karcher.
Kohl freres, nég. commiss.
Palin, nég.
Rochling (Thoma).
Rochling & Ritter.
Schmid, Born & Korn.
Schmidborn & Mulhausen.

SAUMUR, ville de France en Anjou, à 9 lieues d'Angers, sur la Loire.

PRODUCTIONS & COMMERCE, *grains, vins, prunes, pruneaux, huiles de noix & de chenevis.*

La ville de Saumur fournit annuellement à peu-près 20-à-25,000 tonneaux de grains & 30000 pieces de vins dont la majeure partie se convertit en eaux-de-vie.

EPICERIES-DROGUERIES

Les vins de *Morin* font les plus eftimés.

On récolte auffi 3-à-400 tonneaux de bled de turquie & 2-à-3000 tonneaux de féves & de haricots blancs, qui font d'une bonne qualité. Les prunes & pruneaux forment encore une branche de commerce affez confidérable qui fe monte annuellement à plus de 120-à-15000 livres.

FABRIQUES & COMMERCE *très-confidérable d'huiles de noix & de chenevis, dont il fe fabriq. année commune, pour plus de 200,000 livres.*

Quelqnes-nns des principaux négocians faifant la commiffion pour tout ce qui eft relatif aux productions, font MM.

Boilefve l'aîné, nég. commiff.
Boilefve le jeune. idem.
Boutet l'aîné.
Dupnis & Peret.
Maupaffan.
Savatier.

SEDAN, ville de France en Champagne fur la Meufe, à 60 lieues de Paris.

Marotte (veuve). nég. comm.
Profinet pere & fils idem.
Rognon & comp. idem.

SENS, ville de France en Champagne, capitale du Sénonois, à 24 lieues de Paris.

PRODUCTIONS & COMMERCE *de grains & vins.*

Baudry Me. particulier des eaux & foreft, propr. &c.
Baudry, fubdélégué.
Sallo de Varenne, maire.

SEVILLE, ville confidérable d'Efpagne, capitale de l'Andaloufie, avec un bon port fur le Guadalquivir à 330 de Paris.

COMMERCE *de fruits fecs, groffes olives en faumure, vins de liqueurs, huiles d'olives. &c.*

Arbore & comp. nég. com.
Behis & comp.
Bultier, idem.
Cerefo (Louis).
Mary & comp.

SOISSONS, ville de France, cappitale du Soissonnois, fur la riviere d'Aigne, à 24 lieues de Paris.

PRODUCTIONS & COMMERCE *confidérable de bleds, haricots, pois, noix. Les haricots fur-tout font renommés par leur bonne qualité.*

Latournelle nég. commiff.
Sivert, idem.

STRASBOURG, ville de France, capitale de l'Alface fur la riviere d'Ill, pres du Rhin, à 122 lieues de Paris.

Cette ville, quant au commerce, peut être regardée comme l'entrepôt général de toutes les productions de l'Alface.

EPICERIES-DROGUERIES.

PRODUCTIONS & COMMERCE, vins, chanvre, tabacs, garance &c. Les vins de la haute Alsace, sur-tout, sont très-estimés & recherchés.

Quelques-uns des Négocians, Commissionnaires les plus connus, sont MM.

Braun freres.
Deturkeim.
Eschenaver & Hey.
Franc freres.
Keller (Frédér.)
Kolb (Ferdin.)
Kornmann freres & comp.
Muller (Frédéric).
Sattler & comp.
Schery.
Weyher (corn. Jacq.)
Zollicoffre.

FABRIQUE & COMMERCE de tabac qui forme une des principales branches de l'Alsace.

Bernard freres, fabriquant·
Caire, idem.
Carli & Groff, idem.
Fabri & Jacobi négocians, font de envois en carottes, en fuseaux & en poudre.
Granzinotti fabriq.
Halder, fabriq.
Heim fils, fabriq.
Mats Nicol. fabriq.
Muller, fabriq.
Sattler, nég. fait des envois en carotte en fuseaux & en poudre.
Schweighaufer (J. M.) fabriq.

COMMERCE de chanvre.

Hermann, idem.
Kuhnlin.
Saum frere.

COMMERCE considérable de garance.

de Dietrich.
Hager & Barth réside à Agueneau.
Hoffman& comp.
Prat Nég. commis.

COMMERCE de saumon mariné & pâté de foye d'oyes graffes, très-renommés.

Négocians, Commissionnaires, faisant des envois.

Daigues.
Jacout (Cl.) & fils.
Khun & Ruhlmann.
Labeaume & Chaton.
Mennet (Joseph).
Roland.

SUIPPES, ville de France en Champagne, à 41 lieues de Paris.

PRODUCTIONS & COMMERCE de vins, avoines &c.

Margnet, propriétaire de forts lots de vignes, dans les bons vignobles, fait des envois & la commission pour la partie des avoines.

TANNAY, bourg de France dans le Nivernois, sur la riviere d'Yonne, près de Clamecy, où il faut adresser les lettres, à 53 lieues de Paris.

PRODUCTIONS & COMMERCE de vins blancs. Le mérite par-

ticulier de ces vins blancs & la faculté du transport, pouroient rendre cet objet de commerce intéressant.

Riviere, nég. commiss.

TONNERE, ville de France en Champagne, dans le Sénonois, à 40 lieues de Paris.

PRODUCTIONS & COMMERCE *de vins rouges & blancs. Le rouge le plus estimé est celui de la côte d'Epineuil, & le blanc le plus recherché est celui de la côte d'Anemoine.*

Jaquesson, nég. commiss.

TOULOUSE, ville de France, capitale du Languedoc, sur la Garonne, à 169 lieues de Paris.

Cette ville située près du canal du Languedoc, qui unit les deux mers, sert d'entrepôt général à presque toutes les productions des Pyrénées & d'une partie de la Provence & du Languedoc.

Poids & mesures. 120 livres poid de Toulouse équivalent au quintal poid de marc. La livre est de 16 onces; le quintal en usage, est de 100 petites livres. Lorsque l'on achete quintal garni, il doit être de 105 livres, & le quintal des huiles achetées au bureau du poid, se livre sur le pied de 110 livres.

La mesure en continence pour les liquides, se nomme *Péga*, qui se divise en demi *Péga*, en quart, *Ucheau* & demi *Ucheau* qui compose le seizieme du *Péga*.

La mesure en continence pour les grains, pese ordinairement de 150 à 160 livres, & contient 4 *Pugneres*, dont chacune se divise en 8 boisseaux.

PRODUCTIONS & COMMERCE, *vins, bleds, farines, huiles, &c.*

Négocians, Commissionnaires.

Albouy & Achart, les huiles.
Barada, les grains.
Belmont, les grains.
Bernardet (veuve) les huiles.
Belz, les farines.
Campardon, les vins de Provence, & de Langued.
Delmont, les grains.
Dutau, les farines.
Fages l'aîné, les grains.
Jacquier, Dom & comp. les grains.

Lacals freres, les grains.
Limes, les huiles.
Maynial, les vins de Prov. & de Languedoc.
Molinier, les grains.
Raby & comp. les grains.
Raynal, les vins de Prov. & de Languedoc.
Rozes, les huiles.
Saint-Salvy, les huiles.
Verdier & Goulard, les huiles.

EPICERIES-DROGUERIES

BANQUIERS, MM.

Barreau, freres, d'Ardigna & comp.

Bellot.

Deferres (Paul) & Marie.

Jacquier (Dom.) Decamps

Raby & comp.

Teynier anc. Capitoul.

TOURS, ville de France, capitale de la Touraine, entre les rivieres de Loire & de Cher, à 51 lieües de Paris.

Cette ville est la plus commerçante de la Touraine, tant par ses fabriques & manufactures que parce quelle est, pour ainsi dire, l'entrepôt général de toutes les productions de la province.

PRODUCTIONS & COMMERCE *considérable de bled, tant de la Touraine que des provinces du Berry, de la Sologne & du Vendomois, dont une partie s'exporte en nature & le surplus se convertit en farines qui s'apprêtent en barils pour les Colonies,*

Négocians, Commissionnaires.

Bellanger Turpin.

Dervaux.

Girard.

Lemoine Monbrun.

PRODUCTIONS & COMMERCE *de vins rouges & blancs qui sont également estimés & forment un bon ordinaire.*

Les plus recherchés en rouge sont ceux des côtes de de Joué, de Saint-Avertin, de Balland & de Saint Cyr. Les vins en blanc sont ceux qu'on recueille sur les côtes de Vouvray, de Roche-Corbon & de Saint-Georges. La premiere qualité passe chez l'étranger, la seconde se consomme dans l'intérieur du Royaume, & les communs se brûlent & donnent de fort bonne eaux-de-vie.

Alaire nég. commiss.

Herpin, Paffereau, idem.

PRODUCTIONS & COMMERCE *d'haricots blancs, feves, millet, prunes de Sainte-Catherine, pruneaux, poires, pommes & pêches tapées, miels, marons, anis, coriandre, senegrains, huiles & autres objets d'épicerie.*

Négocians, Commissionnaires.

Dervaux.

Herpin Baffereau.

Langes.

TREMBLADE (la) bourg de France en Saintonge près de Marennes, où s'adreffent les lettres, à 133 lieues de Paris.

Sa position avantageuse sur la riviere de *Seudre*, lui procure un bon port, en état de recevoir des bâtimens de 600 tonneaux, & rend son commerce aussi florissant que celui de la ville de Marennes. *Voyez* MARENNES.

EPICERIES-DROGUERIES.

PRODUCTIONS & COMMERCE, de fels, vins, eaux-de-vie &
huitres vertes &c.

Négocians, Commiſſionnaires.

Cerclet.	Riviere.
Efaufier.	Vignaud.

TRÉPORT, bourg de France en Normandie, dans le
pays de Caux, près de la ville d'Eu, où s'adreſſent les
lettres, avec un port de mer, à 28 lieues de Paris.

S. A. S. Mgr. le duc de Penthievre, voulant feconder
les vues, le zéle & l'activité des habitans pour rendre à
cette place le rang quelle tenoit parmi nos villes maritimes, vient de faire conſtruire, à fes frais, une éclufe qui
eſt de la plus grande utilité; & lorfque les travaux que
ce prince généreux & bienfaifant continue de faire feront
achevés, ce port fera un des plus faciles & des plus
fûres pour l'entrée des bâtimens d'environ 300 tonneaux.

COMMERCE & INDUSTRIE. La pêche fraîche & ſalée de la
morue, du harang, & du maquereau, à l'inſtar de la ville
d'Eu, & autres villes maritimes.

Négocians-Armateurs.

Boucher.	Duhamel.
Braſſeur.	Rabion fait auſſi la commiſſ.
Delaloche.	Ramet.

TROYES, ville de France, capitale de la Champagne,
à 36 lieues de Paris.

FABRIQUES d'amidon, fort eſtimés.

Dalichan fabr. fait des envois.	Gambey & comp. id.
Evra, idem.	Treton.

FABRIQUE de blanc façon d'Efpagne, de fort bonne qualité
& très-recherché.

Berthier.	Moſſard.
Emez l'aîné.	Neras.

FABRIQUE de pierres bleu, de verd, de veſſie & de Stil de
grain.

Chomait, fabricant.

COMMERCE de Chanvres.

Coquet, nég. commiſſ.

COMMERCE conſidérable de hures de fanglier, très-renommées;
fromages, langue de cochon & de mouton.

Quelques-uns des chaircutiers les plus connus, font
MM.

Hurlot (Vellve) tient en proviſion & fait des envois de hures
de fanglier, à raifon de 24-à-30 fols la liv. &c.

EPICERIES-DROGUERIES.

Lemaire, idem, pour le fromage de cochon, langue de porc, à raison de 20-à-24 fols la livre, & langue de mouton à 3 liv. la douzaine.

VALENCE, ville d'Espagne, capitale du royaume du du même nom, fur le Guadalaviar, à une lieue de la mer, à 66 de Madrid, & à 225 lieues de Paris.

Cette ville eft une des plus commerçante de l'Espagne.

Poids, 100 livres de de Valence ne font que 73 livres poid de marc.

PRODUCTIONS & COMMERCE, *vins de liqueurs & eaux-de-vie, foudes, fruits fecs tels que raifins figues amandes &c.*

Quelques-uns des principaux négocians, font MM.

Dallio (Honoré) & comp.	*Gourgues* & *Siau.*
Delaffale (veuve) & fils.	*Vagne* & *Bonely.*

VENISE, ville confidérable d'Italie, capitale de la ré-publique du même nom, ayant un bon port fur la mer adriatique, à 230 de Paris.

Le commerce de Venife eft le même en général que celui de Marfeille.

Quelques-uns des Négocians, Commiffionnaires les plus connus, font MM.

Bonfil (D.) & *Figlio.*	*Pombé* (J.)
Camby (Bart.)	*Segala* & comp.
Fano (Louis).	*Treus* (S.) & comp.
Lauzallo (B.)	

VERDUN, ville de France capitale du Verdunois, fur la Meufe, à 12 lieues de Metz, 19 de Nancy & 60 de Paris.

PRODUCTIONS & COMMERCE *de grains, vins & eaux-de-vie, liqueurs & dragées. Les dragées fur-tout font très-renommées; elles ont une blancheur, un parfum & une fineffe qu'on ne trouve pas dans celles qui fortent des au-tres fabriques.*

Quelques-uns des fabricans les plus connus, faifant des envois, font MM.

Leroux.	*Pons* (Laurent).	*Stoffels* (Chrét.)

VERMANTON, petite ville de France en Bourgogne, dans l'Auxerois, à 4 lieues d'Auxerre & à 45 lieues de Paris.

PRODUCTIONS & COMMERCE *de vins très-eftimés.*

Quelques-uns des principaux propriétaires faifant des envois, font MM.

Collet.	*Quatrevaux.*
Maujot.	*Soufflot* (Mde).

Voyez AUXERRE.

EPICERIES-DROGUERIES.

VERVIER, ville du pays de Liege, à 3 lieues de Spa & à 86 lieues de Paris.

FABRIQUE de savon noir.

Delimont, fabricant. | Serruire, idem.

COMMERCE d'épiceries-drogueries, sucre, caffés &c.

Dauchapt sœurs. | Pirard (G.)
Lonhienne (H. S.) | Pirard (N.)
Natul (L.)

COMMERCE de vins.

David (L.) | Lonhienne (M.)
Dutz (Stanislas). | Malempré (L.)
Huberty (G.) | Sauvage.

VIENNE, ville de France en Dauphiné, à 7 lieues de Lyon.

PRODUCTIONS & COMMERCE, vins.

Les négocians de Vienne font la vente des vins délicieux de l'hermitage & de côte-rôtie.

Négocians, Commissionnaires.

M. Moussiere, directeur des messageries.

NITRIERE.

Larat, directeur.

VILLENEUVE-SAINT-GEORGES, petite ville de France, à 4 lieues de Paris.

Raffinerie de sucre.

MM. Comard & compagnie, entrepreneurs & Propriétaires.

VOUGEOT, paroisse de France en Bourgogne, près de Nuits, où s'adressent les lettres, à 82 lieues de Paris.

PRODUCTIONS d'excellens vins.

MM. de l'abbaye de Citeaux, propriétaires du clos où se recueillent les meilleurs vins de la Bourgogne.

DÉPART des Couriers.

OBJETS DIVERS

ET

NOUVELLES NOUVELLES.

Beure rance ou chanci. Pour ôter le mauvais goût du beuré qui n'a pas été salé à tems , ou qui ne l'ayant pas été suffisamment est devenu âcre ; il faut le faire fondre , l'écumer & tremper dedans une croute de pain bien grillée de tous côtés que l'on y laisse deux ou trois minutes.

Lampe optique qui , au moyen d'un verre coloré qu'on y adapte , donne une lumiere pure , égale , tranquile & semblable à celle d'un jour doux , qui laisse appercevoir la couleur jaune , & distinguer le bleu & le vert qui se confondent à l'œil aux lumieres des bougies & des lampes. Cette découverte est utile pour la peinture & pour tous les arts & métiers qui s'exercent la nuit.

Télescope de M. Herschel, célebre Opticien & membre de la Société Royale de Londres, de 20 pieds anglois de foyer & 18 pouces trois quarts d'ouverture. Cet incomparable Observateur se propose d'en faire un de 40 pieds sur 4 pieds de diametre , & donne lieu de présumer le succès d'après, avoir exécuté ce qui de tout tems avoit été regardé , avant lui, comme impossible.

Engiscopes pour observer les animalculs. Avec ces Enhiscopes un cheveu paroît gros comme un chêne. par M. *Durand* , Prêtre de Saint Germain de Lizieux.

Imprimerie & Presse des Aveugles. Cette presse foule le papier de maniere à imprimer le caractere en relief & sans couleurs C'est par cet art ingénieux que M. *Hauy* , Artiste d'un mérite distingué , a trouvé le moyen de rendre les idées tangibles, & de les transmetre aux aveugles nés.

Nouvelle Machine pour tirer & apprêter les soies , qui diminue le travail de moitié & augmente le bénéfice de 6. francs par livre. Par M. *Tababarin,* Apprêteur de soie , à Roman en Dauphiné.

Nouvelle Machine propre à tirer la soie, & qui produit en même-tems tous les effets nécessaires & relatifs à cette opération. Par M. *Mazzacatto,* à Bude en Hongrie. Sa Majesté l'Empereur en a été si satisfait qu'il a récompensé cet homme ingénieux , sa femme & ses enfans , les a fait installer dans la ville de Bude , & a pris leur établissement sous sa protection.

A

OBJETS DIVERS.

Instrument pour piler sans bruit l'écorce dont se servent les Tanneurs. Cet instrument mû par le bras d'un seul homme fait plus d'ouvrage qu'un *pilant* ordinaire où il y a cinq ou six battans. Par M. *Lavocat*, à Jarreville, près de Nancy.

Moulin à mouvement continuel. Ce Moulin peut moudre 50 charges de bled par jour, sans secours de l'eau ni du vent, ni même d'êtres vivans; il suffit de le toucher une fois pour lui donner l'essort ou l'arrêter. Par M. *Doudouard*, Ecuyer, à Marseille, fauxbourg de la porte de Rouen.

Moulin à ressorts, Machine très-ingénieuse, dont le modele mis sous les yeux du Roi de Prusse, a été exécuté en grand par ses ordres. De l'invention du *Meunier* de la seigneurie de Militude en Silésie.

Mouvement continuel d'une force extraordinaire, ou Machine qui se meut par elle-même, & peut donner le mouvement aux rouages les plus pesans. Ce mouvement infini, ainsi que sa force, s'il n'étoit appliqué à d'autres ouvrages, briseroit la machine en mille pieces, & peut néanmoins s'arrêter facilement, en lui opposant un très-léger obstacle; & cet obstacle étant ôté, la machine reprend son cours d'elle-même; mais ce qu'il y a de plus étonnant, c'est que son mouvement est lent ou rapide à volonté, & que cette machine n'a rien de commun avec aucune autre de quelque genre que ce soit, & qu'il n'y a aucun poids ni aucune autre matiere séparée de son corps pour la faire mouvoir. De l'invention de M. *Moser*, célebre Mécanicien de Berne en Suisse.

Graditive ou poste Pédestre. Machine simple, peu couteuse & de facile exécution, qui augmente tellement la marche, qu'un homme, même peu vigoureux, peut avec son secours parcourir l'espace de soixante toises en une minute, ou plus de 3600 pas géométriques en une heure. Cette machine n'est pas moins utile aux personnes qui ont des cors aux pieds, ou qui, ayant été estropiées, ont de la difficulté à marcher. De l'invention de M. de la *Bryete*, Physicien, à Tours.

Machine à refendre les cuirs, aussi parfaite qu'ingénieuse, de l'invention des Anglois. Les cuirs ainsi refendus dans leur surface peuvent prendre le double d'étendue & augmenter en qualité pour différens ouvrages auxquels ceux qui ne sont pas refendus ne peuvent servir. Cette machine a été depuis peu apportée en France par M. *Lebeau*, Méchanicien connu & d'un mérite distingué, qui en a été récompensé par le Gouvernement,

OBJETS DIVERS.

Nouveau Métier fort ingénieux pour faire des tricots à maille fixe ; c'est-à-dire , dont les mailles accouplées les unes aux autres font arrêtées, de maniere qu'elles ne coulent pas lorſque le fil eſt rompu. De l'invention de M. *Germain* , rue de la grande Friperie.

Equipages à machine ou petites Voitures roulantes pour ſervir aux malades dans les parcs ou jardins, chez M. Rugieri.

Pendule de M. *Robin* , Horloger , rue Saint Honoré , qui n'a variée que d'une demi-ſeconde par jour dans ſix mois, depuis le mois de ſeptembre 1785 , juſqu'au mois de février 1786.

Une idem de M. le Paute , a retardé, au mois de juin , de 6 dixiemes de ſeconde par jour , plus qu'au mois de décembre.

Nouveau Pendule de compenſation du ſieur *Grenier*, célebre Horloger à Rouen , qui a donné une préciſion au-deſſus de celles qu'on avoit coutume de trouver. La plus forte variation de l'horloge , à laquelle il eſt adapté , n'a été que 8 dixiemes de ſeconde depuis le premier décembre 1785 , juſ-qu'au 20 mars 1786.

Machine hidraulique très-utile & facile , par M. *Rey de Planazu*, dont la deſcription ſe vend chez lui , rue Plâtriere.

Huile de Ben dont on a trouvé l'art d'extraire la matiere oleagineuſe qui la tenoit toujours figée. Cette découverte précieuſe, ſur-tout pour l'Horlogerie eſt de M. *Solomé* , Apothicaire, rue & vis-à-vis Saint Paul.

Sueur des mains. Les perſonnes obligées de travailler à des ouvrages délicats que la ſueur des mains peut altérer , empê-cheront les inconvéniens de cette incommodité en ſe frottant les mains avec un peu de ſouffre vegétal , qui ne peut d'ail-leurs prejudicier à la ſanté.

Viandes conſervées fraiches. Le poiſſon & les viandes ne ſe corrompent que par le contact de l'air qui les environne : ſi vous mettez l'objet ſous une machine *pneumatique* & que vous faſſiez le vuide , vous conſerverez alors toutes les ſubſtances que l'air vicie & corrompt.

Moyen de rétablir une viande corrompue. Il faut la mettre dans l'eau, la faire écumer , & jetter enſuite un charbon ar-dent bien compact & ſans fumée, que l'on retire au bout de deux ou trois minutes ; mais ſi l'on deſtine le même morceau pour la broche , on retire la viande , on l'eſſuie , on la laiſſe ſécher , & quand elle eſt ſeche on la met à la broche. Par M. *Adam* , profeſſeur émerite de Philoſophie , à Caen.

Comeſtibles farineux de carottes, de navets , de panets & autres racines alimentaires & anti - ſcorbutiques , qui quoique réduites en farines ne font privées ni de leur couleur, ni de leur faveur, ni de leur parfum, & confervent tous les principes dans lefquels confiftent leur propriété. On peut même les employer fous différentes formes & en faire des mets très-délicats. Ces farines fe confervent long-tems fi on les tient à l'abri de l'humidité. M. *Renault*, Fourniffeur de la Marine, rue des Francs-Bourgeois, place saint Michel, n°. 14.

Brûlure d'eau bouillante. Appliquez deffus de la pomme de terre rapée, & vous ferez en peu de tems parfaitement guéri.

Seringues de gomme élaftique portatives qui, fans pifton, fe rempliffent d'elles-mêmes, ne pefent que 5 à 6 onces & ne tiennent guere plus de volume dans la poche qu'un mouchoir. Par MM. *Durand*, freres, rue Serpente, n°. 9.

Compas à tracer l'ovale qui fert en même-tems de compas de proportion, de pied de roi, d'équerre & de niveau. De l'invention de M. *Adams*, Fabricant d'Inftrumens de Mathématique de Sa Majefté Britannique.

Briquet Phifique, ou petit flacon contenant de la matiere phofphorique, une bougie & des allumettes. Pour avoir de la lumiere dans l'inftant il fuffit de tremper le bout de l'alumette dans le flacon, elle s'enflame dès qu'elle prend l'air. *Bianchy*, (madame veuve) rue St. Honoré, près celle de Rohan.

Lampe économique à cheminée de verre & à courant d'air. De l'invention de MM. le marquis d'*Arlande* & *Quinquet*, en concurrence avec M. *Lange*, Diftilateur ordinaire du Roi, rue du petit Pont, déjà connu avantageufement pour les huiles épurées, à l'ufage des Lampes.

Moyen d'éteindre fubitement le feu pris dans le tuyau d'une cheminée. Il faut ceindre le devant de la cheminée d'une couverture ou d'un drap mouillé, & jetter par intervalle quelques poignées de fouffre. Le feu du tuyau s'éteint comme par enchantement, tant la vapeur du fouffre détruit promptement l'élafticité de l'air. Par M. l'Abbé *Rofier*, Chevalier de l'Eglife de Lyon, Membre de plufieurs Académies. On peut, à défaut de fouffre, étendre fur les charbons quelques oignons coupés par tranches.

Manchons d'Angora, ou fabriqués du poil de la barbe des chevres de ce pays où ces animaux la portent fort longue & fort blanche, ce qui établit de très-beaux manchons pour hommes.

Canne curieufe qui réunit une bougie portant fon flambeau

à reverbere , & du pied duquel on tire un crayon. De l'invention du sieur *Cachemichs* , quai de l'horloge du Palais , n°. 23.

Papier velin sans pontuzeaux ni vergeures , qui , par sa force & l'égalité de son grain , l'emporte sur le papier d'Hollande & coute moins. De l'invention de MM. *de Mongolfier* , les premiers qui ayent monté leur Papeterie d'Anonay sur les principes adoptés en Hollande , & leur a mérité , ainsi qu'à MM. *Johanot* , la médaille d'or destinée à ceux qui ont frayé de nouvelle route à l'industrie , en perfectionnant une fabrication déjà connue , & le titre de Manufacture royale pour leur établissement.

Tablettes de Bouillon incorruptible pour les voyageurs , de la fabrication du sieur *Bergé* , seul éleve du sieur *Meunier* cour du jardin du Palais royal , chez le sieur Nicard , Receveur de Loterie.

Cartes ou estampes devenues jaunes par vetusté. Il suffit de les exposer quelques jours de suite à la rosée jusqu'à ce que la couleur rousse soit entierement dissipée.

Encres indélebiles de qualité supérieure en tous genres , d'un beau noir , très-coulante , qui ne moisit point , & seche facilement , approuvée de l'Académie Royale des Sciences. De la composition des sieurs *Guyot* , rue du Mouton , *Royer* , rue Saint Martin , & *Salmon* , rue Dauphine.

Maladies Vénériennes. Le Rob anti-*syphilitique végétal* , approuvé de la Société Royale de Médecine , dans la composition duquel il a été constaté qu'il n'entroit point de *mercure* , est peut-être de tous les remedes connus , le seul dont l'usage ne soit point dangereux , & dont on puisse annoncer la découverte avec confiance , & prononcer le succès avec sécurité. Un concert unanime bien flateur & bien rare , des éloges & des suffrages des plus célébres Médecins & des plus habiles Chimistes , nommés pour en faire l'examen , & en réiterer les épreuves , a valu à M. *Laffecteur* , auteur de ce remede , rue de Bondi , un privilége exclusif de 25 ans , par arrêt du Conseil d'Etat du Roi , pour en faire librement la vente & distribution , dans toute l'étendue du Royaume.

Nouvelles Sondes flexibles de gomme , *élastique* pour les carnosités de l'Urethe , & *Pessaires* pour les descentes de matrice ingénieusement imaginées & exécutées par M. *Bernard* , cour du Commerce Saint André-des-Arts , approuvés de l'Académie Royale des Sciences & de la Société Royale de Médecine.

Nouveaux Acoustiques contre la surdité , par le même. Ces *Acoustiques* en forme de *toque* , sont construits de maniere qu'ils peuvent aifément fe cacher fous la coëffure, & qu'ils évitent en outre le défagrément d'être tenus à la main pour porter le *fon* à l'oreille.

Pompes à fein, foit pour en former les bouts ou pour le dégorger dans le cas où l'enfant ne confommeroit pas affez. Par le Docteur *Stein*, & fe vend chez Mde. *Bianchy*, rue Saint Honoré, près celle de Rouen ; elle offre pour le bien de l'humanité la faculté de les louer, au befoin.

Fourneau préfervateur ou machine pour préferver les Doreurs fur métaux des maladies auxquelles ce travail les expofe. De l'invention de M. Henri-Albert *Goffé*, de Genêves, qui lui a mérité le prix de l'Académie des Sciences.

L'Art de propager le fon ou d'établir une correfpondance très rapide entre des lieux fort éloignés. Par M. *Gardur*, Sculpteur, cloître Saint Jacques l'hôpital. *Voyez* la brochure qui fe vend chez Prault, quai des Auguftins.

Microfcope porté à un tel dégré de perfection, que par fon moyen on découvre très-diftinctement la forme du membre génital d'une puce mâle, & la circulation du fang dans les veines du mézantere d'une grenouille ; par M. *Delbarre*. Au Bureau d'Indication générale des Artiftes célebres, rue d'Anjou Dauphine, n°. 14.

Fufil à vent qui peut être déchargé quinze fois de fuite fans avoir befoin d'être rechargé de nouveau. De l'invention d'un Horloger, qui a reçu de l'Empereur, pour récompenfe, la place d'Infpecteur de l'Arfenal de Vienne.

Bains de propreté, de vapeurs & médicinaux, où l'on trouve jour & nuit à toute heure de l'eau chaude & tous les fecours néceffaires qui exigent une extrême promptitude, tels que les retentions d'urine, les coliques nefretiques &c.; il y a deux étuves, une pour chaque fexe, où la chaleur fe gradue à volonté, on y donne des *douches defcendantes* pour les douleurs rhumatifmales, les maladies de nerfs, enkilofes, paralifies, fciatiques, humeurs froides, &c. & des *douches afcendantes* pour les engorgemens carcinomateux dans l'inteftin, & chutes du même inteftin, les hémorrhoydes, &c. des bains de vapeurs y rendent la fluidité aux humeurs, facilitent les fecretions, procurent la foupleffe dans les membres, & donnent au corps une légereté infinie.

Portraits de profil, très-reffemblants, qui n'exigent pas 3 minutes de féance. Par M. *Gonore*, Peintre en mignature, au Palais Royal, n°. 166.

OBJETS DIVERS.

Carnofites, ou maladies de lurethe. Méthode particuliere de traiter ces maladies fans le fecours des bougies médicamenteufes, & qui ne fait éprouver aux malades que peu de gêne & de douleur. Par M. *Lafont de Freffinet*, rue Plâtriere.

Noyés. Moyen de connoître fi un homme eft tombé vivant dans l'eau & s'y eft noyé, ou s'il y a été jetté étant mort pour faire croire qu'il s'eft noyé lui-même. S'il eft tombé dans l'eau volontairement ou accidentellement, & qu'on lui ouvre la veine, il en fortira une grande quantité de fang liquide & décompofé ; s'il étoit mort avant d'être jetté dans l'eau, & qu'on lui ouvre la veine, le fang coulera lentement & en très-petite quantité.

Or & argent. L'art d'extraire le mineral de l'or & de l'argent & des autres métaux, fans le fecours du feu, & d'obtenir autant d'avantages en moins de 24 heures, non compris l'économie du bois, qu'on pourroit en obtenir en fix femaines, par le procédé ordinaire de la fufion. Par M. *Borne*, célebre Chimifte & Confeiller de la Cour de Vienne.

Machine afcendante & defcendante par un feul moteur qui eft toujours dans le même fens & dans un plan vertical, au moyen de laquelle un fceau monte plein tandis que l'autre defcend. De l'invention de M. *Pingeron.* On peut en voir le modele chez M. Aubry, Horloger à Verfailles, rue des deux Portes.

Scenographe ou *nouvel inftrument* qui donne les contours avec tant de vérité & de facilité que l'on peut faire le portrait le plus reffemblant dans trois à quatre minutes. Cette machine fait plus, elle grave ce portrait de maniere que dans moins d'une demie-heure on eft deffiné, gravé, & que l'on peut emporter avec foi la planche & une douzaine d'épreuves. De l'invention de M. *Chrétien*, ordinaire de la mufique du Roi, à Verfailles.

Gammographe, ou *nouvel inftrument* pour rayer les papiers de mufique & de plein chant, regiftres, états de régie, en couleur ou crayon conformement au modele, d'une maniere plus prompte, plus économique & plus expéditive que l'impreffion même. De l'invention de M. de *Vaufanvile*, rue St. Martin, près St. Merry.

Profophographe, inftrument beaucoup plus fimple que le pantrographe, avec lequel on peut, fans favoir deffiner, copier toutes fortes de figures, deffins, cartes & plans. Par M. le *Tellier*, Ingénieur Opticien, rue des Foffés S. Germain-des-Prés.

Vitrometre. Inftrument d'Optique du célebre *Doullon*, Opticien Anglois.

OBJETS DIVERS

Lunette acromatique de 4 à 6 pouces d'ouverture. Par M. l'Abbé *Rochon*, de l'Académie Royale des Sciences.

Méchanique nouvelle pour la fabrication des bas & autres ouvrages de Bonneterie, dont l'épreuve, faite à Versailles, a été fort applaudie. De l'invention de MM. *Sarrazin* & *Jolivet* de Lyon.

Automate de figure humaine qui travaille 7 heures le matin & 7 heures l'après-midi, sans discontinuer à devider de la soie, & gagne deux florins par jour à son maître. De l'invention de M. *Antoniazzy*, célèbre Méchanicien, à Vienne en Autriche.

Machine ingénieuse & expéditive, dont l'une carde le coton & l'autre le file, avec une promptitude étonnante. De l'invention de M. Le *Brun*, Méchanicien de la Cour de Vienne.

Moulin. Nouvelle piece méchanique simple qui peut s'adapter à toutes sortes de moulins, & par le moyen delaquelle sans le secours d'eau ni de vent, ni de chevaux, un seul homme & un enfant de 10 ans peuvent, en moins d'une heure, monter cette machine, qui ira ensuite pendant 24 heures sans discontinuer.

Fer scellé sans plomb. Le trou fait dans la pierre & labarre de fer posée & soutenue par de petits tuiléaux, on coule du soufre fondu dans une cuillere, & lorsque le trou est plein, on y jette une poignée de sable, de terre ou de cendre pour l'éteindre; quelques minutes après la terre est prise de façon qu'il faudroit casser la pierre pour en retirer le fer.

Laitues Romaines. Le moyen d'en tirer le meilleur parti lorsqu'elles sont montées, est d'en séparer les feuilles & retirer les cœurs que l'on fait cuire dans l'eau pour les apprêter & servir au jus ou à la sauce blanche. C'est, dit on, en fait de légumes potageres, un des meilleurs plats d'entremets que l'on puisse manger.

Nouveau Poële économique, dans la construction duquel il n'entre ni fer, ni tole, ni potin. Il chauffe dès qu'on y a mis le feu, & prend le dégré de chaleur que l'on souhaite avec la moitié moins de bois, & conserve la chaleur douze heures après qu'on a cessé d'y entretenir le feu; en un mot, il réunit tous les avantages que l'on peut désirer, même celui de pouvoir échauffer plusieurs appartemens à la fois sans faire une plus grande consommation de bois. De l'invention de M. *Jouvel*, rue Saint Honoré, vis-à-vis celle Saint Florentin. L'Auteur offre d'adapter les mêmes avantages aux poëles déjà construits.

DÉPART ET ARRIVÉE DES COURRIERS

DE LA POSTE AUX LETTRES

POUR TOUTE L'EUROPE.

N.B. Toutes les Villes dont les noms sont en caractères romains, telles que Abbeville, Agde, etc. désignent qu'on est libre d'affranchir ou de ne pas affranchir; celles qui sont en petites capitales, telles que AICHSTAT, etc. avertissent qu'il faut affranchir absolument; celles qui sont en italique telles que *Aix-la-Chapelle*, indiquent qu'on ne peut point affranchir.

L'étoile que l'on a mise aux jours de *départ des Courriers* signifie que les lettres partent à midi; et les jours où il n'y a point d'étoiles indiquent qu'elles partent à deux heures. Celles pour les pays étrangers partent toujours à dix heures.

La distance de Paris est celle des lieues de Poste. (*Voyez les additions à la fin.*)

Taxes.	Noms des Bureaux.	Provinces.	Distance de Paris.	Jours du Départ.	Jours de l'Arrivée.	Jours en route.	Courriers qui les portent.
4	Abbeville	Picardie.	39	* tous les jours.	tous les jours.	2	Amiens.
10	Agde	Languedoc.	203	l. ma. mer. j. v. f.	l. mar. j. v. f. d.	8	Lyon.
10	Agen	Agénois.	198	* mardi, samed.	mercredi, fam.	6	Bordeaux.
8	Ahun	Marche.	101	mardi, samedi.	mardi, vendred.	5	Lyon.
24	AICHSTAT	H. Allemag.	161	l. mar. j. v. f. d.	l. ma. m. j. f. d.	9	Strasbourg.
7	Aignai-le-Duc	Bourgogne.	66	lundi, vendredi.	jeudi - famedi.	5-4	Dijon.
8	Aigres	B. Angoum.	120	* mardi, samed.	mercredi, fam.	5	Bordeaux.
10	Aiguemortes	Languedoc.	186	mar. jeudi, fam.	mar.-jeudi, dim.	8	Lyon.
8	Aigueperse	Auvergne.	99	mar. jeud. fam.	mar. vend. dim.	4	Lyon.
10	Aiguillon	Gascogne.	192	* mardi, samed.	mercredi, fam.	6	Bordeaux.
8	Aire	Artois.	55	* tous les jours.	tous les jours.	3	Amiens.
10	Aire	Gascogne.	188	* mardi, samed.	mercredi - fam.	11-10	Bordeaux.
8	Airvault	Poitou.	107	* mardi, samed.	mercredi - fam	5-4	Bordeaux.
10	Aix	Provence.	191	l. mar. mer. j. v. f.	l. mar. j. v. f. d.	7	Lyon.
16	*Aix-la-Chapelle*	B. Allemag.	82	tous les jours.	tous les jours.	5	Reims.
10	Alais	Provence.	178	l. mar. mer. j. v. f.	l. mar. j. v. f. d.	7	Lyon.
6	Albert	Picardie.	36	* lun. mer. fam.	mar. jeud. fam.	3	Amiens.
10	Alby	Albigeois.	160	mardi, dimanc.	lundi - famedi.	8-10	Touloufe.
4	Alençon	Normandie.	35	{ * lun. mer. f.	mar. vend. dim.	2	Rennes.
				{ mardi, vendr.	....	3	Rouen.
20	*Alicante*	Espagne.	344	mardi, samedi.	mercredi, fam.	20	Bordeaux.
10	Alkirch	Alsace.	101	* lun. mer. vend.	lundi, jeud. fam.	4	Troyes.
24	ALTORFF	B. Allemag.	162	l. mar. j. v. f. d.	l. ma. mer. j. f. d.	7	Strasbourg.
				{ mar. jeu. fam	....	8	Lyon.
10	Alzonne	Languedoc.	182	{ lun. mer. ven.	lundi.	8	Dijon.
					mercredi - fam.	8-9	Bordeaux.
9	Amberieux	Bugey.	110	mar. jeudi, fam.	mar. jeud. dim.	5	Lyon.
8	Ambert	Auvergne.	104	mardi, samedi.	mardi, vendred.	5	Lyon.
7	Amboise	Touraine.	62	tous les jours.	tous les jours.	3	Orléans.
6	Amiens	Picardie.	29	* tous les jours.	tous les jours.	2	Amiens.
20	*Amsterdam*	Hollande.	100	lundi, vendred.	lund. jeu. vend.	5	Amiens.
8	Ancenis	Bretagne.	78	mer. jeud. fa. d.	mardi, vendr.	4	Nantes.
7	Ancy-le-Franc	Bourgogne.	53	lund. mer. vend.	lund. jeud. fam.	4	Dijon.
24	*Andernach*	B. Allemag.	95	lund. jeud. fam.	mar. jeud. dim.	5	Reims.
10	Anduse	Languedoc.	180	mardi, j. fam.	mar. jeudi, dim.	7	Lyon.
8	Angers	Anjou.	66	{ mer. jeu. f. d.	mardi, vendred.	3	Nantes.
				{	famedi.	4	Orléans.
6	Angerville	Gâtinois.	23	tous les jours.	tous les jours.	2	Orléans.
10	Angles	Poitou.	114	* mardi.	mercredi.	5	Bordeaux.
20	ANGLETERRE	Royaume.		lundi, jeudi.	mardi, famedi.	5	Amiens.
10	Angoulême	Angoumois.	128	* mardi, samed.	mercredi, fam.	5	Bordeaux.
24	*Anhalt*	B. Allemag.	150	lund. mar. v. f.	l. mer. jeu. dim.	7	Reims.
9	Annonai	Vivarais.	136	l. mar. m. j. v. f.	l. mar. j. v. f. d.	6-7	Lyon.
8	Anse	Lyonnois.	110	lun. mer. vend.	lund. jeud. fam.	4	Dijon.
24	ANSPACH	H. Allemag.	153	l. mar. j. v. f. d.	l. m. mer. j. f. d.	8	Strasbourg.
10	Antibes	Provence.	205	l. mar. m. j. v. f.	l. mar. j. v. f. d.	9	Lyon.
4	Antony	Isle de Fran.	4	tous les jours.	tous les jours.	2	Orléans.
8	Artrain	Bretagne.	98	* lundi, famedi.	mardi, dim.	5	Rennes.
12	*Anvers*	Pays-Bas.	74	tous les jours.	tous les jours.	4	S. Quentin.

a

Taxes.	Noms des Bureaux.	Provinces.	Distance de Paris	Jours du Départ.	Jours de l'Arrivée.	Jours en route	Courriers qui les portent.
15	Appenzel	Suisse.	110	* lund. mer. ven.	lund. jeud. fam.	7	Troyes.
10	Apt	Provence.	190	mardi, jeu. fam.	mardi, jeu. dim.	8-9	Lyon.
8	Arbois	Fr.-Comté.	103	fund. mer. vend.	lund. fam.-jeud.	5-6	Dijon.
6	Arcys-fur-Aube	Champagne	36	* mar. jeu. dim.	mer. vend. dim.	3	Troyes.
8	Ardes	Auvergne.	113	famedi.	mardi.	6	Lyon.
8	Ardres	Picardie.	64	* tous les jours.	tous les jours.	3	Amiens.
7	Argentan	Normandie.	40	* lun. mer. fam.	mar. vend. dim.	3	Rennes.
4	Argenteuil	Isle de Fra.	3	tous les jours.	tous les jours.	2	Rouen.
7	Argenton	Berry.	55	dimanche.	lundi.	3	Toulouse.
8	Argenton, *Château.*	Poitou.	93	jeudi, dimanch.	mardi, famedi.	5	Orléans.
10	Arles	Provence.	180	l. mar. mer. j. v. f.	l. mar. j. v. f. d.	7	Lyon.
12	Arles	Roussillon.	244	mardi, jeu. fam.	mardi-jeu. dim.	9	Lyon.
8	Armentières	Flandre.	56	* tous les jours.	tous les jours.	3	Amiens.
7	Arnac	Limosin.	85	dimanche.	lundi.	4	Toulouse.
8	Arnoy-le-Duc	Bourgogne.	84	lund. mer. vend.	lund. jeud. fam.	3	Dijon.
20	Arnhelm	Pays-Bas.	102	lund. mar. v. f.	lund. mer. j. d.	4	S. Quentin.
4	Arnouville	Isle de Fra.	4	tous les jours.	tous les jours.	2	S. Quentin
4	Arpajon	Isle de Fra.	6	tous les jours.	tous les jours.	2	Orléans.
7	Arras	Artois.	42	* tous les jours.	tous les jours.	3	Amiens.
10	Arreau	Gafcogne.	188	dimanche.	lundi.	10	Toulouse.
10	Ars-en-Ré	Isle de Ré.	135	{ * mardi, fam.	mercredi - fam.	6-5	Bordeaux.
				{ mercr. dim.	mardi, vendr.	6	Nantes.
6	Artenai	Orléanois.	30	tous les jours.	tous les jours.	2	Orléans.
10	Astaffort	Condomois.	202	* mardi, famedi.	mercredi, fam.	7	Bordeaux.
12	Ath	Pays-Bas.	60	tous les jours.	tous les jours.	4	S. Quentin.
7	Attigny	Champagne	49	lund. mer. fam.	mer. vend. dim.	3	Reims.
7	Avallon	Bourgogne.	66	lund. mer. vend.	lund. jeud. fam.	3	Dijon.
10	Aubagne	Provence.	203	l. mar. mer. j. v. f.	l. mar. j. v. f. d.	9-8	Lyon.
10	Aubenas	Vivarais.	158	mardi, jeu. fam.	mardi, jeu. dim.	8	Lyon.
6	Aubenton	Thiérache.	36	* mer. ven. dim.	lund. mer. vend.	4	Reims.
7	Aubigny	Berry.	50	mardi, famedi.	mardi, vendred.	4	Lyon.
8	Aubusson	Bourbonois.	104	mardi, famedi.	mardi, vendred.	6	Lyon.
10	Auch	Gafcogne.	184	{ dimanche.	lundi.	8	Toulouse.
				{ mardi.	mercredi, fam	8	Bordeaux.
8	Avefnes	Hainault.	48	* mar. jeu. fam.	mer. vend. dim.	3	S. Quentin.
10	Avignon	Comtat.	173	l. mar. mer. j. v. f.	l. mar. j. v. f. dim.	7-6	Lyon.
8	Aulnay	Poitou.	112	* mardi, famed.	mercredi - fam.	6-5	Bordeaux.
6	Aumale	Normandie.	30	tous les jours.	tous les jours.	4	Rouen.
8	Aunay	Normandie.	58	mercredi, fam.	mercredi, fam.	3	Rouen.
10	Aups	Provence.	190	mardi, jeu. fam.	mardi, jeu. dim.	8	Lyon.
8	Avranches	Normandie.	74	mercredi, fam.	mercredi, fam.	4	Rouen.
10	Auray	Bretagne.	98	* lun. mer. fam.	mar. vend. dim.	4	Rennes.
8	Aurillac	Auvergne.	130	{ dimanche.	lundi.	7	Toulouse.
				{ mardi.	dimanche.	7	Lyon.
24	AUSBOURG	H. Allemag.	140	l. mar. j. v. f. d.	l. mar. mer. j. f. d.	7	Strasbourg.
24	AUTRICHE	Royaume.		l. mar. j. v. f. d.	l. mar. mer. j. f. d.		Strasbourg.
10	Autrives	Languedoc.	170	mardi, dimanche.	luhdi, famedi.		Toulouse.
8	Autun	Bourgogne.	88	lund. mer. vend.	lund. fam.-jeud.	4-7	Dijon.
6	Auxerre	Bourgogne.	43	lund. mer. vend.	lund. jeud. fam.	5	Dijon.
8	Auxonne	Bourgogne.	80	lund. mer. vend.	lund. jeud. fam.	2	Dijon.
7	Auxy-le-Château	Picardie.	46	* lun. mer. fam.	mer. vend. dim.	3	Amiens.
8	Auzance	Bourbonois.	100	mardi, famedi.	mardi, vendr.	3	Lyon.
10	Azille	Languedoc.	210	mardi, jeu. fam.	mardi, jeu. dim.	6	Lyon.
24	BADEN	H. Allemag.	164	l. mar. j. v. f. d.	l. mar. mer. j. f. d.	8	Strasbourg.
10	Bagnères	Bigorre.	190	* mardi, famed.	mercredi - fam.	10-8	Bordeaux.
10	Bagnols	Languedoc.	165	l. mar. mer. j. v. f.	l. mar. j. v. f. d.	9	Lyon.
8	Bailleul	Flandre.	54	* tous les jours.	tous les jours.	6	Amiens.
8	Bain	Bretagne.	80	* lun. mer. fam.	ven. 2 *dép.* dim.	3	Rennes.
8	Bains	Lorraine.	94	{ du 1 oct. * au 31 mars * lun.	mardi.	5	Strasbourg.
				{ du 1 avr. l. j. f. au 31 fep.	mar. jeud. dim.	4	
15	Bâle	Suisse.	110	* lun. mer. ven.	lund. jeud. fam.	7	Troyes.
8	Ballevoy	Normandie.	62	lund. mer. fam.	mer. vend. dim.	4	Rouen.
24	BAMBERG	H. Allemag.	160	l. mar. j. v. f. d.	l. mar. mer. j. f. d.	10	Strasbourg.

DÉPART ET ARRIVÉE DES COURRIERS.

Taxes.	Noms des Bureaux.	Provinces.	Distance de Paris.	Jours du Départ.	Jours de l'Arrivée.	Jours en route.	Courriers qui les portent.
7	Bapaume	Artois.	36	* tous les jours.	tous les jours.	3	Amiens,
8	Barbançon	Hainault.	52	* mar. jeu. fam.	mer. vend. dim.	3	S. Quentin
10	Barbézieux	Saintonge.	138	* mardi, famed.	mercredi, fam.	5	Bordeaux.
10	Barcelonette	Provence.	180	mardi, jeu. fam.	mardi, jeu. dim.	8	Lyon.
6	Barentin	Normandie.	43	tous les jours.	tous les jours.	2	Rouen.
10	Barjac	Provence.	154	mar. jeudi, fam.	mar. jeu. dim.	6	Lyon.
10	Barjols	Provence.	187	mardi, jeu. fam.	mardi, jeu. dim.	8	Lyon.
7	Bar-le-Duc	Duc. de Bar.	69	* lund. jeu. fam.	mar. jeudi, dim.	3	Strasbourg.
7	Bar-sur-Aube	Champagne	49	* lund. mer. ven.	lund. jeud. fam.	3	Troyes.
7	Bar-sur-Seine	Champagne	44	* lun. mer. fam.	mar. jeudi, fam.	3	Troyes.
7	Bassou	Champagne	40	lund. mer. vend.	lund. jeud. fam.	2	Dijon.
8	Bavay	Flandre.	47	* tous les jours.	tous les jours.	3	S. Quentin.
24	BAVIÈRE, États	H. Allemag.		l. mer. j. v. f. d.	l. mar. mer. j. f. d.		Strasbourg.
8	Bayeux	Normandie.	64	lund. mer. fam.	mar. vend. dim.	3	Rouen.
10	Bayonne	Gascogne.	216	* mardi, famed.	mercredi - fam.	9-8	Bordeaux.
10	Bazas	Bazadois.	180	* mardi, famed.	mercredi - fam.	7-6	Bordeaux.
10	Beaucaire	Languedoc.	202	l. mar. mer. j. v. f.	l. mar. j. v. f. d.	7	Lyon.
8	Beaucarat	Lorraine.	90	* lundi, jeu. fam.	mardi, jeu. dim.	4	Strasbourg.
7	Beaufort	Anjou.	63	mercredi, fam.	mardi, vendr.	4	Nantes.
7	Beaugé	Anjou.	61	mercredi, fam.	mardi, vendr.	3	Nantes.
6	Beaugency	Orléanois.	42	tous les jours.	tous les jours.	3	Orléans.
8	Beaujeu	Beaujolois.	113	lund. mer. fam.	lundi - samedi.	6-5	Dijon.
8	Beaulieu	Poitou.	111	* mardi, famed.	mercredi - fam.	6-5	Bordeaux.
8	Beaume-les-Dames	Fr.-Comté.	100	lund. mer. vend.	lund. fam.-jeud.	4-5	Dijon.
8	Beaumont-le-Roger	Normandie.	30	mardi, vendred.	mercredi - fam.	4-3	Rouen.
10	Beaumont-de-Loum.	B. Gascogne.	160	mardi, dimanc.	lundi - samedi.	8-10	Toulouse.
7	Beaumont-le-Vicomt	Maine.	37	* mercredi, fam.	mardi, vendr.	4	Rennes.
4	Beaumont-sur-Oise	Isle de Fra.	8	* tous les jours.	tous les jours.	2	Amiens.
8	Beaune	Bourgogne.	82	lund. mer. vend.	lund. jeud. fam.	3	Dijon.
9	Beaurepaire	Dauphiné.	130	mar. jeudi, fam.	mar. ven. dim.	7	Lyon.
4	Beauvais	Picardie.	16	* tous les jours.	tous les jours.	2	Amiens.
9	Beauvoir-sur-mer	Poitou.	118	mercredi, fam.	mercredi, fam.	7	Nantes.
8	Becherel	Bretagne.	77	* lun. mer. fam.	mar. vend. dim.	4	Rennes.
10	Bedarieux	Languedoc.	211	l. mar. mer. j. v. f.	l. mar. j. v. f. d.	8	Lyon.
10	Beffort	Alsace.	95	* lund. mer. ven.	lund. jeud. fam.	4	Troyes.
8	Bellac	B. Marche.	92	{ * mardi. dimanche.	{ famedi. lundi.	6 6	Bordeaux. Toulouse.
10	Belle-isle en mer	Côte de Bret.	108	* mercredi, fam.	vendredi - dim.	7-6	Rennes.
10	Belle-isle en terre	Bretagne.	110	* lun. mer. fam.	mar. vend. dim.	4	Rennes.
6	Bellemare	Normandie.	40	tous les jours.	tous les jours.	3	Rouen.
6	Bellesme	Perche.	38	* lun. mer. fam.	mardi, vendr.	2	Rennes.
8	Belleville	Beaujolois.	111	lund. mer. vend.	lund. jeud. fam.	4	Dijon.
9	Belley	Bugey.	136	mar. jeudi, fam.	mar. vend. dim.	6	Lyon.
10	Belvèze	Périgord.	127	{ * mardi. dimanche.	{ famedi. lundi.	11 9	Bordeaux. Toulouse.
10	Penfeld	Alsace.	109	* lund. mer. ven.	lund. jeud. fam.	6	Troyes.
24	Berg, (duché)	B. Allemag.		lund. mar. j. f.	lun. mer. jeu. d.		Reims.
10	Bergerac	Périgord.	132	* mardi, famed.	mercredi, fam.	7	Bordeaux.
20	Berg-op-Zoom	Pays-Bas.	66	lundi, vendredi.	lundi, vendred.	5	Amiens.
8	Bergues	Flandre.	68	* tous les jours.	tous les jours.	3	Amiens.
24	Berlin	B. Allemag.	220	lund. mar. v. f.	lun. mer. jeu. d.	10	Reims.
6	Bernai	Normandie.	31	mar. mer. v. d.	lun. mer. ven. f.	3	Rouen.
15	BERNE	Suisse.	120	lund. mer. fam.	lund. jeudi, fam.	6	Dijon.
8	Besançon	Fr.-Comté.	93	lund. mer. vend.	lund. jeudi, fam.	4	Dijon.
8	Béthune	Artois.	50	* tous les jours.	tous les jours.	3	Amiens.
10	Beziers	Languedoc.	205	l. mar. mer. j. v. f.	l. mar. j. v. f. d.	8	Lyon.
8	Billon	Auvergne.	112	mardi, famedi.	mardi, vendred.	6	Lyon.
8	Bitche	Lorraine.	106	* mar. ven. dim.	mer. fam. dim.	4	Strasbourg.
8	Blain	Bretagne.	100	* lun. mer. fam.	ven. a dép. dim.	4	Rennes.
8	Blamont	Lorraine.	89	* lun. jeud. fam.	mar. jeudi, dim.	4	Strasbourg.
10	Blanzac	Angoumois.	130	* mardi, fam.	mercredi, fam.	6	Bordeaux.
10	Blaye	Gascogne.	155	{ * mardi, fam. mercredi.	mercredi, fam.	5 6	Bordeaux. Nantes.
7	Blois	Blaisois.	52	tous les jours.	tous les jours.	3	Orléans.
24	BOHÊME	Royaume.		l. mar. j. v. f. d.	l. mar. mer. j. f. d.		Strasbourg.

DÉPART ET ARRIVÉE DES COURRIERS.

Taxes.	Noms des Bureaux.	Provinces.	Distance de Paris.	Jours du Départ.	Jours de l'Arrivée.	Jours en route.	Courriers qui les portent.
6	Bois-Commun......	Gâtinois.	26	mar. jeudi, fam.	lund. jeudi, fam.	2	Orléans.
12	Bois-le-Duc.......	Pays-Bas.	72	lundi, vendredi.	lundi, vendredi.	5	Amiens.
4	Boissy-S.-Leger.....	Isle de Fra.	4	* tous les jours.	tous les jours.	2	Troyes.
6	Bolbec...........	Normandie.	49	tous les jours.	tous les jours.	3	Rouen.
22	Bologne	Italie.	253	mardi.	jeudi.	18	Lyon.
4	Bondi	Isle de Fra.	2	* tous les jours.	tous les jours.	1	Reims.
24	Bonn.............	B. Allemag.	102	tous les jours.	tous les jours.	6	Reims.
4	Bonnelles.........	Beauce.	10	tous les jours.	tous les jours.	2	Orléans.
6	Bonnetable........	Maine.	41	mercredi, fam.	mardi, vendred.	3	Nantes.
6	Bonneval.........	Beauce.	28	mar. jeudi, dim.	mar. jeudi, fam.	2	Chartres.
6	Bonnières........	Mantois.	16	tous les jours.	tous les jours.	2	Rouen.
6	Bonny...........	Gâtinois.	48	mar. jeudi, fam.	mar. vend. dim.	2	Lyon.
4	Bordeaux-de-Vigny .	Normandie.	11	tous les jours.	tous les jours.	2	Rouen.
8	Bort.............	Limosin.	110	mardi.	dimanche.	6	Lyon.
10	Boucairan.........	Languedoc.	174	mar. jeudi, fam.	mar. jeudi, dim.	7	Lyon.
8	Bouchain..........	Hainault.	43	* tous les jours.	tous les jours.	3	S. Quentin.
8	Boulay	Lorraine.	78	* mar. ven. dim.	lund. jeudi, fam.	4	Strasbourg.
8	Boulogne-sur-mer ...	Boulonnois.	57	* tous les jours.	tous les jours.	3	Amiens.
10	Bouloigne.........	Comminges	178	mardi, dimanc.	lundi - famedi.	8-10	Touloufe.
8	Bourbon-Lancy.....	Bourbonois.	88	mardi, famedi.	mardi, vendr.	3	Lyon.
8	Bourbon-l'Archamb.	Bourbonois.	84	du 1 nov. au 30 av. ma. f. / du 1 mai au 31 oc. ma. j. f	mardi, vendr. / mar. vend. dim.	3 / 3	Lyon.
8	Bourbonne-les-Bains.	Champagne	70	* lun. mer. vend.	lun. jeudi, fam.	3	Troyes.
8	Bourbourg	Flandre.	68	* tous les jours.	tous les jours.	4	Amiens.
10	Bordeaux	Guyenne.	164	* mardi , mercredi , dimanche.	mercredi, fam. / mardi. /	5 / 7 / 7	Bordeaux. / Nantes. / Touloufe.
10	Bourdeille	Périgord.	116	* mardi , fam.	mercredi - fam.	7-9	Bordeaux.
8	Bourganeuf	B. Marche.	106	* mardi.	famedi.	6	Bordeaux.
8	Bourg	Bresse.	107	lund. mer. vend.	lun. fam.-jeudi.	4-5	Dijon.
10	Bourg	Guyenne.	162	* mardi , famed.	mercredi, fam.	6	Bordeaux.
7	Bourges	Berry.	74	mar. jeu. fam. / dimanche.	mar. vend. dim. / lundi.	3 / 4	Lyon. / Touloufe.
4	Bourg-la-Reine	Isle de Fra.	2	tous les jours.	tous les jours.	2	Orléans.
9	Bourg-neuf-en-Ré ...	Bretagne.	105	mercredi, fam.	mardi, vendr.	5	Nantes.
8	Bourgueuil, ou les Trois-Volets.	Anjou.	66	jeudi, dimanch.	mardi, famedi.	4	Orléans.
9	Bourgoin	Dauphiné.	128	l. mar. mer. j. v. f.	l. mar. j. v. f. d.	5	Lyon.
8	Bourmont.........	Lorraine.	62	* lundi , vendr.	lundi, jeudi.	3	Troyes.
8	Boynes	Gâtinois.	28	mar. jeudi, fam.	lun. jeudi, fam.	2	Orléans.
12	Brabant	Pays-Bas.		tous les jours.	tous les jours.		S. Quentin.
4	Braine	Soissonnois.	28	* tous les jours.	tous les jours.	2	Reims.
6	Bray-sur-Seine	Champagne	26	* tous les jours.	tous les jours.	2	Troyes.
20	Breda	Hollande.	75	lundi, vendredi.	lundi, vendredi.	5	Amiens.
24	Breslaw	B. Allemag.	273	lun. mar. ven. f.	lun. mer. jeu. d.	14	Reims.
8	Bressuire	Poitou.	86	* mardi , famed.	mercredi - fam.	5-1	Bordeaux.
10	Brest	Bretagne.	124	* lun. mer. fam.	mar. vend. dim.	5	Rennes.
4	Breteuil	Picardie.	22	* tous les jours.	tous les jours.	2	Amiens.
4	Brezolles.........	Perche.	20	* lun. mer. fam.	mar. vend. dim.	2	Rennes.
10	Briançon.........	Dauphiné.	166	mardi, famedi.	mardi - vendr.	8-7	Lyon.
6	Briare	Gâtinois.	44	mar. jeudi, fam.	mar. vend. dim.	2	Lyon.
4	Brie-Comte-Robert.	Brie.	7	* tous les jours.	tous les jours.	2	Troyes.
7	Brienne	Champagne	45	* mar. jeu. fam.	lun. jeudi, fam.	3	Reims.
6	Briennon-l'Archevéq	Champagne	40	lun. mer. vend.	lun. jeudi, fam.	3	Dijon.
10	Brignols	Provence.	203	l. mar. mer. j. v. f.	l. mar. j. v. f. d.	8	Lyon.
6	Brionne..........	Normandie.	32	tous les jours.	tous les jours.	2	Rouen.
8	Brioude..........	Auvergne.	120	mardi, famedi.	mardi, vendr.	5	Lyon.
8	Brissac..........	Anjou.	66	mercredi, fam.	mardi, vendr.	4	Nantes.
8	Brives-la-Gaillarde.	Limosin.	120	mardi, dimanc.	lundi, famedi.	5	Touloufe.
24	BRIXEN...........	H. Allemag	230	l. mar. j. v. f. d.	l. mar. mer. j. f. d.	13	Strasbourg.
6	Broglie	Normandie.	32	mardi, vendr.	mercredi, fam.	3	Rouen.
8	Broons	Bretagne.	88	* lun. mer. fam.	mar. ven. - dim.	4-5	Rennes.

DÉPART ET ARRIVÉE DES COURRIERS.

Taxes.	Noms des Bureaux.	Provinces.	Distance de Paris.	Jours du Départ.	Jours de l'Arrivée.	Jours en route.	Courriers qui les portent.
10	Brouage	Saintonge.	140	} mercr. dim. } * famedi.	mardi, vendr. famedi.	6 5	Nantes. Bordeaux.
12	Bruges............	Pays-Bas.	77	tous les jours.	tous les jours.	4	S. Quentin.
4	Brunoy...........	Isle de Fra.	6	* tous les jours.	tous les jours.	2	Troyes.
24	*Brunfwick*	B. Allemag.	168	lun. mar. jeu, f.	lun. mer. jeu. d.	12	Reims.
8	Bruyères..........	Lorraine.	54	* lund. jeu. fam.	mar. jeudi, dim.	4	Strasbourg.
8	Buchy............	Normandie.	30	lund. jeudi, fam.	lundi, mer. ven.	3	Rouen.
12	*Bruxelles*.........	Pays-Bas.	70	tous les jours.	tous les jours.	4	S. Quentin.
7	Buzançois........	Berry.	68	mardi, dimanc.	lundi-famedi.	4-5	Touloufe.
7	Buzancy	Champagne	60	* lun. mer. fam.	mer. vend. dim.	3	Reims.
10	Cadenet..........	Provence.	191	mardi, jeu. fam.	mardi, jeu. dim.	9	Lyon.
10	Cadillac..........	Guyenne.	173	* mardi, famedi.	mercredi, fam.	6	Bordeaux.
20	*Cadix*	Efpagne.	453	mardi, famedi.	mercredi, fam.	18	Bordeaux.
7	Caen.............	Normandie.	51	tous les jours.	tous les jours.	3	Rouen.
10	Cahors	Quercy.	145	dimanche.	lundi.	5	Touloufe.
8	Calais	Flandre.	64	* tous les jours.	tous les jours.	3	Amiens.
8	Calvisson	Languedoc	184	mar. jeudi, fam.	mar. jeudi, dim.	8	Lyon.
8	Cambray	Cambrésis.	40	* tous les jours.	tous les jours.	3	S. Quentin.
8	Candé	Anjou.	73	mercredi, dim.	mardi-vendredi.	5-4	Nantes.
10	Cannes	Provence.	223	l.mar.mer. j.v.f.	l. mar. jeu. v.f.d.	8	Lyon.
24	CANSTADT	H. Allemag.	120	lun.mar. j. v.f.d.	l.mar.mer. j.f.d.	5	Strasbourg.
6	Cany	Normandie.	44	lundi, mer. fam.	mer. vend. dim.	3	Rouen.
10	Caraman	Languedoc.	175	mardi, dimanc.	lundi - famedi.	7-9	Touloufe.
10	Carcassonne.......	Languedoc.	185	} l.mar.m.j.v.f.	lun.mar. v. f. d. lundi.	8 8	Lyon. Touloufe.
8	Carentan	Normandie.	66	lundi, mer. fam.	mer. vend. dim.	4	Rouen.
10	Carhaix	Bretagne.	116	*mercredi, fam.	mardi, vendr.	5	Rennes.
7	Carignan-Luxemb.	Champagne	59	* lun. mer. fam.	lund. mer. vend.	3	Reims.
24	CARINTHIE. (*la*)	H. Allemag.		lun. mar. j.v.f.d.	l.mar. mer. j.f.d.		Strasbourg.
24	CARNIOLE. (*la*) ...	H. Allemag.		lun. mar. j.v.f.d.	l.mar.mer. j.f.d.		Strasbourg.
7	Carouge	Normandie.	39	* mercredi, fam.	mardi, vendr.	2	Rennes.
7	Carvin...........	Artois.	46	* tous les jours.	tous les jours.	3	Amiens.
24	*Cassel*	B. Allemag.	145	lun. mar ven. f.	lun. mer. jeu. di.	10	Reims.
8	Cassel	Flandre.	63	* tous les jours.	tous les jours.	3	Amiens.
10	Cassir	Provence.	206	mar. jeudi, fam.	mar. jeudi, dim.	8	Lyon.
10	Castel-jaloux	Bazadois.	190	* mardi, famedi.	mercredi, fam.	7	Bordeaux.
10	Castellane	Provence.	200	mardi, jeu. fam.	mardi, jeu.dim.	8	Lyon.
10	Castelnaudary	Languedoc.	178	l. mar.mer.j.v.f.	{ lundi. { mercr. - fam.	8 8 8-9	Lyon. Touloufe. Bordeaux.
10	Castelnau de Magnoac	Armagnac.	182	mardi, dimanc.	lundi - famedi.	8-10	Touloufe.
10	Castelnau de Médoc.	Médoc.	165	* mardi, famedi.	mercredi, fam.	8	Bordeaux.
8	Castelnau de Monrat.	Quercy.	148	dimanche.	lundi.	6	Touloufe.
10	Castel-Sarrasins	Languedoc.	170	* mardi, famedi.	mercredi, fam.	7	Bordeaux.
10	Castillon..........	Guyenne.	160	* mardi, famedi.	mercredi, fam.	7	Bordeaux.
10	Castres	Guyenne.	170	* mardi, famedi.	mercredi, fam.	6	Bordeaux.
10	Castres	Languedoc.	168	} mard. diman.	lundi-famedi. jeudi.	8-10 9	Touloufe. Lyon.
7	Câteau-Cambresis..	Hainault.	47	* tous les jours.	tous les jours.	3	S. Quentin.
6	Caudebec	Normandie.	38	tous les jours.	tous les jours.	3	Rouen.
10	Caussade..........	Quercy.	161	} mardi. dimanche.	famedi. lundi.	7 6	Bordeaux. Touloufe.
10	Caylus	Quercy.	150	} * mardi. dimanche.	famedi. lundi.	6 6	Bordeaux. Touloufe.
9	Cerdon	Bugey.	133	} lundi. mar. jeu. fam.	jeudi. mardi,ven. dim.	5 5	Dijon. Lyon.
10	Cernay	Alface.	102	* lun. mer. ven.	lund. jeudi,fam.	4	Troyes.
10	Cette	Languedoc.	174	l. mar.mer.j.v.f.	l. mar. j. v. f. d.	8	Lyon.
6	Chaalons	Champagne	40	* l.mar. j. v. f. d.	l.mar.mer. j.f.d.	3	Strasbourg.
8	Chabanois	Angoumois.	96	* mardi.	famedi.	6	Bordeaux.
7	Chablis	Champagne	43	lundi, mer. ven.	lund. jeud. fam.	3	Dijon.
8	Chagny..........	Bourgogne.	85	lundi, mer. ven.	lund. jeud. fam.	3	Dijon.
9	Chalamont	Dombes.	114	mar. jeudi, fam.	mar. jeudi, dim.	8	Lyon.
9	Challans	Poitou.	94	* mardi, famedi.	mercredi - fam.	7-6	Bordeaux.
8	Châlons-fur-Shône .	Bourgogne.	89	lundi, mer. ven.	lundi, jeu. fam.	3	Dijon.

Taxes.	Noms des Bureaux.	Provinces.	Distance de Paris.	Jours du Départ.	Jours de l'Arrivée.	Jours en route.	Courriers qui les portent
8	Chalus............	Limosin.	104	{ * mardi. / dimanche.	samedi. / lundi.	7 / 8	Bordeaux. / Toulouse.
20	CHAMBÉRY	Savoie.	142	mardi , samedi.	jeudi , dimanch.	8	Lyon.
4	Chambly	Picardie.	8	* mar. jeu. dim.	mar. jeudi, fam.	2	Amiens.
8	Champigny	Saumurois.	80	jeudi , dimanch.	mardi , samedi.	4	Orléans.
8	Chambon	Auvergne.	99	mardi , samedi.	mardi , vendr.	4	Lyon.
8	Champagnolle.....	Fr.-Comté.	102	lund. mer. vend.	lun.-jeudi, fam.	5-6	Dijon.
8	Champlitte.......	Champagne	76	*lundi , mercr.	jeudi , samedi.	4	Troyes.
6	Champrond	Perche.	28	mercredi , fam.	mardi , vendr.	2	Nantes.
7	Chanteloube	Limosin.	89	{ * mardi. / dimanche.	samedi. / lundi.	4 / 4	Bordeaux. / Toulouse.
4	Chantilly	Isle de Fra.	10	* tous les jours.	tous les jours.	2	Amiens.
8	Chantonay	Poitou.	95	mercredi , dim.	mardi , vendr.	5	Nantes.
6	Chaource	Champagne	44	mardi , vendr.	jeudi , dimanch.	3	Reims.
10	Charente.........	Saintonge.	138	{ * mardi , fam. / mercr. dim.	mercredi , fam. / mardi , vendr.	6 / 6	Bordeaux. / Nantes.
4	Charenton	Isle de Fra.	2	* tous les jours.	tous les jours.	1	Reims.
8	Charmes.........	Lorraine.	95	* lund. jeu. fam.	mar. jeudi, dim	4	Strasbourg.
8	Charlemont......	Flandre.	50	* mar. jeu. fam.	mer. vend. dim	3	S. Quentin.
2	*Charleroy*	Pays-Bas.	46	tous les jours.	tous les jours.	3	S. Quentin.
4	Charly	Brie.	20	* lund. jeu. fam.	mar. jeudi, dim.	2	Strasbourg.
8	Charolles	Bourgogne.	96	lundi , mer. ven.	lundi-jeu. fam.	5-6	Dijon.
7	Charost	Berry.	78	mardi , samedi.	mardi , vendr.	4	Lyon.
4	Chartres	Beauce.	20	tous les jours.	tous les jours.	4	Chartres.
8	Château-Briant	Bretagne.	70	* lundi , mercr.	vendredi , dim.	6	Rennes.
8	Château-Chinon	Nivernois.	80	mercredi , fam.	mardi - jeudi.	6-7	Lyon.
7	Château-du-Loir	Maine.	51	lun. jeudi , dim.	mar. fam.-jeudi.	3-4	Chartres.
6	Châteaudun	Beauce.	32	mardi, jeu. dim.	mar. jeudi, fam.	3	Chartres.
7	Château-Gontier	Anjou.	65	* mercredi, fam.	mardi , vendr.	3	Rennes.
4	Château-Landon	Gâtinois.	26	mar. jeudi, fam.	mar. vend. dim.	2	Lyon.
10	Château-Neuf......	Angoumois.	123	* mardi , samed.	mercredi , fam.	5	Bordeaux.
8	Château-Neuf.....	Bretagne.	80	* lun. mer. fam.	mar. vend. dim.	4	Rennes.
7	Château-Neuf-s.-Cher	Berry.	75	mardi.	mardi.	4	Lyon.
4	Château-Neuf......	Thimerais.	22	mercredi , dim.	mardi , vendr.	3	Nantes.
8	Château-Renaud	Touraine.	68	mar. jeudi, fam.	lundi, mer. fam.	3	Orléans.
7	Château-Roux	Berry.	70	mardi , dimanc.	lundi , samedi.	3	Toulouse.
8	Château-Salins	Lorraine.	78	* mar. ven. dim.	lund. mer. fam.	4	Strasbourg.
4	Château-Thierry....	Brie.	21	* tous les jours.	tous les jours.	2	Strasbourg.
7	Château-Villain	Champagne	60	* lun. mer. ven.	lundi , jeu. fam.	4	Troyes.
8	Châtelaudren	Bretagne.	106	* lun. mer. fam.	mar. vend. dim.	4	Rennes.
7	Châtellerault	Poitou.	89	* mardi , samed.	mercredi , fam.	3	Bordeaux.
10	Châtillon de Michaille	Bugey.	142	{ lundi. / mar. jeu. fam.	jeudi. / mar. vend. dim.	5 / 6	Dijon. / Lyon.
7	Châtillon-sur-Indre ..	Touraine.	64	mardi , samedi.	mercredi , fam.	3	Orléans.
6	Châtillon-sur-Loing ..	Gâtinois.	35	mardi, jeu. fam.	mar. vend. dim.	3	Lyon
7	Châtillon-sur-Seine ..	Bourgogne.	48	{ * lun. mer. fa. / vendredi.	mar. jeudi, fam. / lundi.	3 / 4	Troyes. / Dijon.
8	Châtillon-sur-Seure .	Poitou.	81	{ * mardi , fam. / jeudi.	mercredi fam. /	6-5 / 6	Bordeaux. / Orléans.
4	Chatou	Isle de Fra.	3	tous les jours.	tous les jours.	2	Rouen.
4	Chaumes	Brie.	21	* lun. mer. v. f.	mar. vend. ven. d.	3	Troyes.
7	Chaumont	Bassigny.	57	* lun. mer. ven.	lun. jeudi, fam.	3	Troyes.
4	Chaumont	Vexin.	16	tous les jours.	tous les jours.	2	Rouen.
8	Chaunay	Poitou.	104	* mardi , samed.	mercredi , fam.	4	Bordeaux.
6	Chauny	Picardie.	28	* lun. mer. fam.	mar. jeudi, dim.	2	S. Quentin.
7	Chauvigny	Poitou.	98	* mardi.	mercredi.	4	Bordeaux.
9	Chazelles	Forez.	126	mar. jeudi, fam.	mar. jeudi, dim.	6	Lyon.
8	Chef-Boutonne	Poitou.	104	* mardi , samed.	mercredi , fam.	4	Bordeaux.
4	Chelles	Isle de Fra.	4	* lun. mer. fam.	mar. jeudi, dim.	2	Reims.
8	Chemillé	Anjou.	72	mercredi , fam.	mardi , vendr.	5	Nantes.
8	Chénérailles......	Marche.	103	mardi , samedi.	mardi , vendr.	5	Lyon.
8	Cherbourg	Normandie.	85	lundi, mer. fam.	mar. vend. dim.	4	Rouen.
6	Cheroy	Gâtinois.	23	mar. jeudi, fam.	mar. jeudi, dim.	3	Lyon.
6	Chevilly	Orléanois.	30	tous les jours.	tous les jours.	2	Orléans.
4	Chevreuse........	Isle de Fra.	8	tous les jours.	tous les jours.	2	Orléans.

Prix.	Noms des Bureaux.	Provinces.	Distance de Paris.	Jours du Départ.	Jours de l'Arrivée.	Jours en route.	Courriers qui les portent.
4	Chézy	Champagne	20	* lund. jeu. fam.	mar. jeudi, dim.	2	Strasbourg.
8	Chinon	Anjou.	78	jeudi, dimanc.	mardi, famedi.	4	Orléans.
4	Choify-le-Roi	Isle de Fra.	3	tous les jours.	tous les jours.	1	Choify leR.
8	Chollet	Anjou.	99	{ * mardi, fam. / jeudi.	mercredi, fam. / mardi, 2 dép.	7 / 7	Bordeaux. / Nantes.
10	Chomerac	Dauphiné.	154	mar. jeudi, fam.	jeudi - dimanch.	7-8	Lyon.
8	Chouzé	Anjou.	81	jeudi, dimanch.	mardi, famedi.	4	Orléans.
8	Cintrey	Fr.-Cômté.	72	* lun. mer. ven.	lundi, jeu. fam.	3	Troyes.
6	Cizay	Normandie.	32	mardi, vendr.	mercredi, fam.	3	Rouen.
7	Clairvaux	Champagne	51	* lun. mer. ven.	lundi, jeu. fam.	3	Troyes.
7	Clamecy	Nivernois.	53	lundi, mer. ven.	lundi, jeu. fam.	4	Dijon.
4	Claye	Isle de Fra.	6	* tous les jours.	tous les jours.	2	Reims.
10	Clérac	Agénois.	192	* mardi, famed.	mercredi, fam.	7	Bordeaux.
7	Clermont	Argonne.	54	* mar. ven. dim.	lundi, mer. fam.	3	Strasbourg.
8	Clermont Ferrand ..	Auvergue.	106	mar. jeudi, fam.	mar. vend. dim.	4	Lyon.
4	Clermont	Peuthoisis.	14	* tous les jours.	tous les jours.	2	Amiens.
10	Clermont de Lodève.	Languedoc.	260	l.mar. mer. j.v.f.	l.mar. jeu.v.f.d.	8	Lyon.
6	Cléry	Orléanois.	33	tous les jours.	tous les jours.	3	Orléans.
16	Clèves	B. Allemag.	99	lun. mar. ven. f.	lun. mer. jeu. d.	6	Reims.
9	Clisson	Bretagne.	90	mercredi, fam.	mardi, vendr.	5	Nantes.
8	Cluny	Bourgogne.	102	lundi, mer. ven.	lundi, jeu. fam.	4	Dijon.
24	Coblentz	B. Allemag.	180	lundi, mer. fam.	mardi, jeu. fam.	14	Reims.
10	Cognac	Angoumois.	134	{ * mardi, fam. / mercr. dim.	mercredi, fam.	5 / 6	Bordeaux. / Nantes.
4	Coincy	Brie.	19	* tous les jours.	tous les jours.	2	Reims.
12	Collioure	Roussillon.	230	mardi, jeu. fam.	mardi-jeu. fam.	10-9	Lyon.
10	Colmar	Alsace.	109	* lun. mer. ven.	lundi, jeu. fam.	4	Troyes.
20	Cologne	B. Allemag.	100	tous les jours.	tous les jours.	5	Reims.
7	Colombey	Champagne	50	* lund. jeu. fam.	mardi, jeu. dim.	4	Strasbourg.
10	Colonge-fur-Rhône ..	Pays de Gex.	146	{ lundi. / mar. jeu. fam.	jeudi. / mar. vend. dim.	5 / 5	Dijon. / Lyon.
8	Combourg	Bretagne.	81	* lundi, famedi.	mardi, vendr.	4	Rennes.
7	Commercy	Lorraine.	70	* lund. jeu. fam.	mardi, jeu. dim.	3	Strasbourg.
4	Compiègne	Picardie.	18	* tous les jours.	tous les jours.	2	S. Quentin.
	Séjour du Roi			t: l. jours 10 h. f.	tous les jours.	2	C. delaCour.
10	Concarneau	Bretagne.	127	* lun. mer. ven.	mar. vend. dim.	5	Rennes.
6	Conches	Normandie.	30	tous les jours.	tous les jours.	2	Rouen.
8	Condé	Flandre.	49	* tous les jours.	tous les jours.	3	S. Quentin.
8	Condé-fur-Noireau ..	Normandie.	69	mercredi, fam.	mercredi, fam.	4	Rouen.
10	Condom	Condomois.	198	* mardi, famedi.	mercredi, fam.	7	Bordeaux.
8	Confolens	B. Marche.	96	* mardi.	famedi.	6	Bordeaux.
6	Connéré	Maine.	40	mercredi, fam.	mardi, vendr.	3	Nantes.
20	CONSTANTINOPLE ..	Turquie.	544	mardi, jeu. fam.	mardi, jeu. dim.		Lyon.
24	Coppenhague	Danemarck.	267	lundi, vendredi.	lundi, vendredi.	15	Reims.
4	Corbeil	Brie.	7	{ lundi. / mar. jeu. fam.	jeudi. / mar. vend. dim.	2 / 2	Dijon. / Lyon.
6	Corbie	Picardie.	31	* tous les jours.	tous les jours.	2	Amiens.
10	Cordos	Albigeois.	166	mardi, dimanc.	lundi-famedi.	9-10	Toulouse.
7	Cofne	Nivernois.	54	mardi, jeu. fam.	mar. vend. dim.	3	Lyon.
7	Corbigny	Nivernois.	56	{ lun. mer. ven. / jeudi.	lundi - jeu. fam. / vendredi.	5-6 / 4	Dijon. / Lyon.
4	Coubert	Brie.	7	* tous les jours.	tous les jours.	1	Troyes.
8	Couhé	Poitou.	110	* mardi, famedi.	mercredi, fam.	4	Bordeaux.
7	Coulanges	Bourgogne.	49	lundi, mer. ven.	lundi, jeu. fam.	3	Dijon.
4	Coulommiers	Brie.	14	* tous les jours.	tous les jours.	2	Reims.
6	Courgivaux	Brie.	30	* lun. mer. fam.	mardi, jeu. dim.	3	Troyes.
6	Courtenay	Champagne	29	lun. mer. ven.	lundi, jeu. fam.	2	Dijon.
6	Courtomer	Bretagne.	48	* lun. mer. fam.	mardi, vendr.	2	Rennes.
12	Courtray	Pays-Bas.	58	tous les jours.	tous les jours.	3	Amiens.
6	Courville	Beauce.	24	mercredi, fam.	mardi, vendr.	2	Nantes.
8	Coutances	Normandie.	74	lundi, mer. fam.	mer. vend. dim.	4	Rouen.
10	Coutras	Guyenne.	154	{ * mardi. / dimanche.	mercredi, fam.	6 / 7	Bordeaux. / Toulouse.
10	Cozes	Saintonge.	139	* mardi, famedi.	mercredi - fam.	7-6	Bordeaux.
24	Cracovie	Pologne.	327	lundi, vendredi.	lundi, vendredi.	20	Reims.

Taxes.	Noms des Bureaux.	Provinces.	Distance de Paris	Jours du Départ.	Jours de l'Arrivée.	Jours en route.	Courriers qui les portent.
8	Craon	Anjou.	57	* mercredi, fam.	mardi, vendr.	3	Rennes.
9	Craponne	Auvergne.	130	m.rdi, jeu. dim.	mardi, jeu. dim.	7-8	Lyon.
4	Crécy	Brie.	12	* tous les jours.	tous les jours.	2	Reims.
4	Creil	Picardie.	11	* tous les jours.	tous les jours.	2	Amiens.
9	Crémieux	Dauphiné.	128	mardi, famedi.	mardi, jeudi.	6	Lyon.
22	CRÉMONE	Italie.	320	mardi, famedi.	mardi, vendr.	20	Lyon.
10	Crest	Dauphiné.	150	mardi, jeu. fam.	mardi, jeu. dim.	7-6	Lyon.
4	Grépy	Valois.	16	* tous les jours.	tous les jours.	2	Reims.
8	Cressensac	Périgord.	89	dimanche.	lundi.	5	Toulouse.
4	Crevécœur	Picardie.	19	* lun. mer. v. f.	mardi, jeu. f. d.	2	Amiens.
7	Croissenville	H. Normand.	50	tous les jours.	tous les jours.	3	Rouen.
7	Culan	Berry.	70	mardi.	mardi.	5	Lyon.
24	Curlande (duché)	B. Allemag.		lun. mar. ven. f.	lun. mer. jeu. d.	6	Reims.
9	Daligres ou Marans.	Poitou.	118	mercredi, dim.	mardi, vendr.	6	Nantes.
4	Dammartin	Isle de Fra.	8	* tous les jours.	tous les jours.	2	S. Quentin.
8	Damvillers	Lorraine.	64	* mar. ven. dim.	lund. mer.-fam.	4-5	Strasbourg.
24	Danemarck	Royaume.		lundi, vendredi.	lundi, vendredi.		Reims.
24	Dantzick	Pologne.	305	.udi, vendredi.	lundi, vendredi.	18	Reims.
24	DARMSTAT	H. Allemag.	122	l. mar. j. v. f. d.	l.mar.mer.j. f.d.	9	Strasbourg.
7	Darney	Lorraine.	95	* lundi, jeudi.	jeudi, dimanch.	5	Strasbourg.
10	Dax	Gascogne.	100	* mardi, famedi.	mercredi-fam.	9-8	Bordeaux.
8	Décife	Nivernois.	57	mardi, famedi.	mardi - vendr.	4-3	Lyon.
20	Delft	Hollande.	95	lundi, vendredi.	lundi, jeudi.	5	Amiens.
10	Delle	Alface.	110	* lun. mer. ven.	lundi, jeu. fam.	5	Troyes.
8	Derval	Bretagne.	92	* lun. mer. fam.	ven. 2 dep. dim.	4	Rennes.
16	DEUX-PONTS ...	Principauté.	97	mar. vend. dim.	lundi jeu. fam.	5	Strasbourg.
10	Die	Dauphiné.	156	mardi, jeu. fam.	mardi, ven. dim.	7	Lyon.
7	Dieppe	Normandie.	46	tous les jours.	tous les jours.	3	Rouen.
10	Dieu-le-Fit ...	Dauphiné.	162	mardi, jeu. fam.	mardi-jeu. dim.	7-6	Lyon.
8	Dieufe.	Lorraine.	90	* lund. jeu. fam.	mardi, ven. dim.	4	Strasbourg.
10	Digne	Provence.	206	mardi, jeu. fam.	mardi, ven. dim.	9	Lyon.
10	Digoin	Bourgogne.	100	lun. mer. vend.	lundi - jeu. fam	5-6	Dijon.
8	Dijon	Bourgogne.	76	lun. mer. vend.	lundi, jeu. fam.	3	Dijon.
8	Dinan	Bretagne.	89	* lun. mer. fam.	mar. vend. dim.	4	Rennes.
8	Dol	Bretagne.	89	* lun. mer. fam.	mardi, vendr.	4	Rennes.
8	Dôle	Fr.-Comté.	83	lun. mer. vend.	lundi, jeu. fam.	4	Dijon.
7	Domfront	Normandie.	56	* mercredi, fam.	mardi, vendr.	3	Rennes.
4	Donchery	Champagne	56	* tous les jours.	tous les jours.	3	Reims.
4	Donnemarie	Brie.	21	* tous les jours.	tous les jours.	2	Troyes.
8	Donzenac	Limosin.	115	dimanche.	lundi.	5	Toulouse.
6	Dormans	Champagne	27	* l. mar. j. v. f.d.	l.mar.mer.j.f.d.	2	Strasbourg.
20	Dort	Hollande.	89	lundi, vendredi.	mardi, famedi.	5	Amiens.
8	Douay	Flandres.	49	* tous les jours.	tous les jours.	3	Amiens.
6	Doudeville	PaysdeCeux	46	lund. mer. fam.	mar. vend. dim.	3	Rouen.
8	Doué	Anjou.	56	jeudi, dimanch.	mardi, famedi.	4	Orléans.
6	Doulens	Picardie.	38	* tous les jours.	tous les jours.	3	Amiens.
7	Doullevent	Champagne	60	* lund. jeu. fam.	mardi, jeu.-dim.	3-4	Strasbourg.
4	Dourdan	Beauce.	9	tous les jours.	tous les jours.	2	Orléans.
7	Dozule	Normandie.	48	tous les jours.	tous les jours.	3	Rouen.
10	Draguignan	Provence.	218	mardi, jeu. fam.	mardi, jeu. dim.	9	Lyon.
24	Drefde	B. Allemag.	214	lun. mar. ven. f.	lun. mer. jeu. d.	10	Reims.
4	Dreux	Mantois.	17	* lun. mer. fam.	mar. vend. dim.	2	Rennes.
20	DUBLIN	Irlande.	182	lundi, jeudi.	mardi, famedi.	7	Amiens.
7	Dun	Clermontol	63	* lun. mer. fam.	mer. vend. dim.	4	Reims.
8	Dunkerque	Flandres.	78	* tous les jours.	tous les jours.	3	Amiens.
7	Dun-le-Roy	Berry.	74	mardi, famedi.	mardi, vendr.	4	Lyon.
7	Duretal	Anjou.	71	mercredi fam.	mardi, vendr.	3	Nantes.
24	Duffeldorff	B. Allemag.	114	lun. mar. ven. f.	lun. mer. jeu. d.	7	Reims.
20	ECOSSE	Royaume.		lundi, famedi	mardi, famedi.		Amiens.
4	Écouen	Isle de Fra.	4	* tous les jours.	tous les jours.	1	Amiens.
6	Ecouis	Normandie.	24	tous les jours.	tous les jours.	2	Rouen.
6	Ecure	Touraine.	54	tous les jours.	tous les jours.	3	Orléans.
20	EDIMBOURG	Ecosse.	260	lundi, jeudi.	mardi, famedi.	7	Amiens.
6	Egreville	Gâtinois.	21	mardi, jeu. fam.	mar. vend. dim.	2	Lyon.
6	Elbeuf.	Normandie.	31	tous les jours.	tous les jours.	2	Rouen.

DÉPART ET ARRIVÉE DES COURRIERS.

Taxes.	Noms des Bureaux.	Provinces.	Distance de Paris.	Jours du Départ.	Jours de l'Arrivée.	Jours en route.	Courriers qui les portent.
10	Embrun	Dauphiné.	159	mardi , jeu.fam.	mardi, ven.dim.	7	Lyon.
24	*Emden*	B. Allemag.	175	lun. mar. ven. f.	lun. mer. jeu. d.	9	Reims.
4	Enghien ou Monmor.	Isle de Fran.	4	*tous les jours.	tous les jours.	2	Rouen.
10	Ensisheim	Alsace.	110	* lun. mer. ven.	lun. fam.-jeudi.	6-7	Troyes.
6	Epernay	Champagne	34	* l. mar. j. v. f.d	l.mar.mer.j.f.d.	2	Strasbourg.
4	Epernon	Mantois.	14	tous les jours.	tous les jours.	2	Chartres.
8	Epinal	Lorraine.	92	* lun. jeu. fam.	mar. jeu.–dim.	4	Strasbourg.
24	ERFURT	H. Allemag.	156	lun.mar.j.v.f.d.	l.mar.mer.j.f.d.		Strasbourg.
8	Ernée	Bretagne.	59	* lun. mer. fam.	mar. vend. dim.	3	Rennes.
24	ESCLAVONIE	H. Allemag.		lun.mar.j.v.f.d.	l.mar.mer.j.f.d.		Strasbourg.
7	Ecommoy	Maine.	48	lundi , jeudi.	jeudi, dimanch.	4	Orléans.
6	Ervy	Champagne	47	lundi, vendredi.	jeudi-famedi.	5-4	Dijon.
20	*Espagne*	Royaume.		mardi , famedi.	mercredi , fam.		Bordeaux.
10	Espalion	Rouergue.	150	dimanche.	lundi.	8	Toulouse.
4	Essonne........	Hurepoix.	8	{ lundi. mar. jeu. fam.	jeudi. mar. vend. dim.	2 2	Dijon. Lyon.
8	Estaire	Flandres.	54	* tous les jours.	tous les jours.	3	Amiens.
4	Etampes	Beauce.	13	tous les jours.	tous les jours.	2	Orléans.
4	Etrechy	Gâtinois.	11	tous les jours.	tous les jours.	2	Orléans.
7	Etain	Lorraine.	65	* mar. ven. dim.	lundi, mer. fam.	3	Strasbourg.
7	Etoges........	Champagne	86	* lundi,jeu.fam.	lundi, mer. fam.	3	Strasbourg.
7	Eu	H. Normand.	28	mar. jeu. fam.d.	lun. mar. jeu. f.	3	Rouen.
8	Evaux	Bourbonois.	94	mardi , famedi.	mardi , vendr.	5	Lyon.
8	Evran	Bretagne.	87	* lun. mer. fam.	mar. vend. dim.	5	Rennes.
7	Evrecy	Normandie.	50	mercredi , fam.	mercredi , fam.	3	Rouen.
6	Evreux	Normandie.	25	tous les jours.	tous les jours.	2	Rouen.
7	Falaise	Normandie.	46	* lun. mer. fam.	mar. vend. dim.	3	Rennes.
4	Farmoutiers........	Brie.	12	* tous les jours.	tous les jours.	2	Reims.
6	Fauville	Normandie.	39	tous les jours.	tous les jours.	3	Rouen.
7	Fécamp	Normandie.	45	tous les jours.	tous les jours.	3	Rouen.
6	Ferre	Champagne	35	* mar. jeu. dim.	mer. vend. dim.	3	Troyes.
4	Ferre	Tardenois.	22	* tous les jours.	tous les jours.	2	Reims.
22	Ferrare	Italie.	265	mardi.	jeudi.	5	Lyon.
8	Feuilletin	Marche.	102	mardi , famedi.	mardi , vendr.	16	Lyon.
8	Feurs	Forez.	109	mardi.jeu. fam.	mar. vend. dim.	4	Lyon.
10	Figeac	Quercy.	140	{ * mardi. dimanche.	famedi. lundi.	9 7	Bordeaux. Toulouse.
24	FIUME	H. Allemag.	150	lun.mar.j.v.f.d.	l.mar.mer.j.f.d.	9	Strasbourg.
6	Fifme	Champagne	32	* tous les jours.	tous les jours.	2	Reims.
7	Flavigny	Bourgogne.	63	lundi, mer. ven.	lundi, jeu. fam.	3	Dijon.
12	Fleßingue	Pays-bas.	77	lundi, vendredi.	lundi, vendredi.	4	S. Quentin.
10	Fleurance	Lomagne.	200	* mardi, famed.	mercredi , fam.	8	Bordeaux.
6	Flixecour	Picardie.	36	* tous les jours.	tous les jours.	2	Amiens.
10	Florac	Quercy.	156	mardi, jeu.fam.	mardi,ven.dim.	7	Lyon.
22	FLORENCE	Italie.	273	mardi.	jeudi.	17	Lyon.
	Foire de Guibray ...	B.Normand.	45	mar. jeu. ven. d.	lun. mer. jeu. f.	0	Rouen.
10	Foix	Pays de Foix	179	mardi , dimanc.	lundi-famedi.	8-10	Toulouse.
4	Fontainebleau	Gâtinois.	14	{ lun. mer.ven. mar. jeu.fam.	lundi , jeu. fam. mar. vend. dim.	2 2	Dijon. Lyon.
	Pendant le féjour du Roi			{ tous les jours. à 3 h. du foir.	tous les jours.	2	Courrier de la Cour.
4	Fontenay	Brie.	11	* lun. mer. fam.	lundi, mer. ven.	7	Reims.
6	Fontenay	Gâtinois.	32	mar.li, jeu.fam.	mardi,ven.dim.	2	Lyon.
8	Fontenay-le-Comte.	Poitou.	95	{ * mardi , fam. mer. dim.	mercredi-fam. mardi ,vendr.	7-6 7	Bordeaux. Nantes.
10	Forcalquier	Provence.	188	mardi , famedi.	mardi , dimanc.	9	Lyon
8	Fougères	Bretagne.	80	* lun. mer. fam.	mar. vend. dim.	4	Rennes.
7	Fouilletourte	Maine.	51	mercredi , fam.	mardi , vendr.	4	Nantes.
24	FRANCFORT f.leMein	H. Allemag.	112	lun.mar.j.v.f.d.	l.mar.mer.j.f.d.	6	Strasbourg.
24	*Francfort-sur-l'Oder.*	B. Allemag.	243	lun. mar. jeu. f.	lun. mer. jeu. d.	18	Reims.
24	FRANCONIE (la)	H. Allemag.		lun.mar.j.v.f.d.	l mar.mer.j.f.d.		Strasbourg.
4	Franconville	Isle de Fra.	4	tous les jours.	tous les jours.	2	Rouen.
10	Fréjus	Provence.	218	l.mar.mer.j.v.f.	l. mar. j. f. d.	8	Lyon.
7	Frefnay-le-Vicomte.	Maine.	45	* mercr. fam.	mardi-dimanche.	2 3	Rennes.
7	Frevent	Artois.	41	* mar. jeu. fam.	lundi, mer.fam.	3	Amiens.

b

DÉPART ET ARRIVÉE DES COURRIERS.

	Noms des Bureaux.	Provinces.	Distance de Paris.	Jours du Départ.	Jours de l'Arrivée.	Jours en route.	Courriers qui les portent.
24	FRYE-BERGEN......	H. Allemag.	190	lun. mar. j. v. f. d.	l. mar. mer. j. f. d.	10	Strasbourg.
15	FRIBOURG	Suisse.	120	lundi, mer. ven.	lundi, jeu. fam.	7	Dijon.
24	FRIBOURG-en-Brifg.	H. Allemag.	115	lun. mar. j. v. f. d.	l. mar. mer. j. f. d.	7	Strasbourg.
4	Fromenteau........	Isle de Fra.	5	} lundi. } mar. jeu. fam.	jeudi. mar. vend. dim.	2 2	Dijon. Lyon.
10	Frontignan........	Languedoc.	196	mardi, jeu. fam.	mardi, jeu. dim.	8	Lyon.
10	Fronton	Languedoc.	161	dimanche.	lundi.	6	Toulouse.
6	Fruges...........	Artois.	53	* lun. mer. fam.	mer. vendr. dim.	4	Amiens.
10	Fumel...........	Agenois.	110	* mardi, fam.	mercredi-fam.	8-7	Bordeaux.
12	Furnes...........	Pays-Bas.	56	tous les jours.	tous les jours.	4	Amiens.
6	Gacé	Normandie.	34	mardi, vendr.	mercredi, fam.	3	Rouen.
10	Gaillac	Languedoc.	156	mardi, dimanc.	lundi-famedi.	8-10	Toulouse.
4	Gallardon........	Beauce.	16	lundi, mer. ven.	mer. vend. dim.	2	Chartres.
6	Gaillon.........	Normandie.	23	tous les jours.	tous les jours.	2	Rouen.
12	Gand...........	Pays-Bas.	67	tous les jours.	tous les jours.	4	S. Quentin.
4	Gandelu........	Brie.	15	* tous les jours.	tous les jours.	2	Reims.
10	Ganges	Languedoc.	175	mardi, jeu. fam.	mardi, jeu. dim.	8	Lyon.
8	Gannat	Bourbonois.	93	mardi, jeu. fam.	mardi, jeu. dim.	4	Lyon.
10	Gap...........	Dauphiné.	143	mardi, jeu. fam.	mardi, ven. dim.	7	Lyon.
22	Gênes	Italie.	220	mardi.	jeudi.	11	Lyon.
15	Genève	République.	151	} lundi. } mar. jeu. fam.	jeudi mar. vend. dim.	7 6	Dijon. Lyon.
8	Genlis	Bourgogne.	81	lundi, mer. ven.	lundi, jeu. fam.	3	Dijon.
10	Genouillac......	Languedoc.	175	mardi, jeu. fam.	mardi, jeu. dim.	8	Lyon.
10	Gex	Pays de Gex.	150	mardi, jeu. fam.	mardi, jeu. dim.	7	Lyon.
24	GIBRALTAR	Espagne.	347	mardi, famedi.	mercredi, fam.	19	Bordeaux.
6	Gien	Gâtinois.	43	mardi, jeu. fam.	mar. vend. dim.	2	Lyon.
10	Gignac	Languedoc.	190	mardi, jeu. fam.	mardi, jeu. dim.	8	Lyon.
10	Gimont........	Languedoc.	180	mardi, dimanc.	lundi-famedi.	7-9	Toulouse.
4	Gifors	Normandie.	15	tous les jours.	tous les jours.	2	Rouen.
15	Glaris	Suisse.	87	* lun. mer. ven.	lundi, jeu. fam.	7	Troyes.
4	Gonesse	Isle de Fra.	4	* tous les jours.	tous les jours.	1	S. Quentin.
24	Gotha	B. Allemag.	175	lun. mar. ven. f.	lun. mer. jeu. d.	12	Reims.
6	Gournai	Normandie.	20	tous les jours.	tous les jours.	2	Rouen.
8	Grancey-le-Château.	Champagne.	72	mercredi, vend.	jeudi famedi.	6-5	Dijon.
7	Grand-Pre	Champagne.	51	* lun. mer. fam.	mer. vend. dim.	3	Reims.
8	Grandville	Normandie.	75	lundi, mer. fam.	mer. vend. dim.	4	Rouen.
4	Grandvilliers	Picardie.	16	* mar. jeu. fam.	lundi, mer. ven.	2	Amiens.
10	Grasse........	Provence.	230	l. mar. mer. j. v. f.	l. mar. j. v. f. d.	9	Lyon.
16	Grave	Pays-Bas.	66	lun. mar. ven. f.	lun. mer. jeu. d.	4	S. Quentin.
8	Gravelines	Flandres.	65	* tous les jours.	tous les jours.	3	Amiens.
8	Gray	Fr.-Comté.	82	lundi, mer. ven.	lundi, fam.-jeu.	4-5	Dijon.
10	Grenade-fur-Garonne	Armagnac.	161	mardi, dimanc.	lundi-famedi.	7-9	Toulouse.
10	Grenade-fur-l'Adour.	Gafcogne.	191	* mardi, fam.	mercredi-fam.	11-10	Bordeaux.
10	Grenoble	Dauphiné.	139	l. mar. mer. j. v. f.	l. mar. j. v. f. d.	5	Lyon.
10	Grignan	Provence.	162	mardi, famedi.	jeudi-dimanche	7-6	Lyon.
10	Grignols.........	Périgord.	122	} * mardi. dimanche.	mercredi fam.	8-7 8	Bordeaux. Toulouse.
10	Grifolles.........	Languedoc.	161	} * mardi. dimanche.	.... lundi.	7 6	Bordeaux. Toulouse.
15	Grifons (les).......	Suisses.		* lun. mer. ven.	lundi, jeu. fam.		Troyes.
12	Groningue	Pays-Bas.	8	lundi, mercredi.	lundi, vendredi.	4	S. Quentin.
22	Gueldre (duché)	Pays-Pas.		lun. mar. ven. f.	lun. mer. jeu. d.		S. Quentin.
8	Guérande........	Bretagne.	107	* lun. mer. fam.	ven. 2 dép. dim.	4	Rennes.
8	Gueret....	Marche.	88	mardi, famedi.	mardi, vendr.	5	Lyon.
4	Guigne	Brie.	11	* tous les jours.	tous les jours.	2	Reims.
10	Guingamp	Bretagne.	114	* lun. mer. fam.	mar. vend. dim.	4	Rennes.
6	Guise	Picardie.	39	* mar. jeu. fam.	mer. vend. dim.	2	S. Quentin.
8	Guy...........	Fr.-Comté.	90	lundi, vendredi.	lundi, famedi.	4	Dijon.
10	Habsheim........	Alface.	108	* lun. mer. ven.	lun. fam. famedi.	6-7	Troyes.
10	Haguenau.......	Alface.	113	* mer. jeu. dim.	mardi, jeu. fam.	5	Strasbourg.
12	Hainault-Autrichien.	Pays-Bas.		tous les jours.	tous les jours.		S. Quentin.
6	Ham...........	Picardie.	39	* tous les jours.	tous les jours.	2	S. Quentin.
24	Hambourg	Hollande.	171	lundi, vendredi.	mardi, famedi.	9	S. Quentin.
24	HANAU.........	H. Allemag.	130	l. mar. j. v. f. 2	l. mar. mer. j. f. d.	11	Strasbourg.

Taxes.	Noms des Bureaux.	Provinces.	Distance de Paris.	Jours du Départ.	Jours de l'Arrivée.	Jours de route.	Courriers qui les portent.
24	Hanovre	H. Allemag.		tous les jours.	tous les jours.		S. Quentin.
7	Harcour	Normandie.	56	tous les jours.	tous les jours.	3	Rouen.
6	Harfleur	Normandie.	50	tous les jours.	tous les jours.	3	Rouen.
20	Parlem	Hollande.	98	lundi, vendredi.	lundi, jeu. ven.	5	Amiens.
8	Hazebrouck	Flandres.	60	* tous les jours.	tous les jours.	3	Amiens.
8	Hédé	Bretagne.	87	* lundi, samedi.	mardi, vendr.	4	Rennes.
10	Hennebon	Bretagne.	120	* lun. mer. sam.	mar. vend. dim.	4	Rennes.
8	Herisson	Bourbonois.	80	mardi, samedi.	mardi, vendr.	4	Lyon.
7	Hesdin	Artois.	49	* lun. mer. j. f.	lun. mer. ven.d.	3	Amiens.
24	Hesse (Principauté) . .	B. Allemag		lun. mar. jeu. f.	lun. mer. jeu. d.		Reims.
20	Hollande	République.	·	lundi, vendredi.	lundi, vendredi.		Amiens.
24	Holstein (Duché) . .	B. Allemag.		lundi, vendredi.	lun.fi, vendredi.		Reims.
6	Honfleur	Normandie.	47	tous les jours.	tous les jours.	3	Rouen.
24	HONGRIE	Royaume.		l. mar. j. v. f. d.	l.mar.mer.j.f.d.		Strasbourg.
4	Houdan	Beauce.	13	* lun. mer. sam.	mar. vend. dim.	2	Rennes.
10	Huningue	Alsace.	115	* lun. mer. ven.	lundi , jeu. sam.	4	Troyes.
12	Huy	Pays de Liég.	75	tous les jours.	tous les jours.	4	Reims.
10	Hyères	Provence.	212	l.mar.mer.j.v.f.	l. mar. j. v. f. d.	10	Lyon.
6	Jalons	Champagne	86	l. mar. j. v. f. d.	l.mar.mer.j.f.d.	4	Strasbourg.
6	Illiers	Beauce.	26	lundi, mer. ven.	mer. vend. dim.	2	Chartres.
8	Ingrande	Anjou.	77	mer. jeu. sam. d.	mardi, vendr.	4	Nantes.
7	Joigny	Champagne	37	lundi, mer. ven.	lundi, jeu. sam.	2	Dijon.
7	Joinville	Champagne	63	* lun. jeu. sam.	mardi, jeu. dim.	3	Strasbourg.
6	Jonchery	Champagne	33	* tous les jours.	tous les jours.	2	Reims.
8	Joncy	Bourgogne.	97	lundi, mer. ven.	lundi, jeu. sam.	4	Dijon.
10	Jonzac	Saintonge.	126	{ mercr. dim.	mardi-vendredi	8-9	Nantes.
				{	sam di.	7	Bordeaux.
8	Josselin	Bretagne.	104	* lun. mer. sam.	mar. vend. dim.	4	Rennes.
10	Joyeuse	Vivarais.	134	mardi, jeu.sam.	mardi, jeu. dim.	6-7	Lyon.
20	IRLANDE	Royaume.		lundi , jeudi.	mardi, samedi.		Amiens.
8	Is-sur-Thil	Bourgogne.	76	lun. mer. vend.	lundi-jeu. sam.	5-6	Dijon.
9	Issengeaux	Velay.	132	mardi, jeu.fam.	mardi, jeu. dim.	5	Lyon.
10	Issenheim	Alsace.	111	* l. mar. j. v. f.d.	l.mar.mer.j.f.d.	4	Strasbourg.
8	Isigny	Normandie.	65	lundi, mer. sam.	mer. vend. dim.	4	Rouen.
24	Islande	Etats du N.		lundi, vendredi.	lundi, vendredi.		Reims.
8	Issoire	Auvergne.	103	mardi, vendr.	mardi, vendr.	5	Lyon.
7	Issoudun	Berry.	63	mardi, samedi.	mardi, vendr.	4	Lyon.
24	Juliers (Duché)	B. Allemag.		lun. mar. ven. f.	lun. mer. jeu. d.		Reims.
24	KELL	H. Allemag.	119	l. mar. j. v. f. d.	l.mar.mer.j.f.d.		Strasbourg.
24	Konigsberg	B. Allemag	335	lun. mar. ven. f.	lun. mer. jeu. d.	19	Reims.
8	La Baraque f. Givray.	Bourgogne.	103	lun. mer. vend.	lundi, jeu. sam.	3	Dijon.
8	La Bassée	Flandres.	50	* mar. jeu. f. d.	lun. mer. jeu. f.	3	Amiens.
8	La Bresle	Forez.	123	mardi, jeu.sam.	mar. vend. dim.	4	Lyon.
4	La Bretéche	Isle de Fra.	6	tous les jours.	tous les jours.	2	Rouen.
6	La Bussière	Gâtinois.	40	mardi, jeu.sam	mar. vend. dim.	2	Lyon.
7	La Charité-sur-Loire.	Nivernois.	62	mardi, jeu. sam	mar. vend. dim.	3	Lyon.
8	La Chataigneraye . . .	Poitou.	84	{ * mardi, sam.	mercredi, sam.	4	Bordeaux.
				{	lundi.	5	Toulouse.
7	La Châtre	Berry.	86	mardi, dimanc.	mardi-samedi.	4-6	Toulouse.
10	La Ciotat	Provence.	204	l.mar.mer.j.v.f.	l. mar. j. v. f. d.	8	Lyon.
8	La Clayette	Bourgogne.	108	mercredi, ven.	lundi, jeudi.	4	Dijon.
9	La Côte S. André . .	Dauphiné.	138	mardi, jeu.sam.	mar. vend. dim.	6	Lyon.
6	La Fère	Picardie.	32	lundi, mer. sam.	mar. jeudi.dim.	2	S. Quentin.
4	La Ferté-Alais	Gâtinois.	12	mardi, jeu.dim.	mar. jeudi.sam.	2	Orléans.
6	La Ferté-Bernard . .	Maine.	37	mercredi , sam.	mardi , vendr.	2	Nantes.
4	La Ferté-Gaucher . . .	Brie.	20	* tous les jours.	tous les jours.	2	Reims.
6	La Ferté-Lowendahl.	Orléanois.	33	mardi , dimanc.	lundi , samedi.	3	Toulouse.
4	La Ferté-Milon	Artois.	18	* tous les jours.	tous les jours.	2	Reims.
4	La Ferté-sous-Jouare.	Brie.	15	* l. mar. j. v. f.d.	l.mar.mer.j.f.d.	2	Strasbourg.
7	La Flèche	Anjou.	56	mer. jeu. sam.d.	mar. jeu. ven. f.	3	Nantes.
8	La Flocelière	Poitou.	88	* mardi , sam.	mercredi, sam.	4	Bordeaux.
10	La Flotte	Aunis.	120	{ * mardi , sam.	mercredi , sam.	6	Bordeaux.
				{ mercr. dim.	mardi , vendr.	7	Nantes.
4	Lagny	Brie.	7	* tous les jours.	tous les jours.	2	Reims.
8	La Gravelle	Maine.	60	* lun. mer. sam.	mar. vend. dim.	3	Rennes.

b ij

DÉPART ET ARRIVÉE DES COURRIERS.

Taxe	Noms des Bureaux.	Provinces.	Distance (postes).	Jours du Départ.	Jours de l'Arrivée.	Jours en route	Courriers qui les portent.
10	La Grolle........	Angoumois.	134	* mardi, fam.	mercredi, fam.	5	Bordeaux.
8	La Guierche.......	Bretagne.	78	* lun. mer. fam.	mar. ven. dim.	4	Rennes.
20	La Haye..........	Hollande.	96	lundi, vendredi.	lundi, mar. fam.	5	Amiens.
7	La Haye..........	Touraine.	67	* mardi, fam.	mercredi, fam.	3	Bordeaux.
6	Laigles..........	Normandie.	29	* lun. mer. fam.	mar. ven. dim.	3-2	Rennes.
9	Laignes..........	Bourgogne.	45	lundi, vendredi.	lundi-jeudi.	5-4	Dijon.
9	La Linde.........	Périgord.	123	* mardi.	mercredi	8	Bordeaux.
9	La Maison-neuve .	Bourgogne.	65	lun. mer. vendr.	lundi, jeu. fam.	3	Dijon.
8	La Marche........	Lorraine.	70	* lun. mer. ven.	lundi, jeu. fam.	3	Troyes.
10	Lamassoulie......	Saintonge.	193	{ * mardi. dimanche.	mercredi-fam.	8-7 8	Bordeaux. Toulouse.
9	Lamballe	Bretagne.	104	* lun. mer. fam.	mar. vend. dim.	4	Rennes.
15	Lambese	Provence.	185	l. mar. mer. j. v. f.	l. mar. j. v. f. d.	9	Lyon.
8	La Mothe-Achard, .	Poitou.	121	* mardi, fam.	mercredi, fam.	6	Bordeaux.
8	La Mothe Ste-Heraye	Poitou.	98	* mardi, fam.	mercredi, fam.	4	Bordeaux.
10	Landau ,........	Alface.	126	* mar. jeu. dim.	mardi, jeu. fam.	5	Strasbourg.
10	Landerneau	Bretagne.	134	* lun. mer. fam.	mar. vend. dim.	5	Rennes.
10	Landivisiau	Bretagne.	120	* lun. mer. fam.	mar. vend. dim.	5	Rennes.
9	Landrecy	Hainault.	46	* mar. jeu. f. d.	mar. mer. ven. d.	3	S. Quentin.
8	Langeac	Auvergne.	171	* mardi , fam.	mardi , vendr.	8	Lyon.
8	Langeais	Touraine.	74	jeudi, dimanche	mardi , fame li.	4	Orléans.
9	Langogne	Velay.	144	* mardi, jeu. fam.	mardi, jeu. dim.	6	Lyon.
15	Langon	Bazadois.	170	* mardi, fam.	mercredi, fam.	6	Bordeaux.
8	Langres	Champagne	67	* lun. mer. ven	lundi, jeu. fam.	3	Troyes.
10	Lannion	Bretagne.	122	* lun. mer. fam.	mar. vend. dim.	5	Rennes.
6	Laon	Picardie.	51	* tous les jours.	tous les jours.	2	Reims.
8	La Pacaudiere	Forez.	97	mardi, jeu. fam.	mar. vend. dim.	3	Lyon.
8	La Palisse	Bourbonois.	91	mardi, jeu. fam.	mar. vend. dim.	3	Lyon.
10	La Pallu	Dauphiné.	162	l. m. mer. j. v. f. d.	l. mar. jeu. ven.	6	Lyon.
4	La Queue	Mantois.	10	* lun. mer. fam.	mer. vend. dim.	1	Rennes.
4	La Queue	Brie.	6	* lun. jeu. fam.	lundi, mer. fam.	2	Troyes.
10	La Réolle	Bazadois.	172	* mardi , fam.	mercredi , fam.	6	Bordeaux.
10	L'argentiere	Vivarais.	161	mardi, jeu. fam.	mardi, jeu. dim.	8-7	Lyon.
8	La Roche-Bernard .	Bretagne.	103	* lun. mer. fam.	ven. 2 déc. dim.	4	Rennes.
10	La Roche-de-Rien ..	Bretagne.	122	* lun. mer. fam.	mar. vend. dim.	5	Rennes.
10	La Rochefoucault ..	Angoumois.	115	* mardi , fam.	mercredi , fam.	5	Bordeaux.
10	La Rochelle	Aunis.	119	{ * mardi, fam. mercr. dim.	mercredi , fam. mardi . vendr.	5 6	Bordeaux. Nantes.
8	La Roche-Servière...	Poitou.	96	* mardi , fam.	mercredi-fam.	6-5	Bordeaux.
9	La Roche-fur-Yon .	Poitou.	100	* mardi , fam.	mercredi, fam.	5	Bordeaux.
7	La Souteraine	Limosin.	85	dimanche.	lundi.	3	Toulouse.
10	Laspeyres	Agénois.	152	* mardi , fam.	mercredi, fam.	7	Bordeaux.
9	La Tour-Dupin	Dauphiné.	126	mardi, famedi.	vendredi , dim.	5	Lyon.
8	Laval............	Maine.	61	* lun. mer. fam.	mar. vend. dim.	4	Rennes.
10	Lavaur...........	Languedoc.	165	mardi, dimanc.	lundi-fame di.	7-9	Toulouse.
9	La Verpillière	Dauphiné.	116	l. mar. mer. j. v. f.	l. mar. j. v. f.	- 5	Lyon.
6	Laville-aux-Clercs..	Vendômois.	39	jeudi, dimanche	mardi , famedi.	3	Chartres.
6	Launoy...........	Champagne	52	* tous les jours.	tous les jours.	3	Reims.
10	La Voulte.........	Vivarais.	140	mardi, jeu. fam.	jeu. dim. 2 d p.	8	Lyon.
15	LAUSANNE	Suisse.	114	lua li, mer. ven.	lundi, jeu. fam.	8	Dijon.
10	Lauterbourg.......	Alface.	118	* mar. jeu. dim.	mar. jeudi-am.	4-5	Strasbourg.
10	Lauzerte.........	Quercy.	153	* mardi , fam.	mercredi, fam.	7	Bordeaux.
10	Le Beausset	Provence.	202	l. mar. mer. j. v. f.	l. mar. j. v. f. d.	8	Lyon.
8	Le Blanc	Berry.	77	{ * mardi. dimanche.	mercredi. lundi. famedi.	5 6 5	Bordeaux. Toulouse. Orléans.
6	Le Pollard.......	Normandie.	36	tous les jours.	tous les jours.	3	Rouen.
6	Le Bourg-Achard...	Normandie.	34	tous les jours.	tous les jours.	2	Rouen.
4	Le Bourget.......	Isle de Fr.	2	* tous les jours.	tous les jours.	1	S. Quentin.
6	Le Bourg-Theroude.	Normandie.	35	tous les jours.	tous les jours.	2	Rouen.
10	Le Bugue..........	Périgord.	120	{ * mardi.	lundi.	6 6	Bordeaux. Toulouse.
10	Le Buis	Dauphiné.	160	mardi, jeu. fam.	mardi, jeu. dim.	8	Lyon.
7	Le Castelet.......	Picardie.	56	* tous les jours.	tous les jours.	2	S. Quentin.
4	Le Châtelet	Brie.	11	mercredi, vend.	lundi-famedi.	2-3	Dijon.

DÉPART ET ARRIVÉE DES COURRIERS.

Taxes.	Noms des Bureaux.	Provinces.	Distance de Paris.	Jours du Départ.	Jours de l'Arrivée.	Jours en route.	Courriers qui les portent.
10	Lectoure.........	Gascogne.	202	* mardi, sam.	mercredi, sam.	7	Bordeaux.
10	Le Dignan........	Languedoc.	185	mardi, jeu.sam.	mardi, jeu.dim.	7	Lyon.
8	Le Dorat........	B. Marche.	83	{ * mardi,	samedi,	4	Bordeaux.
				{ dimanche.	lundi.	4	Toulouse.
8	Le Donjon	Bourbonois.	90	mardi.	vendredi,	4	Lyon.
8	Le Fay-Billot...	Bourgogne.	69	* lun.mer.vend.	lundi, jeu. sam.	3	Troyes.
9	Le Fort-l'Écluse....	Pays de Gex.	142	{ lundi,	jeudi,	6	Dijon.
				{ mar. jeu.sam.	mar. vend. dim.	5	Lyon.
10	Le Fort-Louis......	Alsace.	120	* mar. jeu.dim.	mardi, jeu.dim.	5	Strasbourg.
7	Le Havre.......	Normandie.	52	tous les jours.	tous les jours.	2	Rouen.
24	Leipsick.........	B. Allemag.	184	lun. mar. ven. f.	lun. mer. jeu. d.	13	Reims.
10	Le Luc.........	Provence.	208	l.mar.mer.j.v.f.	l. mar. j. v. f. d.	8	Lyon.
7	Le Lude........	Anjou.	55	mercredi, sam.	mardi, vendr.	3	Nantes.
7	Le Mans	Maine.	49	{ lun. mer. j. f.	mardi, vendr.	3	Nantes.
				{	jeudi, dimanche	4	Orléans.
10	Le Mas-d'Asil	Foix.	175	mardi, dimanc.	lundi-samedi.	9-11	Toulouse.
6	Le Melleraud.....	Normandie.	36	mardi, vendr.	mercredi, sam.	3	Rouen.
6	Le Mesle-sur-Sarte.	Normandie.	58	* lun. mer. sam.	mar. vend. dim.	2	Rennes.
6	Le Neubourg......	Normandie.	28	jeudi, dimanche	mercredi, dim.	2	Rouen.
6	Le Noyer-Ménard...	Normandie.	32	mardi, vendr.	mercredi, sam.	3	Rouen.
7	Lens...........	Artois.	48	* tous les jours.	tous les jours.	3	Amiens.
10	Le Péage de Roussillon	Dauphiné.	125	l.mar.mer.j.v.f.	l. mar. j. v. f. d.	5	Lyon.
10	Le Pont de Beauvoisin	Dauphiné.	130	mardi, samedi.	jeudi, dimanche	7	Lyon.
6	Le Pont-de-l'Arche.	Normandie.	19	tous les jours.	tous les jours.	2	Rouen.
4	Le Pont-de Neuilly.	Isle de Fra.	2	tous les jours.	tous les jours.	1	Rouen.
9	Le Pont-en-Royan.	Dauphiné.	139	mardi, jeu.sam.	jeudi-ven. dim.	8-7	Lyon.
10	Le Port-Louis......	Bretagne.	120	* lun. mer. sam.	mar. vend. dim.	5	Rennes.
10	Le Port Sainte-Marie	Agenois.	124	* mardi, samedi	mercredi, sam.	9	Bordeaux.
9	Le Port Saint-Père.	Bretagne.	62	mercredi, sam.	mardi, vendr.	6	Nantes.
9	Le Puy	Velay.	133	mardi, jeu.sam.	mardi, jeu.dim.	5	Lyon.
8	Le Quesnoy	Hainault.	51	* tous les jours.	tous les jours.	3	Amiens.
7	Le Ribay........	Maine.	45	* lun. mer. sam.	mar. vend. dim.	3	Rennes.
7	Les-Aix-d'Angillon..	Berry.	66	samedi.	vendredi.	4	Lyon.
6	Le Sap.........	Normandie.	36	mardi, vendr.	mercredi, sam.	3	Rouen.
	LEVANT (échelles du)			mardi, jeu.sam.	mar. vend. dim.		Lyon.
8	Les Essarts	Poitou.	95	* mardi, samedi	mercredi-sam.	6-5	Bordeaux.
6	Les Granges	Champagne.	34	* tous les jours.	tous les jours.	2	Troyes.
8	Les Herbiers	Poitou.	95	* mardi, samedi	mercredi-sam.	6-5	Bordeaux.
8	Les Ormes	Touraine.	77	* mardi, samedi	mercredi, sam.	3	Bordeaux.
10	Lespard.........	Poitou.	159	* mardi, samedi	mercredi, sam.	6	Bordeaux.
8	Les Rosiers......	Anjou.	88	jeudi, dimanch.	mardi, samedi.	4	Orléans.
9	Les Sables d'Olonne.	Poitou.	129	{ * mardi, sam.	mercredi-sam.	7-6	Bordeaux.
				{ mercredi.	....	7	Nantes.
4	Les Tilliers........	Vexin.	18	tous les jours.	tous les jours.	2	Rouen.
10	Les Vans........	Languedoc.	159	mardi, jeu.sam.	mardi, jeu.dim.	8	Lyon.
6	Le Vaudreuil	Normandie.	26	tous les jours.	tous les jours.	2	Rouen.
7	Levet..........	Berry.	72	mardi, samedi.	mardi, vendr.	4	Lyon.
10	Le Vigan........	Languedoc.	175	mardi, jeu.sam.	mardi, jeu.dim.	8	Lyon.
7	Levroux.........	Berry.	56	mardi, dimanc.	lundi, samedi.	3	Toulouse.
20	Leyde..........	Hollande.	100	lundi, vendredi.	lundi, mar.sam.	5	Amiens.
10	Lezat..........	Pays de Foix	170	mardi, dimanc.	lundi-samedi.	9-10	Toulouse.
10	Libourne.........	Gascogne.	157	{ * mardi,	mercredi, sam.	6	Bordeaux.
				{ dimanche.		7	Toulouse.
12	Liège	B. Allemag.	76	tous les jours.	tous les jours.	4	Reims.
6	Lieurav.........	Normandie.	42	tous les jours.	tous les jours.	3	Rouen.
4	Lieursaint.......	Isle de Fra.	6	mercredi, vend.	lundi, samedi.	2	Dijon.
7	Lignières........	Berry.	64	mardi.	mardi.	4	Lyon.
7	Ligny	Barrois.	65	* lun. jeu. sam.	mardi, jeu.dim.	3	Strasbourg.
8	Lille...........	Flandres.	55	* tous les jours.	tous les jours.	3	Amiens.
6	Lillebonne	Normandie.	45	tous les jours.	tous les jours.	3	Rouen.
8	Lillers	Artois.	50	* tous les jours.	tous les jours.	3	Amiens.
12	Limbourg	Pays-Bas.	72	tous les jours.	tous les jours.	4	S. Quentin.
8	Limoges	Limosin.	93	{ * mardi,	samedi,	6	Bordeaux.
				{ dimanche.	lundi.	4	Toulouse.
4	Limours	Hurepoix.	9	tous les jours.	tous les jours.	2	Orléans.

DÉPART ET ARRIVÉE DES COURRIERS.

Taxe.	Noms des Bureaux.	Provinces.	Distance de Paris.	Jours du Départ.	Jours de l'Arrivée.	Jours en route	Courriers qui les portent.
10	Limoux..........	Languedoc.	190	{ mar. jeu. sam.	....	8	Lyon.
				....	lundi.	8	Touloufe.
				....	mercredi-sam.	8-9	Bordeaux.
4	Linas............	Hurepoix.	7	tous les jours.	tous les jours.	2	Orléans.
20	*Lisbonne.......*	Portugal.	340	mardi, samedi.	mardi, samedi.	20	Bordeaux.
6	Lisieux..........	Normandie.	45	tous les jours.	tous les jours.	3	Rouen.
4	L'Isle-Adam.....	Isle de Fra.	6	* mar. jeu. dim.	mardi, jeu. sam.	2	Amiens.
8	L'Isle-Bouchard....	Touraine.	74	jeudi, dimanche	mardi, samedi,	4	Orléans.
10	L'Isle d'Albv.....	Languedoc.	156	mardi, dimanc.	lundi-samedi	8-10	Touloufe.
12	L'Isle de Corfe......	Isle.	285	mardi, samedi.	jeudi, dimanche	13	Lyon.
10	L'Isle d'Oleron	Aunis.	130	{ mercr. dim.	mardi-vendredi	7-8	Nantes.
				* samedi.	samedi.	6	Bordeaux.
10	L'Isle-en-Dodon ...	Comminges	177	mardi, dimanc.	lundi-samedi	8-10	Touloufe.
10	L'Isle-Jourdain	Limosin.	169	mardi, dimanc.	lundi-samedi.	8-10	Touloufe.
8	L'Isle-Jourdain	Poitou.	92	{ mardi.	samedi.	5	Bordeaux.
				dimanche.	lundi.	5	Touloufe.
8	L'Isle-fur-le-Doux ..	Fr.-Comté.	105	lundi, vendredi.	lundi-samedi	5-6	Dijon.
22	*Livourne.........*	Italie.	324	mardi.	jeudi.	20	Lyon.
4	Livry............	Isle de Fra.	13	* tous les jours.	tous les jours.	1	Reims.
4	Lizy.............	Prie.	18	* tous les jours.	tous les jours.	2	Reims.
7	Loches..........	Touraine.	180	mardi, samedi.	mercredi, sam.	3	Orléans.
10	Locminé.........	Bretagne.	94	* mercredi, sam.	mardi, dimanc.	5	Rennes.
7	Lodève..........	Languedoc.	176	l. mar. mer. j. v. f.	l. mar. j. v. f. d.	9	Lyon.
10	Lombez..........	Comminges	108	mardi, dimanc.	lundi, samedi	7	Touloufe.
20	LONDRES.........	Angleterre.	140	lundi, jeudi.	mardi, samedi.	5	Amiens.
9	Longeray........	Pays de Gex.	136	{ lundi.	jeudi.	6	Dijon.
				mar. jeu. sam.	mar. vend. dim.	5	Lyon.
4	Longjumeaux	Isle de Fra.	4	tous les jours.	tous les jours.	2	Orléans.
6	Longny..........	Perche.	27	* lun. mer. sam.	mardi, vendr.	2	Rennes.
8	Longwy..........	Pays-Messin	75	* mar. ven. dim.	lundi, mer. sam.	4	Strasbourg.
8	Longuyon........	Barrois.	75	* mar. ven. dim.	lundi, mer. sam.	4	Strasbourg.
8	Lons-le-Saulnier ..	Fr.-Comté.	98	lundi, mer. ven.	lundi-samedi.	5-6	Dijon.
10	L'Orient.........	Bretagne.	121	* lun. mer. sam.	mar. vend. dim.	5	Rennes.
10	L'Oriol..........	Dauphiné.	145	l. mar. mer. j. v. f.	l. mar. j. v. f. d.	6	Lyon.
7	Lormes..........	Nivernois.	82	{ lun. mer. ven.	lundi, sam.-jeu.	5-6	Dijon.
				jeudi.	vendredi.	5	Lyon.
6	Lorris..........	Gâtinois.	36	mardi, jeu. sam.	mardi, jeu. dim.	2	Lyon.
8	Louhans.........	Bourgogne.	99	lundi, mer. ven.	lundi, jeu. sam.	4	Dijon.
10	Loudeac.........	Bretagne.	100	* mercr. sam.	mardi-vendredi	7-6	Rennes.
8	Loudun..........	Poitou.	69	{ * mardi.	....	4	Bordeaux.
				jeudi, dim.	mardi, samedi.	4	Orléans.
12	*Louvain........*	Brabant.	84	tous les jours.	tous les jours.	4	S. Quentin.
6	Louviers........	Normandie.	26	* tous les jours.	tous les jours.	2	Rouen.
6	Louvois.........	Champagne.	36	* l. mar. j. v. f. d.	l. mar. j. v. f. d.	3	Strasbourg.
4	Louvres.........	Isle de Fra.	5	* tous les jours.	tous les jours.	1	S. Quentin.
24	*Lubeck.........*	B. Allemag.	190	lundi, vendredi.	lundi, vendredi.	8	Reims.
15	Lucerne.........	Suisse.	128	* lun. mer. ven.	lundi, jeu. sam.	7	Troyes.
8	Luçon...........	Poitou.	117	mercredi, dim.	mardi, vendr.	5	Nantes.
22	*LUCQUFS........*	Italie.	260	mardi.	jeudi.	16	Lyon.
7	Lucy-le-Bois	Bourgogne.	53	lundi, mer. ven.	lundi, jeu. sam.	3	Dijon.
10	Lunel...........	Languedoc.	183	l. mar. mer. j. v. f.	l. mar. j. v. f. d.	7	Lyon.
8	Lunéville........	Lorraine.	88	* lun. jeu. sam.	mardi, vendredi	4	Strasbourg.
8	Lure...........	Fr.-Comté.	92	* lun. mer. ven.	lundi, jeu. sam.	4	Troyes.
24	*Lufate, Haute & B.*	B. Allemag.		lun. mar. ven. f.	lun. mer. jeu. d.		Reims.
8	Lusignan........	Poitou.	95	* mardi, sam.	mercredi, sam.	4	Bordeaux.
12	*Luxembourg......*	Lorraine Al.	75	* lun. jeu. sam.	mardi, vendredi	4	Strasbourg.
4	Luzarche........	Isle de Fra.	7	* tous les jours.	tous les jours.	2	Amiens.
6	Lyhous..........	Santerre.	33	* lun. mer. ven.	lundi, mer. ven.	3	S. Quentin.
8	Lyon'...........	Lyonnois.	112	{ lun. mer. ven.	lundi, jeu. sam.	4	Dijon.
				mardi à 10 h.	vendredi.	4	Lyon.
				jeudi, sam.	mardi, dimanc.	4	Lyon.
6	Lyons...........	Normandie.	26	tous les jours.	tous les jours.	2	Rouen.
9	Machecoul.......	Bretagne.	95	mercredi, sam.	mardi, vendr.	5	Nantes.
8	Mâcon..........	Bourgogne.	156	lundi, mer. ven.	lundi, jeu. sam.	4	Dijon.
20	*Madrid........*	Espagne.	250	mardi, samedi.	mercredi, sam.	13	Bordeaux.

DÉPART ET ARRIVÉE DES COURRIERS.

Taxe.	Noms des Bureaux.	Provinces.	Distance de Paris.	Jours du Départ.	Jours de l'Arrivée.	Jours en route.	Courriers qui les portent.
24	*Magdebourg*	B. Allemag.	188	lun. mar. ven. f.	lun. mer. jeu. d.	12	Strasbourg.
4	*Magny*	Vexin.	14	tous les jours.	tous les jours.	2	Rouen.
4	*Magny-Guiseard*	Picardie.	27	* tous les jours.	tous les jours.	2	S. Quentin.
20	MAHON.	Isle Minorq.	266	mardi, samedi.	mercredi, fam.	18	Bordeaux.
6	*Mailli-le-Château*	Bourgogne.	48	lundi, vendredi.	lundi, jeudi.	3	Dijon.
4	*Maintenon*	Beauce.	16	tous les jours.	tous les jours.	2	Chartres.
4	*Mallesherbes*	Gâtinois.	18	mardi, jeu. dim.	mardi, jeu. fam.	2	Orléans.
7	*Malicorne*	Maine.	55	mercredi, fam.	mardi, vendr.	3	Nantes.
12	*Malines*	Brabant.	84	tous les jours.	tous les jours.	5	S. Quentin.
20	MALTE.	Isle.	392	mardi, jeu. fam.	mardi, jeu. fam.	24	Lyon.
24	MANHEIM	H. Allemag.	130	l. mar. j. v. f. d.	l.mar. mer. i. f.d.	9	Strasbourg.
8	*Mansle*	Angoumois.	112	* mardi, famedi.	mercredi, fam.	4	Bordeaux.
10	*Manofque*	Provence.	192	mardi, jeu. fam.	mardi, jeu. dim.	8	Lyon.
4	*Mantes-fur-Seine*	Mantois.	14	tous les jours.	tous les jours.	2	Rouen.
22	MANTOUE	Italie.	220	mardi.	jeudi.	17	Lyon.
24	*Marche de Brandeb.*	H. Allemag.		lun. mar. ven. f.	lun. mer. jeu. d.		Reims.
8	*Marchiennes*	Flandres.	50	* tous les jours.	tous les jours.	3	Amiens.
8	*Marcigny*	Bourgogne.	51	lundi, mer. ven.	lundi-jeu. fam.	5-6	Dijon.
24	*Marck, (Comté)*	B. Allemag.	98	lun. mar. ven. f.	lun. mer. jeu. d.		Reims.
10	*Marckolsheim*	Alface.	114	* lun. mer. ven.	lundi, jeu. fam.	6	Troyes.
10	*Marennes*	Saintonge.	133	{ mercr. dim.	mardi, vendr.	6	Nantes.
				* famedi.	famedi.	5	Bordeaux.
24	MARGR. DE BARETH	H. Allemag.		l. mar. j. v. f. d.	l.mar.mer.j.f.d.		Strasbourg.
8	*Mariembourg*	Hainault.	63	* mar. jeu. fam.	mer. vend. dim.	3	S. Quentin.
4	*Marigny*	Brie.	18	* tous les jours.	tous les jours.	2	Reims.
6	*Marle*	Picardie.	34	* mer. ven. dim.	lun. mer. vendr.	3	Reims.
4	*Marly-le-Roi.*	Isle de Fra.	4	tous les jours.	tous les jours.	2	Rouen.
10	*Marmande*	Agénois.	186	* mardi, fam.	mercredi, fam.	6	Bordeaux.
8	*Marnay.*	Fr.-Comté.	82	mercredi.	jeudi.	5	Dijon.
8	*Marquise*	Boulonnois.	60	* tous les jours.	tous les jours.	3	Amiens.
8	*Marfal.*	Lorraine.	87	* lun. jeu. fam.	mardi, jeu. dim.	4	Strasbourg.
10	*Marseille*	Provence.	200	l.mar.mer.j.v.f.	l. mar. j. v. f. d.	7	Lyon.
10	*Martigues*	Provence.	190	mardi, jeu. fam.	mardi, jeu. dim.	8	Lyon.
10	*Martres*	Comminges	175	mardi, dimanc.	lundi-famedi.	8-10	Toulouse.
10	*Marveiols*	Languedoc.	136	mardi, jeu. fam.	mardi, jeu. dim.	8	Lyon.
24	*Maseick*	B. Allemag.	78	lun. mar. ven. f.	lun. mar. j. v. d.	6	Reims.
8	*Massiac.*	Auvergne.	124	mardi, samedi.	mardi, vendredi	6	Lyon.
16	*Maftricht*	Pays-Bas.	71	tous les jours.	tous les jours.	6	Amiens.
8	*Matour*	Bourgogne.	98	mercredi, vend.	lundi, jeudi.	4	Dijon.
8	*Maubeuge*	Hainault.	53	* tous les jours.	tous les jours.	3	S. Quentin.
8	*Maule-fur-Mandre*	Mantois.	12	lundi, mer. ven.	mardi, jeu. fam.	2	Rouen.
4	*Maupertuis.*	Brie.	13	* tous les jours.	tous les jours.	2	Reims.
4	*Mauriac*	Auvergne.	118	mardi.	dimanche.	7	Lyon.
8	*Maurs*	Auvergne.	140	{ dimanche.	lundi.	7	Toulouse.
				mardi.	dimanche.	8	Lyon.
8	*Mauzé*	Aunis.	110	* mardi, fam.	mercredi, fam.	6	Bordeaux.
4	*May*	Multien.	13	* tous les jours.	tous les jours.	2	Reims.
24	MAYENCE	H. Allemag.	115	l. mar. j. v. f. d.	l.mar.mer.j.f.d.	9	Strasbourg.
7	*Mayenne*	Bretagne.	57	* lun. mer. fam.	mardi, ven. dim.	3	Rennes.
10	*Mazamet*	Languedoc.	120	mardi, dimanc.	lundi-famedi.	8-10	Toulouse.
10	*Mazères*	Pays de Foix	178	mardi, dimanc.	lundi-famedi.	8-10	Toulouse.
4	*Meaux*	Brie.	10	* tous les jours.	tous les jours.	2	Reims.
24	*Meklembourg (duché)*	B. Allemag		lun. mar. ven. f.	lun. mer. jeu. d.		Reims.
7	*Mehun-fur-Yèvres*	Berry.	70	{ mardi.	vendredi-dim.	3-4	Lyon.
				dimanche.		5	Toulouse.
4	*Melun.*	Hurepoix.	10	{ lun. mer. ven.	lundi, jeu. fam.	2	Dijon.
				mar. jeu. fam.	mar. vend. dim.	2	Lyon.
7	*Menars-le-Château*	Blaisois.	39	tous les jours.	tous les jours.	3	Orléans.
10	*Mende*	Languedoc.	140	mardi, samedi.	jeudi, dimanch.	7	Lyon.
12	*Menin.*	Pays-Bas.	56	tous les jours.	tous les jours.	3	Amiens.
9	*Mens*	Dauphiné.	133	mardi, jeu. fam.	mardi, jeu. dim.	6	Lyon.
4	*Mer*	Blaisois.	39	tous les jours.	tous les jours.	3	Orléans.
4	*Meru*	Beauvoisis.	16	* mar. jeu. dim.	mardi, jeu. fam.	2	Amiens.
8	*Merville*	Flandres.	52	* tous les jours.	tous les jours.	3	Amiens.
6	*Méry-fur-Seine*	Champagne	36	* lun. mer. fam.	lun. mer. vend.	2	Troyes.

DÉPART ET ARRIVÉE DES COURRIERS.

Taxes.	Noms des Bureaux.	Provinces.	Distance de Paris	Jours du Départ.	Jours de l'Arrivée.	Jours en route	Courriers qui les portent.
22	Messine.........	Sicile.	458	mardi.	jeudi.	40	Lyon.
8	Metz..........	Pays-Messin	77	* l. mar. j. v. f. d.	l. mar. mer. j. f. d.	4	Strasbourg.
4	Meudon..........	Isle de Fra.	2	tous les jours.	tous les jours.	1	Chartres.
4	Meulan..........	Normandie.	10	tous les jours.	tous les jours.	2	Rouen.
6	Meun-sur-Loir.....	Orléanois.	32	tous les jours.	tous les jours.	3	Orléans.
9	Maximieux........	Bugey.	120	{ lundi. mar. jeu. fam.	jeudi. mar. vend. dim.	5 5	Dijon. Lyon.
10	Mèze.	Languedoc.	190	l. mar. mer. j. v. f.	l. mar. j. v. f. d.	7	Lyon.
7	Mézières.........	Champagne	56	* tous les jours.	tous les jours.	3	Reims.
20	Middelbourg	Hollande.	75	lundi, vendredi.	lun. mer. vend.	4	Amiens.
10	Miélan..........	Gascogne.	190	mardi , dimanc.	lundi-samedi.	8-10	Toulouse.
22	Milan.	Italie.	200	mardi , famedi.	mardi , vendr.	16	Lyon.
10	Milhaud.........	Rouergue.	170	mardi , famedi.	jeudi, dimanch.	10	Lyon.
4	Milly...........	Gâtinois.	15	mardi, jeu.dim.	mardi, jeu. fam.	2	Orléans.
24	Minden.........	B. Allemag.	160	lun. mar. ven. f.	lun. mer. jeu. d.	12	Reims.
20	Minorque.......	Isle.	232	mardi , famedi.	mercredi , fam.	20	Bordeaux.
10	Mirambeau........	Saintonge.	128	{ mercr. dim. famedi.	vendredi. famedi.	7 6	Nantes. Bordeaux.
10	Mirande..........	Gascogne.	150	mardi , dimanc.	lundi-samedi.	8-10	Toulouse.
8	Mirebeau.........	Bourgogne.	81	lundi, mercredi.	lundi , famedi.	4	Dijon.
8	Mirebeau.........	Poitou.	78	* mardi , fam.	mercredi-fam.	6-8	Bordeaux.
8	Mirecourt........	Lorraine.	93	* lund. jeu. fam.	mardi, jeu.dim.	4	Strasbourg.
10	Mirepoix	Languedoc.	193	{ mardi , dim. jeudi, famedi.	lundi. mercredi-fam.	8 8-9 9	Toulouse. Bordeaux. Lyon.
22	Modène.........,	Italie.	226	mardi.	jeudi.	16	Lyon.
10	Moirans..........	Dauphiné.	132	l. mar. mer. j. v. f.	l. mar. j. v. f. d.	5	Lyon.
10	Moissac.........	Quercy.	157	* mardi, famedi.	mercredi , fam.	7	Bordeaux.
10	Molsheim.........	Alface.	112	* mar. ven. dim.	lundi , jeu. dim.	4	Strasbourg.
10	Monaco..........	Principauté.	224	mardi , famedi.	jeudi, dimanche	9	Lyon.
6	Montcornet.......	Picardie.	43	* mer. ven. dim.	lundi, mer. ven.	3	Reims.
6	Montdidier.......	Picardie.	24	* tous les jours.	tous les jours.	2	Amiens.
6	Montdoubleau.....	Maine.	45	jeudi, dimanche	mardi , famedi.	3	Chartres.
6	Monerville.......	Gâtinois.	17	tous les jours.	tous les jours.	2	Orléans.
9	Monistrol........	Velay.	126	mardi, jeu. fam.	mardi, jeu. dim.	5	Lyon.
12	Mons.	Pays-Bas.	55	tous les jours.	tous les jours.	3	S. Quentin.
8	Montaigu........	Poitou.	90	{ * mardi , fam.	.... mardi, vendredi	5 5	Bordeaux. Nantes.
8	Montaigu........	Combraille.	98	mardi, famedi.	mardi, vendredi	4	Lyon.
6	Montargis.......	Gâtinois.	30	mardi, jeu. fam.	mardi,ven.dim.	2	Lyon.
8	Montauban......	Bretagne.	92	* lun. mer. fam.	mardi,ven.dim.	4	Rennes.
10	Montauban.......	Quercy.	157	{ * mardi. dimanche.	mercredi , fam. lundi.	7 6	Bordeaux. Toulouse.
7	Montbard........	Bourgogne.	55	lundi, mer. ven.	lundi, jeu. fam.	3	Dijon.
8	Montbazon.......	Touraine.	63	* mardi,famedi.	mercredi , fam.	3	Bordeaux.
9	Montbrison......	Forez.	126	mardi, jeu.fam.	mardi, jeu.dim.	5	Lyon.
8	Montcénis.......	Bourgogne.	94	lundi, mer. ven.	lun. famedi-jeu.	4-5	Dijon.
10	Mont-Dauphin....	Dauphiné.	158	mardi, jeu.fam.	mardi,ven.dim.	6	Lyon.
10	Mont-de-Marfan....	Gascogne.	194	* mardi,famedi.	mercredi-fam.	9-8	Bordeaux
8	Montebourg.......	Normandie.	70	lundi, mer.fam.	mercer, ven.dim.	4	Rouen.
10	Montelimart.......	Dauphiné.	148	{ l. mar. mer. j. v. f. mercredi.	l. mar. j. v. f. d. mardi.	6 8	Lyon. Nantes.
10	Montendre........	Saintonge.	154	{ dimanche.	.... famedi.	7 7	Toulouse. Bordeaux.
4	Montereau.......	Gâtinois.	16	* tous les jours.	tous les jours.	2	Troyes.
8	Montet-aux-Moines.	Bourbonois.	90	mardi , famedi.	mardi, venredi	4	Lyon.
4	Montfort-l'Amaury.	Mantois.	9	tous les jours.	tous les jours.	2	Chartres.
7	Montierander.....	Champagne	57	* lund. jeu. fam.	mardi, jeu.dim.	3	Strasbourg.
10	Montignac.......	Périgord.	123	* mardi.	famedi.	6	Bordeaux.
8	Montigny-le-Roi....	Champagne	70	* lun. mer. ven.	lundi , jeu. fam.	3	Troyes.
10	Montlieu........	Saintonge.	140	* mardi,famedi.	mercredi , fam.	5	Bordeaux.
12	Mont-Louis.......	Roussillon.	236	mardi, jeu.fam.	mardi, jeu.dim.	11-10	Lyon.
8	Mont-Luçon.....	Bourbonois.	96	mardi , famedi.	mardi, vendredi	4	Lyon.
10	Mont-Luel........	Bresse.	117	{ lundi. mar. jeu. fam.	jeudi. mardi, ven.dim.	5 5	Dijon. Lyon.

DÉPART ET ARRIVÉE DES COURRIERS.

Taxes	Noms des Bureaux.	Provinces.	Distance de Paris	Jours du Départ.	Jours de l'Arrivée.	Jours en route.	Courriers qui les portent.
8	Montmarault.......	Bourbonois.	89	mardi , samedi.	mardi, vendredi	4	Lyon.
7	Montmédy.......	Pays-Messin	68	* lun. mer. sam.	mer. vend. sam.	4	Reims.
8	Mont-Merle........	Dombes.	110	lundi, mer. ven.	lun. samedi-jeu.	4-5	Dijon.
4	Montmirel........	Brie.	24	* mar. ven. dim.	lundi, mer. ven.	2	Strasbourg.
8	Montmorillon......	Poitou.	98	} mardi. dimanche.	samedi. lundi.	4 4	Bordeaux Toulouse.
6	Montmort........	Champagne	36	l. mar. j. v. f. d.	l. mar. mer. j. f. d.	3	Strasbourg.
10	Montpellier......	Languedoc.	187	l.mar.mer.j.v.f.	l. mar. j. v. f. d.	7	Lyon.
10	Montpont.........	Périgord.	131	} * mardi. dimanche.	mercredi, sam. lundi.	7 7	Bordeaux. Toulouse.
10	Montrejeau......	Comminges	184	mardi , dimanc.	lundi-samedi.	9-11	Toulouse.
4	Montreuil-aux-Lions	Champagne	16	*lun. jeu. sam.	mardi, jeu. dim.	2	Strasbourg.
6	Montreuil-l'Argilé .	Normandie.	34	mardi , vendr.	mercredi , sam.	3	Rouen.
8	Montreuil-fur-Mer..	Picardie.	45	* tous les jours.	tous les jours.	3	Amiens.
7	Montrichard......	Touraine.	64	mardi , samedi.	mercredi , sam.	3	Orléans.
10	Montségur.......	Bazadois.	174	* mardi, samedi.	mercredi , sam.	7	Bordeaux.
8	Montforeau.......	Anjou.	63	jeudi, dimanche	mardi , samedi.	4	Orléans.
24	MORAVIE.........	H. Allemag.		lun. mar. j. v. f. d.	l. mar. mer. j. f. d.		Strasbourg.
4	Moret	Gâtinois.	19	lundi, mer. ven.	lundi , jeu. sam.	2	Dijon.
8	Morez en montagnes.	Fr.-Comté.	74	lundi, mer. ven.	lundi, sam.-jeu.	5-6	Dijon.
10	Morlaix	Bretagne.	126	* lun. mer. sam.	mar. vend, dim.	4	Rennes.
4	Mormans	Brie.	13	* tous les jours.	tous les jours.	2	Troyes.
6	Mortagne	Perche.	34	* lun. mer. sam.	mar. vend. dim.	2	Rennes.
8	Mortagne	Poitou.	85	mardi , samedi.	mercredi , sam.	5	Bordeaux
10	Mortagne-surGironde	Gascogne.	148	} mercr. dim.	vendredi. samedi.	8 6	Nantes. Bordeaux.
8	Mortain.........	Normandie.	70	mercredi , sam.	mercredi , sam.	4	Rouen.
4	Mortefontaine	Isle de Fra.	8	* tous les jours.	tous les jours.	1	S. Quentin.
7	Morterolles	Limosin.	84	dimanche.	lundi.	4	Toulouse.
6	Mortrée	Normandie.	49	* lun. mer. sam.	mar. vend. dim.	3	Rennes.
24	Moskou	Russie.	668	lundi, vendredi.	lundi, vendredi.	50	Reims.
8	Moulins	Bourbonois.	81	mardi, jeu. sam.	mar. vend. dim.	3	Lyon.
6	Moulins-la-Marche .	Normandie.	36	* lun. mer. sam.	mardi, ven. dim.	4 3	Rennes.
7	Mouzon	Champagne	60	* lun. mer. sam.	mer. vend. sam.	3	Reims.
8	Moyenvic	Champagne	86	* l. mar. j. v. f. d.	l.mar.mer.j.f.d.	4	Strasbourg.
24	MULHAUSEN	H. Allemag.	98	l. mar. j. v. f. d.	l.mar.mer.j.f.d.	6	Strasbourg.
24	MUNICH	H. Allemag.	182	l. mar. j. v. f. d.	l. mar. j. v. f. d.	15	Strasbourg.
8	Mur-de-Barez	Rouergue.	139	} * mardi. dimanche.	dimanche. lundi.	8 7	Lyon. Toulouse.
10	Muret	Comminges	173	mardi , dimanc.	lundi-samedi.	7-9	Toulouse.
8	Mussillac	Bretagne.	104	mercredi , sam.	vendredi-dim.	5-6	Nantes.
10	Mussidan	Périgord.	127	} mardi. dimanche.	mercredi , sam.	5 6	Bordeaux Toulouse.
7	Mussy-l'Evêque.....	Champagne	50	* lun. mer. sam.	mardi, jeu. sam.	3	Troyes.
12	Namur...........	Pays-Bas.	60	tous les jours.	tous les jours.	4	S. Quentin.
6	Nampont	Picardie.	44	* tous les jours.	tous les jours.	3	Amiens.
8	Nancy	Lorraine.	82	* lun. mar. j. f.	mar. j. dim.-sa.	3-4	Strasbourg.
4	Nangis...........	Brie.	16	* tous les jours.	tous les jours.	2	Troyes.
4	Nanterre	Isle de Fra.	2	tous les jours.	tous les jours.	1	Rouen.
8	Nantes...........	Bretagne.	89	lun. mer. j. f. d.	mar. 2 dép. v.-d.	4-5	Nantes.
4	Nanteuil-le-Haudouin	Valois.	12	* tous les jours.	tous les jours.	2	S. Quentin.
4	Nanteuil-sur-Marne .	Brie.	15	* lun. jeu. sam.	mardi, jeu.dim.	2	Strasbourg.
8	Nantua	Bugey.	113	} lundi. mar. jeu.sam.	jeudi. mar. vend. dim.	5 5	Dijon. Lyon.
22	NAPLES........ ...	Royaume.	360	mardi.	jeudi.	20	Lyon.
10	Narbonne	Languedoc.	203	l. mar.mer.j.v.f.	l. mar. j. v. f. d.	8	Lyon.
4	Neauphle	Normandie.	8	* lun. mer. sam.	mar. vend. dim.	1	Rennes.
6	Nemours........	Gâtinois.	22	mardi, jeu.sam.	mar. vend. dim.	2	Lyon.
10	Nérac	Gascogne.	194	* mardi, samedi.	mercredi , sam.	7	Bordeaux
6	Nesle	Picardie.	32	* tous les jours.	tous les jours.	2	S. Quentin.
7	Nevers...........	Nivernois.	66	mardi, jeu.sam.	mar. vend. dim.	3	Lyon.
10	Neuf-Brisac......	Alsace.	124	* lun. mer. ven.	lundi, jeu. sam.	5	Troyes.
8	Neuf-Château......	Lorraine.	80	* lun. jeu. sam.	mar. jeudi-dim.	4-3	Strasbourg.
6	Neufchâtel-Bray ...	Normandie.	27	tous les jours.	tons les jours.	3	Rouen.
15	NEUFCHATEL	Suisse.	112	lundi, mer. ven.	lundi , jeu. sam.	6	Dijon.

C

DÉPART ET ARRIVÉE DES COURRIERS.

Taxes.	Noms des Bureaux.	Provinces.	Distance de Paris.	Jours du Départ.	Jours de l'Arrivée.	Jours en route.	Courriers qui les portent.
4	Neuilly-Saint-Front.	Picardie.	18	* tous les jours.	tous les jours.	2	Reims.
8	Neuville-les-Dames..	Bresse.	108	lundi, mer. ven.	lun. famedi-jeu	4-5	Dijon.
8	Neuvy-Roi	Touraine.	64	lundi, jeudi.	jeudi, dimanche	3	Orléans.
6	Neuvy-fur-Loire	Gâtinois.	48	mardi, jeu.fam.	mar. vend. dim.	3	Lyon.
22	Nice (Comté)........	Savoie.	227	mardi , famedi.	jeudi, dimanche	10	Lyon.
12	Nieuport	Pays-Bas.	56	tous les jours.	tous les jours.	4	S. Quentin.
16	Nimègue	Pays-Bas.	88	lun. mar. ven. f.	lun. mer. jeu. d.	5	S. Quentin.
8	Niort	Poitou.	104	* mardi, famedi.	mercredi, dim.	4	Bordeaux.
10	Nîmes............	Languedoc.	198	l.mar.mer.j.v.f.	l. mar. j. v. f. d.	7	Lyon.
12	Nivelle	Pays-Bas.	66	tous les jours.	tous les jours.	4	S. Quentin.
10	Noé	Languedoc.	174	mardi, dimanc.	lundi-famedi.	8-10	Toulouse.
10	Nogaro	Armagnac.	184	mardi, dimanc.	lundi-famedi.	10-11	Toulouse.
4	Nogent-le-Roi	Beauce.	18	tous les jours.	tous les jours.	2	Chartres.
6	Nogent-le-Rotrou...	Perche.	33	mercredi, fam.	mardi, vendredi	2	Nantes.
6	Nogent-fur-Seine ...	Champagne	26	* tous les jours.	tous les jours.	2	Troyes.
6	Nogent-fur-Vernisson	Gâtinois.	35	mardi, jeu.fam.	mar. vend. dim.	2	Lyon.
8	Nolay	Bourgogne.	84	lundi, mer. ven.	lun. famedi-jeu.	4-5	Dijon.
4	Nonancourt	Normandie.	20	* lun. mer. fam.	mar. vend. dim.	2	Rennes.
6	Nonant	Normandie.	37	mardi, vendr.	mercredi, fam.	3	Rouen.
24	Norwège..........	Et. du Nord.		lundi, vendredi.	lundi, vendredi.		Reims.
7	Noyers....	Bourgogne.	52	lundi, mer. ven.	lundi, jeu. fam.	3	Dijon.
6	Noyon	Picardie.	22	* tous les jours.	tous les jours.	2	S. Quentin.
8	Nozay	Bretagne.	99	lundi, mer. fam.	ven. 2 dep. dim.	4	Rennes.
8	Nuaillé	Aunis.	115	* mardi , famedi.	mercredi, fam.	5	Bordeaux.
24	NUREMBERG	H. Allemag.	167	l. mar. j. v. f. d.	l.mar.mer.j.f.d.	7	Strasbourg.
8	Nuits	Bourgogne.	82	lundi, mer. ven.	lundi, jeu. fam.	3	Dijon.
10	Nyons	Dauphiné.	156	mardi , famedi.	jeudi, dimanche	7	Lyon.
10	Oleron	Béarn.	203	* mardi, famedi	mercredi-fam.	10-9	Bordeaux.
10	Ollioulles	Provence.	210	l.mar.mer.j.v.f.	l.mar.jeu.v.f.d.	8	Lyon.
6	Omonville	Normandie.	42	tous les jours.	tous les jours.	3	Rouen.
20	ONEILLE	Italie.	268	mardi , famedi.	mardi, vendr.	16	Lyon.
10	Orange	Dauphiné.	165	l.mar.mer.j.v.f.	l. mar. j. v. f. d.	6	Lyon.
6	Orbec	Normandie.	34	mardi, vendr.	mercredi, fam.	3	Rouen.
8	Orchies	Flandres.	54	* tous les jours.	tous les jours.	3	S. Quentin.
8	Orgelet	Fr.-Comté.	98	lundi, mer.ven.	lun. jeudi-fam.	6-7	Dijon.
10	Orgon	Provence.	172	l.mar.mer.j.v.f.	l. mar. j. v. f. d.	8	Lyon.
6	Origny-Ste-Benoîte..	Picardie.	36	* mar. jeu. fam.	mer. vend. dim.	2	S. Quentin.
6	Orléans	Orléanois.	30	tous les jours.	tous les jours.	2	Orléans.
8	Ornans	Fr.-Comté.	99	lundi, mer. ven.	lundi, jeu. fam.	4	Dijon.
4	Orsay	Hurepoix.	6	tous les jours.	tous les jours.	2	Orléans.
10	Orthez	Béarn.	194	* mardi, famedi	mercredi-fam.	9-8	Bordeaux.
24	Osnabruck.........	B. Allemag.	124	lun. mar. ven. f.	lun. mer. jeu. d.	7	Reims.
12	Ostende	Pays-Bas.	63	tous les jours.	tous les jours.	4	S. Quentin.
8	Oudon	Bretagne.	83	mercredi , fam.	mardi, vendr.	4	Nantes.
4	Oulchy-le-Château ..	Soissonois.	24	* tous les jours.	tous les jours.	2	Reims.
6	Ousson	Gâtinois.	45	mardi, jeu.fam.	mar. vend. dim.	2	Lyon.
4	Ozoire-la-Ferière ...	Brie.	9	* lun. jeu. fam.	lundi, mer.fam.	2	Troyes.
4	Pacy-fur-Eure	Normandie.	21	tous les jours.	tous les jours.	2	Rouen.
24	Paderborn..........	B. Allemag.	130	lun. mar. ven. f.	lun. mer. jeu. d.	10	Reims.
10	Paimpol	Bretagne.	109	* lun. mer. fam.	mar. vend. dim.	5	Rennes.
8	Paimbœuf..........	Bretagne.	98	mercredi , fam.	mardi, vendredi	6	Nantes.
4	Palaiseau..........	Isle de Fra.	4	tous les jours.	tous les jours.	2	Orléans.
24	PALATINAT	H. Allemag.		l. mar. j. v. f. d.	l.mar.mer.j.f.d.		Strasbourg.
22	PALERME	Sicile.	499	mardi.	jeudi.	40	Lyon.
8	Palluau	Poitou.	90	* mardi, fam.	mercredi , fam.	5	Bordeaux.
10	Pamiers	Pays de Foix	174	mardi, dimanc.	lundi-famedi.	8-10	Toulouse.
8	Paray-le-Monial....	Bourgogne.	99	lundi, mer. ven.	lundi-jeu. fam.	4-5	Dijon.
22	Parme	Italie.	217	mardi.	jeudi.	16	Lyon.
8	Partenay	Poitou.	110	* mardi, famedi	mercredi-fam.	9-8	Bordeaux.
24	PASSAU	H. Allemag.	220	lun.mar.j.v.f.d.	l.mar.mer.j.f.d.	15	Strasbourg.
10	Pau	Béarn.	220	* mardi, famedi	mercredi-fam.	6-5	Bordeaux.
20	PAVIE	Italie.	205	mardi , famedi.	mardi, vendr.	15	Lyon.
6	Péquigny	Picardie.	33	* tous les jours.	tous les jours.	2	Amiens.
10	Périgueux	Périgord.	114	{ * mardi. dimanche.	mercredi-fam. lundi.	8-9 2	Bordeaux. Toulouse.

DÉPART ET ARRIVÉE DES COURRIERS.

Taxe	Noms des Bureaux.	Provinces.	Distance de Paris.	Jours du Départ.	Jours de l'Arrivée.	Jours en toute.	Courriers qui les portent.
6	Péronne...........	Picardie.	30	* tous les jours.	tous les jours.	2	S. Quentin.
12	Perpignan.........	Roussillon.	231	l.mar.mer.j.v.f.	l. mar. j. v. f. d.	9	Lyon.
8	Percey............	Bourgogne.	100	mercredi, vend.	lundi-samedi.	5-6	Dijon.
10	Pertuis...........	Provence.	192	mardi, jeu.fam.	mardi, jeu. dim.	8	Lyon.
24	*Pétersbourg*	Russie.	553	lundi, vendredi.	lundi, vendredi.	40	Reims.
10	Pézénas	Languedoc.	199	l.mar.mer.j.v.f.	l. mar. j. v. f. d.	8	Lyon.
8	Peyrac............	Quercy.	127	dimanche.	lundi.	5	Toulouse.
8	Phalsbourg........	Lorraine.	103	* l. mar. j. v. f. d.	l.mar.mer.j.f.d.	4	Strasbourg.
8	Philippeville	Hainault.	63	* mar. jeu. fam.	mer. vend. dim.	3	S. Quentin.
20	*PIÉMONT*	Duché.		mardi , samedi.	mardi , vendr.		Lyon.
8	Pierre-Buffière....	Limosin.	99	dimanche.	lundi.	4	Toulouse.
10	Pierrelatte	Dauphiné.	160	l.mar.mer.j.v.f.	l. mar. j. v. f. d.	6	Lyon.
4	Pinon.............	Soissonnois.	21	* tous les jours.	tous les jours.	2	Reims.
22	*PISE*.............	Italie.	372	mardi.	jeudi.	18	Lyon.
6	Pithiviers........	Gâtinois.	24	mardi, jeu.fam.	lundi , jeu. fam.	2	Orléans.
22	*Plaifance*........	Italie.	223	mardi.	jeudi.	15	Lyon.
8	Plancoet..........	Bretagne.	92	* lun. mer. fam.	mar. vend. dim.	5	Rennes.
8	Plélan............	Bretagne.	92	*lun. mer. fam.	mar. vend.dim.	4	Rennes.
8	Ploermel..........	Bretagne.	96	* lun. mer. fam.	mar. vend. dim.	4	Rennes.
8	Plombières........	Lorraine.	90	* lun. jeu. fam.	mar. jeudi-dim.	4-5	Strasbourg.
7	Poigny	Lorraine.	51	* lun. jeu. fam.	mardi,jeu.dim.	3	Strasbourg.
4	Poissy	Mantois.	5	tous les jours.	tous les jours.	1	Rouen.
8	Poitiers	Picardie.	89	} *mardi, fam. dimanche.	mercredi, fam. lundi.	4 5	Bordeaux. Toulouse.
6	Poix.............	Picardie.	28	* lundi , vendr.	mercredi , dim.	2	Amiens.
8	Poligny	Fr.-Comté.	102	lundi, mer. ven.	lun.famedi-jeu.	5-6	Dijon.
24	*Pologne*.........	Royaume.		lundi, vendredi.	lundi, vendredi.		Reims.
24	*Poméranie*	Prussienne.		lun. mar. ven. f.	lun. mer. jeu. d.		Reims.
24	*Poméranie*	Suédoise.		lundi, vendredi.	lundi, vendredi.		Reims.
10	Pompidou.........	Languedoc.	158	mardi, jeu.fam.	mardi, jeu.dim.	7	Lyon.
10	Pons.............	Saintonge.	144	} mercr. dim.	mardi, vendr. famedi.	7 6	Nantes. Bordeaux.
8	Pontaillier-fur-Saôn.	Bourgogne.	81	lundi, mer. ven.	lun.famedi-jeu.	4-5	Dijon.
8	Pont-à-Mousson	Lorraine.	78	* lun. jeu. fam.	mardi,jeu.dim.	4	Strasbourg.
10	Pontarlier........	Fr.-Comté.	108	lundi, mer.ven.	lundi, jeu. fam.	4	Dijon.
6	Ponteau-de-Mer	Normandie.	45	tous les jours.	tous les jours.	3	Rouen.
8	Pont-Château	Bretagne.	95	mercredi , fam.	vendredi, dim.	6	Nantes.
4	Pont-Chartrain	Isle de Fra.	8	* lun. mer. fam.	mar. vend. dim.	2	Rennes.
9	Pont-d'Ain	Bresse.	130	} lundi. mar. jeu.fam.	jeudi. mar. vend. dim.	7 7	Dijon. Lyon.
8	Pont-de-Vaux......	Bresse.	104	lundi, mer. ven.	lun.famedi-jeu.	4-5	Dijon.
8	Pont-du-Château....	Auvergne.	108	mardi , famedi.	mardi , vendr.	5	Lyon.
4	Ponthierry	Gâtinois.	11	mardi, jeu.fam.	mardi, jeu.dim.	2	Lyon.
10	Pontivy	Bretagne.	103	*mercredi, fam.	mardi, vendr.	5	Rennes.
7	Pont-l'Évêque	Normandie.	51	tous les jours.	tous les jours.	3	Rouen.
4	Pontoise	Vexin.	7	tous les jours.	tous les jours.	1	Pontoise.
8	Pontorson	Normandie.	79	mercredi , fam.	mercredi, fam.	4	Rouen.
10	Pontrieux.........	Bretagne.	117	* lun. mer. fam.	mar. vend. dim.	5	Rennes.
4	Pont-Saint-Maxence.	Valois.	14	* tous les jours.	tous les jours.	2	S. Quentin.
4	Pont-fur-Seine	Brie.	28	* tous les jours.	tous les jours.	2	Troyes.
6	Pont-fur-Yonne.....	Gâtinois.	27	lundi, mer. ven.	lundi, jeu. fam.	2	Dijon.
9	Pornic	Bretagne.	98	mercredi , fam.	mardi, vendr.	5	Nantes.
20	*Portugal*	Royaume.		mardi , famedi.	mercredi, dim.		Bordeaux.
7	Pouilly-fur-Loire ...	Nivernois.	56	mardi, jeu.fam.	mar. vend. dim.	3	Lyon.
8	Poussauge.........	Poitou.	105	* mardi, famedi	mercredi , fam.	5	Bordeaux.
24	Prague	Bohême.	224	l. mar. j. v. f. d.	l.mar.mer.j.f.d.	15	Strasbourg.
10	Preignac..........	Guyenne.	165	*mardi, famedi.	mercredi , fam.	6	Bordeaux.
7	Pré-en-Pail	Maine.	49	* lun. mer. fam.	mardi, vendr.	4	Rennes.
7	Preuilly..........	Touraine.	75	mardi , famedi.	mercredi, fam.	4	Orléans.
10	Privas	Vivarais.	139	mardi, jeu.fam.	jeudi-dimanche.	7-6	Lyon.
6	Provins	Brie.	19	* tous les jours.	tous les jours.	2	Troyes.
24	*Pruffe*	Royaume.		lun. mar. ven. f.	lun. mer. jeu. d.		Reims.
10	Putelange.........	Lorraine.	92	* mar. ven.dim.	lundi , jeu. fam.	5	Strasbourg.
10	Puy-d'Arieux......	Armagnac.	192	mardi , dimanc.	lundi , famedi.	8	Toulouse.

DÉPART ET ARRIVÉE DES COURRIERS.

Taxes?	Noms des Bureaux.	Provinces.	Distance à Paris.	Jours du Départ.	Jours de l'Arrivée.	Jours en route	Courriers qui les portent.
10	Puy-Laurens	Languedoc.	172	mar. jeu. fam.	....	8	Lyon.
				....	lundi.	8	Toulouse.
				....	mercredi fam.	8-9	Bordeaux.
6	Querhoent	B. Vendom.	41	jeudi, dimanche	mardi , famedi.	3	Chartres.
10	Quimpercorentin ...	Bretagne.	129	* lun. mer. fam.	mar. vend. dim.	5	Rennes,
10	Quimperlé	Bretagne.	119	* lun. mer. fam.	mar. vend. dim.	5	Rennes.
8	Quingey	Fr.-Comté.	97	lundi, mer. ver.	lun. famedi-jeu.	4-5	Dijon.
10	Quintin	Bretagne.	108	* lun. mer. fam	mar. vend. dim.	4	Rennes.
10	Rabasteins	Languedoc.	170	mardi , dimanc.	lundi-famedi.	7-9	Toulouse.
4	Rambouillet	Beauce.	11	tous les jours.	tous les jours.	2	Chartres.
8	Raon-l'Etape	Lorraine.	96	* lun. jeu. fam.	mardi, jeu. dim.	4	Strasbourg.
24	RATISBONNE	H. Allemag.	182	l. mar. j. v. f. d.	l. mar. mer. j. f. d.	10	Strasbourg.
4	Rebais	Brie.	17	* tous les jours.	tous les jours.	2	Reims.
8	Redon	Bretagne.	99	* lun. mer. fam.	ven. 2 d.j , dim.	4	Rennes.
6	Regmalard	Perche.	35	* lun. mer. fam.	mardi, vendr.	2	Rennes,
8	Remiremont........	Lorraine.	98	* lun. jeu. fam	mardi, jeu. dim.	4	Strasbourg.
10	Remoulins	Languedoc.	172	l.mar.mer.j.v.f.	l. mar. j. v. f. d.	6	Lyon.
8	Rennes	Bretagne.	83	* lun. mer. fam.	mar. vend. dim.	3	Rennes.
7	Réthel-Mazarin	Champagne	47	* tous les jours.	tous les jours.	3	Reims.
10	Revel	Languedoc	176	mar. jeu. fam.	....	8	Lyon.
				....	lundi.	8	Toulouse.
				....	mercredi-fam	8-9	Bordeaux.
24	*Revel*	Et. du Nord.	450	lundi, vendredi.	lundi, vendredi.	23	Reims.
6	Reims	Champagne.	38	* tous les jours.	tous les jours.	2	Reims.
24	RHEINHAUSEN	H. Allemag.	125	l. mar. j. v. f. d	l.mar. mer. j. f. d.	5	Strasbourg.
10	Riberac	Périgord.	116	mardi.	famedi.	8	Bordeaux.
				dimanche.	mercredi.	7	Toulouse.
8	Richelieu........	Poitou.	73	jeudi, dimanche	mardi , famedi.	4	Orléans.
10	Rieux........	Languedoc.	176	mardi , dimanc.	lundi-famedi.	8-10	Toulouse.
10	Riez	Provence.	200	mardi, jeu. fam.	mardi, jeu. dim.	8	Lyon.
24	*Riga*	Et. du Nord.	514	lundi, vendredi.	lundi, vendredi.	20	Reims.
8	Riom	Auvergne.	98	mardi, jeu. fam	mardi, ven. dim.	4	Lyon.
8	Rioz	Fr.-Comté.	92	* lun. mer. ven.	lun. famedi-jeu.	4-5	Troyes.
4	Ris	Hurepoix.	6	lundi.	jeudi.	1	Dijon.
				mar. jeu. fam.	mar. vend. dim.	1	Lyon.
9	Rives-de-Gier	Forez.	120	l. mar. mer. j. v. f.	l. mar. j. v. f. d.	6	Lyon.
10	Rives	Dauphiné.	233	l. mar. mer. j. v. f.	l. mar. j. v. f. d.	8	Lyon.
8	Roannes	Forez.	86	mardi, jeu fam.	mar. vend. dim.	4	Lyon.
8	Rochechouart	Poitou.	101	* mardi.	famedi.	6	Bordeaux.
10	Rochefort	Aunis.	126	* mardi, fam.	mercredi , fam.	5	Bordeaux.
				mercr. dim.	mardi , vendr.	6	Nantes.
8	Rochefort	Auvergne.	110	mardi.	dimanche.	5	Lyon.
4	Rochefort	Beauce.	8	tous les jours.	tous les jours.	2	Orléans.
7	Rocroy	Champagne	58	* lun. mer fam.	mardi, jeu. fam.	3	Reims.
10	Rudez........	Rouergue.	148	* mardi.	famedi.	7	Bordeaux.
				dimanche.	lundi.	8	Toulouse.
9	Romans	Dauphiné.	134	l. mar. mer. j. v. f.	l. mar. j. v. f. d.	7	Lyon.
22	Rome........	Italie.	360	mardi.	jeudi.	17	Lyon.
7	Romorantin	Sologne.	42	mardi, dimanc.	lundi , famedi.	3	Toulouse.
10	Roquevaire	Provence.	198	l. mar. mer. j. v. f.	l. mar. j. v. f. d.	8	Lyon.
4	Rofoy	Brie.	10	* lun. mer ven. f.	lun. mer. ven. d.	2	Troyes.
6	Rofoy-sur-Serre	Picardie.	40	* mer. ven dim.	lundi, mer. ven.	3	Reims.
10	Rofporden........	Bretagne.	124	* lun. mer. fam	mardi, ven. dim.	5	Rennes.
20	*Roterdam*	Hollande.	93	lundi, vendredi	lundi, vendredi.	5	Amiens.
6	Rouen	Normandie.	30	tous les jours.	tous les jours.	2	Rouen.
10	Rouffack	Alface.	105	* lun mer. ven	lundi, jeu. fam.	5	Troyes.
7	Rouvray	Bourgogne.	57	lundi, mer. ven	lundi , jeu. fam.	3	Dijon.
6	Roye	Picardie.	26	* lun. mer. j. f.	tous les jours.	3	S. Quentin.
7	Rue	Ponthieu.	44	* mar. jeu fam.	mar. vend. dim.	3	Amiens.
4	Ruelle	Isle de Fra.	3	tous les jours.	tous les jours.	2	Rouen.
8	Ruffec	Angoumois.	107	* mardi , fam.	mercredi , fam	4	Bordeaux.
6	Rugles	Normandie.	32	* lun. mer. fam.	mardi, jeu. dim.	3-4	Rennes.
12	*Roremonde*	Pays-Bas.	91	lun. mar. ven. f.	lun. mer. jeu. d.	5	S. Quentin.
24	*Ruffie*	Et. du Nord.		lundi, vendredi	lundi, vendredi.		Reims.
7	Sablé	Maine.	60	mercredi , fam	mardi, vendr.	3	Nantes.

Taxes.	Noms des Bureaux.	Provinces.	Distance de Paris.	Jours du Départ.	Jours de l'Arrivée.	Jours en route.	Courriers qui les portent.
10	Saint-Afrique......	Rouergue.	172	mardi, dimanc.	lundi-famedi.	10-11	Touloufe.
7	Saint-Agnan........	Berry.	58	lundi, mer fam.	lundi, jeu fam.	4	Orléans.
7	Saint-Amand......	Berry.	80	mardi, famedi.	mardi, vendr.	4	Lyon.
8	Saint-Amand......	Flandres.	53	* tous les jours.	tous les jours.	3	S. Quentin.
10	Saint-Ambroix.....	Languedoc.	172	mardi, jeu. fam.	mardi, jeu. dim.	7	Lyon.
8	Saint-Amour......	Fr.-Comté.	104	lundi, mer. ven.	lun. famedi-jeu.	4-5	Dijon.
10	Saint-André de Cubfac	Guyenne.	150	* mardi, fam	mercredi, fam.	5	Bordeaux.
10	Saint-Antonin	Rouergue	160	{ * mardi. / dimanche.	famedi. / lundi.	9 / 7	Bordeaux. / Touloufe.
8	Saint-Avold........	Lorraine.	86	* mar. ven. dim.	lundi, jeu. fam.	4	Strasbourg.
10	Saint-Beat........	Comminges	188	dimanche.	lundi-famedi.	11-12	Touloufe.
7	Saint-Benoît-du-Sault	Berry.	75	dimanche.	lundi.	4	Touloufe.
8	Saint-Bonnet-de-Joux	Bourgogne.	95	lundi, mer. ven.	lun. famedi-jeu.	4-5	Dijon.
4	Saint-Brice.......	Isle de Fra.	5	* tous les jours	tous les jours.	2	Pontoise.
10	Saint-Brieux........	Bretagne	108	* lun. mer. fam.	mar. vend. dim.	4	Rennes.
6	Saint-Bris........	Bourgogne.	60	lundi, mer. ven.	lundi, jeu. fam.	2	Dijon.
8	Saint-Céré........	Quercy.	130	dimanche.	lundi.	7	Touloufe.
9	Saint-Chamont.....	Lyonnois.	133	l. mar. mer. j. v f.	l. mar. j. v. f. d.	5	Lyon.
10	Saint-Chinian......	Languedoc.	209	mardi, jeu fam.	mardi, jeu. dim.	8	Lyon.
10	Saint-Cibardeaux,...	Angoumois.	119	* mardi, fam.	mercredi, fam.	5	Bordeaux.
10	Saint-Clar.......	B. Armagn.	160	* mardi, famedi.	mercredi, fam.	8	Bordeaux.
8	Saint-Claud.......	Angoumois.	120	* mardi, famedi.	mercredi-fam.	6	Bordeaux.
8	Saint-Claude......	Fr.-Comté.	120	lundi, mer. ven.	lun. famedi-jeu.	7-8	Dijon.
6	Saint-Cofme-Levert.	Maine.	42	mercredi, fam.	mardi, vendr.	3	Nantes.
4	Saint-Denys........	Isle de Fra.	2	tous les jours.	tous les jours.	1	Pontoise.
8	Saint-Dié........	Lorraine.	100	* lun. jeu. fam.	mardi, jeu. dim.	4	Strasbourg.
7	Saint-Dié-fur-Loire..	Orléanois.	41	* tous les jours.	tous les jours.	3	Orléans.
7	Saint-Diziers......	Champagne	55	* lun. jeu. fam.	mardi, jeu. dim.	3	Strasbourg.
10	Saint-Efprit........	Languedoc.	161	l. mar. mer. j. v. f.	l. mar. j. v. f. d.	6	Lyon.
9	Saint-Etienne......	Forez.	110	l. mar. mer. j. v. f.	l. mar. j. v. f. d.	5	Lyon.
6	Saint-Fargeau......	Gâtinois.	48	mardi, jeu fam.	mar. vend. dim.	3	Lyon.
8	S.-Florent-le-Vieux.	Anjou.	77	mercredi, fam.	mardi, vendr.	4	Nantes.
6	Saint-Florentin.....	Champagne	44	lundi, mer. ven	lundi, jeu. fam.	3	Dijon.
8	Saint-Flours........	Auvergne.	128	mardi, famedi.	mardi, vendr.	6	Lyon.
10	Sainte-Foy........	Agénois.	135	* mardi, famedi.	mercredi, fam.	7	Bordeaux.
8	Saint-Fulgent......	Poitou.	101	mercredi, dim.	mardi, vendr.	5	Nantes.
15	Saint-Gall........	Suisse.	136	lundi, mer. ven.	lundi, jeu. fam.	7	Troyes.
10	Saint-Gaudens......	Comminges	182	mardi, dimanc.	lundi-famedi.	8-10	Touloufe.
10	Saint-Geniez........	Rouergue.	150	{ * mardi / dimanche.	famedi. / lundi.	10 / 8	Bordeaux. / Touloufe.
10	Saint-Genis........	Saintonge.	147	{ mercr. dim.}	vendredi. / famedi.	7 / 6	Nantes. / Bordeaux.
6	S.-George-fur-Loire .	Anjou.	63	mer. jeu. fam. d.	mardi, vendr.	4	Nantes.
8	Saint-Gerand	Bourbonois.	90	mardi, jeu. fam.	mardi, ven. dim.	3	Lyon.
4	Saint-Germain......	Isle de Fra.	4	tous les jours.	tous les jours.	1	Rouen.
10	Saint-Gilles........	Languedoc.	202	mardi, jeu. fam.	mardi, jeu. dim.	8	Lyon.
9	Saint-Gilles fur-Vie..	Poitou.	105	mercredi, fam.	mercredi, fam.	7	Bordeaux.
10	Saint-Girons........	Comminges	186	mardi, dimanc.	lundi-famedi.	8-11	Touloufe.
8	Saint-Hermand	Poitou.	120	mercredi, dim.	mardi, vendr.	5	Nantes.
8	S.-Hilaire du Harcouet	Normandie.	73	mercredi, fam.	mercredi, fam.	4	Rouen.
10	Saint-Hypolite......	Languedoc	176	mardi, jeu. fam.	mardi, jeu. dim.	7	Lyon.
4	Saint-Hubert........	Isle de Fra.	10	tous les jours.	tous les jours.	2	Chartres.
8	Sainte-James........	Normandie.	77	mercredi, fam.	mercredi, fam.	4	Rouen.
10	Saint-Jean-d'Angély.	Saintonge.	155	{ * mardi, fam, / mercr. dim.	mercredi-fam. / mardi-vendredi	7-5 / 8-7	Bordeaux. / Nantes.
10	Saint-Jean-du-Bruel..	Rouergue.	172	mardi, jeu. fam.	mardi, dimanc.	9	Lyon.
10	S. Jean de Gardoneng	Languedoc.	178	mardi, jeu. fam.	mardi, jeu. dim.	8	Lyon.
8	Saint-Jean-de-Lofne.	Bourgogne.	78	lundi, mer. ven.	lundi, jeu. fam.	3	Dijon.
10	Saint-Jean-de-Lutz.	Bifcaye.	213	* mardi, famedi.	mercredi-fam.	9-8	Bordeaux
9	Saint-Jean-le-Vieux..	Bugey.	132	{ lundi. / mar. jeu. fam.	jeudi. / mar. vend. dim.	7 / 7	Dijon. / Lyon.
8	Saint-Junien........	Poitou.	95	* mardi.	famedi.	5	Bordeaux.
4	Saint-Just........	Picardie.	19	* tous les jours.	tous les jours.	2	Amiens.
10	Saint-Laurent......	Médoc.	170	* mardi, famedi.	mercredi, fam.	6	Bordeaux.
7	S.-Laurent-des-Eaux.	Orléanois.	37	tous les jours.	tous les jours.	3	Orléans

DÉPART ET ARRIVÉE DES COURRIERS.

Taxes	Noms des Bureaux.	Provinces.	Distance de Paris.	Jours du Départ.	Jours de l'Arrivée.	Jours en route.	Courriers qui les portent.
8	Saint-Léonard	Limosin.	97	* mardi.	famedi.	5	Bordeaux.
10	Saint-Lis	Languedoc.	172	mardi , dimanc.	lundi-famedi.	7-9	Toulouse.
10	Sainte-Lievrade	Agénois.	198	*mardi,famedi.	mercredi , fam.	7	Bordeaux.
8	Saint-Lo	Normandie.	68	lundi, mer.fam.	mer. vend. dim.	4	Rouen.
10	Saint-Macaire	Guyenne.	169	*mardi,famedi.	mercredi . fam.	6	Bordeaux.
8	Saint-Maixent	Poitou.	102	*mardi,famedi.	mercredi , fam.	4	Bordeaux.
8	Saint-Malo	Bretagne.	89	{ * lun. mer. f.	mar. vend. dim.	4	Rennes.
				{	mercredi , fam.	4	Rouen.
9	Saint-Marcellin	Dauphiné.	137	l.mar.mer.j.v.f.	l. mardi. j. v. f. d.	7-6	Lyon.
8	Ste-Marie-aux-Mines.	Lorraine.	105	*lundi,jeu.fam.	mardi, jeu.dim.	5	Strasbourg.
10	Saint-Martin	Isle de Ré.	125	{ *mardi , fam.	mercredi , fam.	6	Bordeaux.
				{ mercr. dim.	mardi , vendr.	6	Nantes.
8	S.-Martin-d'Estreaux.	Forez.	9	mardi, jeu.fam.	mar. vend. dim.	3	Lyon.
8	S.-Martin-de-Valmer.	Auvergne.	117	mardi.	dimanche.	7	Lyon.
10	Saint-Martory	Comminges	178	mardi, dimanc.	lundi , famedi.	10	Toulouse.
8	Sainte-Maure.......	Touraine.	70	* mardi ,famedi.	mercredi , fam.	3	Bordeaux.
6	Saint-Maurice	Perche.	29	* lun. mer. fam.	mar. vend. dim.	2	Rennes.
10	Saint-Maximin	Provence.	198	l.mar.mer.j.v.f.	l. mar. j. v. f. d.	8	Lyon.
7	Sainte-Menehould...	Champagne	51	* mar. ven. dim.	lundi, mer.fam.	3	Strasbourg.
8	Saint-Mihel	Lorraine.	66	*lundi,jeu.fam.	mardi, jeu.dim.	4	Strasbourg.
10	S.Nicolas-de-la-Grave	Armagnac.	118	* mardi, famedi	mercredi , fam.	7	Bordeaux.
8	S. Nicolas-du-Port..	Lorraine.	85	* lun. jeu. fam.	mardi, jeu.dim.	4	Strasbourg.
8	S.-Omer..........	Artois.	59	*tous les jours.	tous les jours.	3	Amiens.
7	Saint-Paul.........	Artois.	46	* lun.mer.jeu f.	lun. mer. jeu f.	3	Amiens.
10	Saint-Paul-les-Vences	Provence.	103	mardi , fam.	mardi, jeu.dim.	11	Lyon.
9	Saint-Père-en-Retz...	Bretagne.	98	mercredi , fam.	mardi, vendredi	6	Nantes.
10	Saint-Peray........	Vivarais.	141	mardi,jeu.fam.	jeu. dim. 2 dép.	6	Lyon.
7	S -Pierre-le-Moutier	Nivernois.	72	mardi, jeu.fam.	mar. vend. dim.	7	Lyon.
10	Saint-Pol-de-Léon...	Bretagne.	129	* lun. mer. fam.	mar. vend. dim.	5	Rennes.
10	Saint-Pons.........	Languedoc.	210	mardi, jeu.fam.	mardi, jeu.dim.	8	Lyon.
10	Saint-Porchaire.....	Saintonge.	132	{ mercr. dim.	mardi, vendredi	7	Nantes.
				{	famedi.	6	Bordeaux.
8	Saint-Pourçain......	Bourbonois.	87	mardi, jeu.fam.	mar. vend. dim.	4	Lyon.
10	Saint-Privat	Périgord.	116	{ * mardi.	mercredi , fam.	8	Bordeaux.
				{ dimanche.	....	6	Toulouse.
6	Saint-Quentin.......	Picardie.	35	* tous les jours.	tous les jours.	2	S. Quentin.
9	Saint-Rambert......	Bugey.	123	mardi, jeu.fam.	mar. vend. dim.	5	Lyon.
7	Sainte-Reine........	Bourgogne.	64	lundi, mer. ven.	lundi , jeu. fam.	3	Dijon.
10	Saint-Remy	Provence.	173	l.mar.mer.j.v.f.	l. mar. j. v. f. d.	7	Lyon.
6	Saint-Romain.......	Caux.	48	tous les jours.	tous les jours.	3	Rouen.
6	Saint-Saen.........	Normandie.	28	tous les jours.	tous les jours.	3	Rouen.
8	Saint-Savin........	Poitou.	90	* mardi.	mercredi	5	Bordeaux.
10	Saint-Savinien	Saintonge.	120	mercredi , dim.	mardi-vendredi.	8-7	Nantes.
7	Saint-Seine........	Bourgogne.	66	lundi , vendredi	jeudi-famedi.	6-5	Dijon.
10	Saint-Sernin.......	Rouergue.	160	mardi, dimanc.	lundi-famedi.	10-11	Toulouse.
10	Saint-Sever........	Gafcogne.	196	* mardi , fam.	mercredi fam.	9-10	Bordeaux.
8	Saint-Simphorien ...	Beaujolois.	109	mardi, jeu.fam.	mar. vend. dim.	4	Lyon.
9	S.Simphorien d'Ozon	Dauphiné.	116	l.mar.mer.j.v.f.	l. mar. j. v. f. d.	5	Lyon.
10	Saint-Tropez.......	Provence.	214	mardi, jeu.fam.	mardi, jeu.dim.	8	Lyon.
7	Saint-Vallery.......	Caux.	66	lundi, mer.fam.	mer. vend. dim.	3	Rouen.
6	S.Vallery fur Somme	Picardie.	38	* tous les jours.	tous les jours.	2	Amiens.
9	Saint-Vallier.......	Dauphiné.	131	l.mar.mer.j.v.f.	l. mar. j. v.f. d.	5	Lyon.
8	Saint-Venant	Artois.	52	* tous les jours.	tous les jours.	3	Amiens.
10	Saint-Yrier	Limosin.	100	{ * mardi.	mercredi , fam.	8	Bordeaux.
				{ dimanche.	....	8	Toulouse.
10	Saintes............	Saintonge.	124	{ * mardi, fam.	mercredi-fam.	6-5	Bordeaux.
				{ mercr. dim.	mardi, vendr.	6	Nantes.
7	Salbries	Blaifois.	43	mardi, dimanc.	lundi , famedi.	3	Toulouse.
8	Salins	Fr.-Comté.	101	lundi, mer. ven.	lun. famedi-jeu.	4-5	Dijon.
10	Salon	Provence.	184	l.mar.mer.j.v.f.	l. mar. j. v. f. d.	8	Lyon.
24	SALTZBOURG	H. Allemag.	175	l. mar. j. v. f. d.	l.mar.mer.j.f.d.	10	Strasbourg.
10	Samatan	Comminges	175	mardi, dimanc.	lundi-famedi.	8-10	Toulouse.
8	Samer	Picardie.	56	* tous les jours.	tous les jours.	3	Amiens.
7	Sancerre...........	Berry.	52	mardi, jeu.fam.	mar. vend. dim.	3	Lyon.
6	Sancoins	Berry.	72	mardi , famedi.	mardi, vendr.	3	Lyon.

DÉPART ET ARRIVÉE DES COURRIÈRS.

Taxes.	Noms des Bureaux.	Provinces.	Distance de Paris.	Jours du Départ.	Jours de l'Arrivée.	Jours en route.	Courriers qui les portent.
4	Sannois	Isle de Fra.	4	tous les jours.	tous les jours.	1	Pontoife.
8	Sarbourg	Lorraine.	115.	*l. mar. j. v. f. d.	l. mar. mer. j. f. d.	4	Strasbourg.
20	SARDAIGNE	Royaume.		mardi , famedi.	mardi , vendr.		Lyon.
8	Sarguemines	Lorraine.	93	*mar. ven. dim.	lundi , jeu. fam.	5	Strasbourg.
10	Sarlat	Périgord.	124	{ *mardi.		7	Bordeaux.
				{ dimanche.	lundi.	6	Toulouse.
8	Ser-Louis	Lorraine.	89	*mar. ven. dim.	lundi , jeu. fam.	4	Strasbourg.
8	Savenay	Bretagne.	96	mercredi , fam.	vendredi , dim.	6	Rennes.
10	Saverdun	Pays de Foix	177	mardi , dimanc.	lundi-famedi.	8-10	Toulouse.
10	Saverne	Alface.	106	*l. mar. j. v. f. d.	l. mar. mer. j. f. d.	4	Strasbourg.
10	Saujon	Saintonge.	136	* mardi , famedi	mercredi , fam.	7	Bordeaux.
7	Saulieu	Bourgogne.	65	* lun. mer. ven.	lundi , jeu. fam.	3	Dijon.
8	Saumur	Anjou.	68	jeudi, dimanche	mardi , famedi.	4	Orléans.
20	SAVOIE	Duché.		mardi , famedi.	mardi , vendr.		Lyon.
10	Suuves	Languedoc.	200	mardi, jeu. fam.	mar. jeudi-dim.	7-8	Lyon.
8	Sauzé	Poitou.	78	mardi , famedi.	mercredi , fam.	4	Bordeaux.
24	Saxe	Electorat.		lun. mar. jeu. v.	lun. mer. jeu. d.		Reims.
15	Schaffhoufe	Suisse.	120	lundi, mer. ven.	lundi , jeu. fam.	6	Troyes.
10	Schelestat	Alface.	114	lundi, mer. ven.	lundi , jeu. fam.	5	Troyes.
6	Schwitz	Suisse.	125	*lun. mer. ven.	lundi , jeu. fam.	6	Troyes.
7	Sedan	Champagne	61	* tous les jours.	tous les jours.	3	Reims.
6	Sées	Normandie.	46	{ *lun. mer. fa.	mardi , ven. dim.	3	Rennes.
				{	mercredi , fam.	3	Rouen.
8	Selongey	Bourgogne.	76	lundi, mer. ven.	lundi , jeu. fam.	5	Dijon.
7	Semur	Bourgogne.	74	lundi, mer. ven.	lundi , jeu. fam.	3	Dijon.
10	Senez	Provence.	200	mardi, jeu. fam.	mardi, jeu. dim.	10	Lyon.
4	Senlis	Picardie.	10	*tous les jours.	tous les jours.	2	S. Quentin.
8	Sennecey	Bourgogne.	97	lundi, mer. ven.	lundi , jeu. fam.	4	Dijon.
6	Sens	Champagne	30	{ lun. mer. ven.	lundi , jeu. fam.	2	Dijon.
				{ mar. jeu. fa.	mer. vend. dim.	2	Troyes.
10	Serre	Dauphiné.	202	mardi.	mardi.	10	Lyon.
4	Sèvre	Isle de Fra.	2	tous les jours.	tous les jours.	2	Chartres.
20	Séville	Efpagne.	338	mardi , famedi.	mercredi , fam.	18	Bordeaux.
8	Seurre	Bourgogne.	82	lundi, mer. ven.	lun. jeu. famedi.	4-5	Dijon.
10	Seyne	Provence.	209	mardi, jeu. fam.	mardi , jeu. dim.	10	Lyon.
9	Seyssel	Bugey.	134	mardi , famedi.	jeudi, dimanche	5	Lyon.
6	Sézanne	Brie.	28	*lun. mer. fam.	mardi , jeu. dim.	2	Troyes.
22	SICILE	Italie.		mardi.	jeudi.		Lyon.
22	SIENNE	Italie.	300	mardi.	jeudi.	17	Lyon.
10	Sierentz	Alface.	113	*lun. mer. ven.	lun. famedi-jeu.	6-7	Troyes.
24	SILÉSIE AUTRICH...	H. Allemag.		l. mar. j. v. f. d.	l. mar. mer. j. f. d.		Strasbourg.
24	Siléfie Pruffienne....	B. Allemag.		lun. mer. ven. f.	lun. mer. jeu. d.		Reims.
7	Sillé-le-Guillaume...	Maine.	46	mercredi , fam.	mardi, vendredi	3	Rennes.
6	Sillery	Champagne	42	*lun. jeu. fam.	mardi, jeu. dim.	3	Reims.
10	Sistéron	Provence.	190	mardi , famedi.	mardi, jeu. dim.	9	Lyon.
6	Soissons	Picardie.	25	*tous les jours.	tous les jours.	2	Reims.
8	Solre le-Château....	Hainaut.	50	* mar. jeu. fam.	mer. vend. dim.	3	S. Quentin.
15	Soleure	Suisse.	127	*lun. mer. ven.	lundi , jeu. fam.	6	Troyes.
7	Sombernon	Bourgogne.	71	lundi, mer. ven.	lundi , jeu. fam.	3	Dijon.
10	Sommiere	Languedoc.	184	mardi, jeu. fam.	mardi, jeu. dim.	7	Lyon.
24	SOUABE	H. Allemag.		l. mar. j. v. f. d.	l. mar. mer. j. f. d.		Strasbourg.
10	Soubife	Saintonge.	133	{ * famedi.	famedi.	5	Bordeaux.
				{ mercr. dim.	mardi, vendr.	6	Nantes.
8	Souillac	Quercy.	126	dimanche.	lundi.	5	Toulouse.
8	Sourdeval	Normandie	71	mercredi , fam.	mercredi , fam.	3	Rouen.
8	Souvigny	Bourbonois.	84	mardi , famedi.	mardi, vendr.	4	Lyon.
25	Spa	B. Allemag.	86	tous les jours.	tous les jours.	9	Reims.
24	SPIRE	H. Allemag.	130	l. mar. j. v. f. d.	l. mar. mer. j. f. d.	8	Strasbourg.
7	Spincourt	Barrois.	65	*mar. ven. dim.	lundi, mer. fam.	3	Strasbourg.
8	Stenay	Pays-Messin	65	*lun. mer. fam.	mer. vend. dim.	3	Reims.
24	Stétin	B. Allemag.	145	lun. mar. ven. f.	lun. mer jeu. d.	10	Reims.
24	STIRIE (la)	H. Allemag.		l. mar. j. v. f. d.	l. mar. mer. j. f. d.		Strasbourg.
24	Stockholm	Suède.	340	lundi, vendredi.	lundi, vendredi.	18	Reims.
24	Stralfund	B. Allemag.		lundi, vendredi.	lundi, vendredi.		Reims.
10	Strasbourg	Alface.	112	*l. mar. j. v. f. d.	l. mar. mer. j. f. d.	4	Strasbourg.

DÉPART ET ARRIVÉE DES COURRIERS.

Heures	Noms des Bureaux.	Provinces.	Distance de Paris.	Jours du Départ.	Jours de l'Arrivée.	Jours en route.	Courriers qui les portent.
24	*Suède*	Royaume.		lundi, vendredi.	lundi, vendredi.		Reims.
15	Suisse (13 Cantons).			lundi, mer. ven.	lundi, jeu. fam.	6	Dijon et Troyes
10	Sumène	Languedoc.	175	mardi, jeu. fam.	mardi, jeu. dim.	8	Lyon.
4	Surenne	Isle de Fra.	3	tous les jours.	tous les jours.	1	Rouen.
7	Suzainecourt	Champagne	53	* lun. mer. ven.	lundi, jeu. fam.	3	Troyes.
10	Taillebourg	Saintonge.	122	mercredi, dim.	mardi-vendredi.	8-7	Nantes.
9	Tain	Dauphiné.	134	l. mar. mer. j. v. f.	l. mar. j. v. f. d.	5	Lyon.
7	Tannay	Nivernois.	56	lundi, mer. ven.	lundi, jeu. fam.	4	Dijon.
10	Tarascon	Foix.	181	mardi, dimanc.	lundi-samedi	8-10	Toulouse.
10	Tarascon	Provence.	177	l. mar. mer. j. v. f.	l. mar. j. v. f. d.	7	Lyon.
8	Tarare	Lyonnois.	113	mardi, jeu. fam.	mar. vend. dim.	4	Lyon.
10	Tarbes	Gascogne.	188	* mardi, samedi.	mercredi-sam.	10-9	Bordeaux.
10	Tartas	Gascogne.	198	* mardi, samedi.	mercredi-sam.	9-8	Bordeaux.
8	Tauves	Auvergne.	110	mardi.	dimanche.	5	Lyon.
10	Terrasson	Périgord.	118	dimanche.	mercredi, fam.	5	Toulouse.
12	*Termonde*	Pays-Bas.	75	tous les jours.	tous les jours.	4	S. Quentin.
10	Thann	Alsace.	100	* lun. mer. ven.	lundi, jeu. fam.	5	Troyes.
8	Thiers	Auvergne.	110	mardi, samedi.	mardi, vendr.	5	Lyon.
3	Thionville	Lorraine.	82	* lun. jeu. fam.	mardi, jeu. fam.	4	Strasbourg.
10	Thiviers	Périgord.	106	* mardi, dimanche.	mercredi, fam.	6 / 6	Bordeaux. Toulouse.
8	Thoissey	Dombes.	112	lundi, mer. ven.	lun. samedi-jeu.	4-5	Dijon.
8	Thouars	Poitou.	90	jeudi, dimanche	mardi, famedi.	5	Orléans.
24	Thuringe	B. Allemag.		lun. mar. jeu. v.	lun. mer. jeu. d.		Strasbourg.
8	Tiffauge	Poitou.	84	* mardi, famedi	mercredi, fam.	5	Bordeaux.
4	Tillières	Normandie.	22	* lun. mer. fam.	mar. vend. dim.	2	Rennes.
7	Tilly d'Orceau ...	Normandie.	56	lundi, mer. fam.	mer. vend. dim.	3	Rouen.
24	Tirol (*Comté*)	H. Allemag.		l. mar. j. v. f. d.	l. mar. mer. j. f. d.		Strasbourg.
20	*Tolède*	Espagne.	296	mardi, famedi.	mercredi, fam.	15	Bordeaux.
12	*Tongres*	Pays-Bas.	74	lun. mar. jeu. v.	lun. mer. jeu. d.	6	S. Quentin.
10	Tonnai-Boutone ...	Saintonge.	127	mercr. dim.	......	7 / 6	Nantes. Bordeaux.
10	Tonneins	Agénois.	174	* mardi, famedi	mercredi, fam.	6	Bordeaux.
7	Tonnerre	Champagne	40	lundi, mer. ven.	lundi, jeu. fam.	3	Dijon.
22	Toscane	Italie.		mardi.	jeudi.	12	Lyon.
6	Tostes	Normandie.	46	tous les jours.	tous les jours.	3	Rouen.
8	Toul	Lorraine.	74	* lundi, jeu. fam.	mardi, jeu. dim.	3	Strasbourg.
10	Toulon	Provence.	208	l. mar. mer. j. v. f.	l. mar. j. v. f. d.	8	Lyon.
8	Toulon-sur-Aroux ..	Bourgogne.	98	mercr. vendr.	lundi-samedi	5-6	Dijon.
10	Toulouse	Languedoc.	169	mardi, dim. jeudi.	lundi. mercredi, fam.	6 / 7 / 7	Toulouse. Bordeaux. Lyon.
7	Touques	Normandie.	54	mercredi, dim.	jeudi, dimanch.	3	Rouen.
4	Tournans	Brie.	7	* lun. mer. fam.	lundi, mer. ven.	2	Troyes.
12	Tournay	Pays-Bas.	60	tous les jours.	tous les jours.	3	Amiens.
9	Tournon	Vivarais.	115	l. mar. mer. j. v. f.	l. mar. j. v. f. d.	5	Lyon.
8	Tournus	Bourgogne.	98	lundi, mer. ven.	lundi, jeu. fam.	4	Dijon.
8	Tours	Touraine.	69	tous les jours.	tous les jours.	3	Orléans.
6	Toury	Orléanois.	20	tous les jours.	tous les jours.	2	Orléans.
24	Transilvanie	H. Allemag.		l. mar. j. v. f. d.	l. mar. mer. j. f. d.	13	Strasbourg.
4	Trappe	Beauce.	6	tous les jours.	tous les jours.	2	Chartres.
10	Tréguier	Bretagne.	120	* lun. mer. fam.	mar. vend. dim.	5	Rennes.
24	Trente	H. Allemag.		l. mar. j. v. f. d.	l. mar. mer. j. f. d.	13	Strasbourg.
24	*Trèves*	B. Allemag.	74	lun. mar. jeu. v.	lun. mer. jeu. fd.	4	Reims.
8	Trévoux	Dombes.	166	lundi, mer. ven.	lundi, jeu. fam.	4	Dijon.
10	Trie	Armagnac.	193	mardi, dimanc.	lundi, famedi.	8	Toulouse.
7	Triel	Normandie.	8	tous les jours.	tous les jours.	2	Rouen.
24	Trieste	H. Allemag.	200	l. mar. j. v. f. d.	l. mar. mer. j. f. d.	13	Strasbourg.
7	Trouard	Normandie.	48	tous les jours.	tous les jours.	3	Rouen.
24	Troppau	H. Allemag.	225	l. mar. j. v. f. d.	l. mar. mer. j. f. d.		Strasbourg.
6	Troyes	Champagne	38	* tous les jours.	tous les jours.	2	Troyes.
8	Tulles	Limosin.	120	dimanche. mardi.	lundi. dimanche.	5 / 7	Toulouse. Lyon.
9	Tullins	Dauphiné.	134	l. mar. mer. j. v. f.	l. mar. j. v. f. d.	5	Lyon.

Taxe.	Noms des Bureaux.	Provinces.	Distance de Paris	Jours du Départ.	Jours de l'Arrivée.	Jours en route	Courriers qui les portent.
8	Turcoin.............	Flandres.	57	* tous les jours.	tous les jours.	3	Amiens.
20	TURIN.............	Sardaigne.	169	mardi , famedi.	mardi, vendredi	7	Lyon.
20	TURQUIE.........			mardi , jeu.fam.	mardi , jeu.dim.		Lyon.
10	Vabres	Rouergue.	158	mardi , dimanc.	lundi , famedi.	8	Touloufe.
15	VALAIS	Suisse.		lundi , mer. ven.	lundi , jeu. fam.		Dijon.
7	Valancey	Berry.	60	lundi , mer.fam.	lundi , jeu.fam.	4	Orléans.
10	Valence............	Dauphiné.	138	l.mar.mer.j.v.f.	l. mar. j. v. f. d.	5	Lyon.
10	Valence d'Agen.....	Agénois.	198	* mardi , fam.	mercredi , fam.	7	Bordeaux.
20	Valence..........	Espagne.	225	mardi , famedi.	mercredi , fam.	13	Bordeaux.
8	Valenciennes........	Hainault.	51	* tous les jours.	tous les jours.	3	S. Quentin.
6	Vallemont..........	Normandie.	42	tous les jours.	tous les jours.	3	Rouen.
8	Valognes...........	Normandie.	76	lundi, mer.fam.	mer. vend. dim.	4	Rouen.
7	Vandeuvres........	Champagne	45	* lun. mer. ven.	lundi , jeu. fam.	2	Troyes.
10	Vannes	Bretagne.	106	* lun. mer. fam.	mar. vend. dim.	4	Rennes.
8	Varade............	Bretagne.	77	mercredi , fam.	mardi , vendredi	4	Nantes.
8	Varennes..........	Argonne.	55	* mar. ven. dim.	lundi , mer.fam.	3	Strasbourg.
8	Varennes-fur-Allier.	Bourbonois.	86	mardi , jeu. fam.	mar. vend. dim.	3	Lyon.
24	Varsovie..........	Pologne.	356	lundi , vendredi.	lundi, vendredi.	18	Reims.
7	Vassy..............	Champagne	55	* lun. jeu. fam.	mardi , jeu.dim	3	Strasbourg.
7	Vatan.............	Berry.	56	mardi , dimanc.	lundi , famedi.	3	Touloufe.
7	Vaucouleurs........	Lorraine.	69	* lun. jeu. fam.	mardi, jeu.dim.	3	Strasbourg.
15	VAUX (Pays de).....	Suisse.		lundi , mer. ven.	lundi , jeu. fam.		Dijon.
10	Vauréas...........	Comtat Vén	160	mardi, jeu.fam.	mardi, jeu.dim.	7	Lyon.
6	Vendôme...........	Beauce.	39	mardi, jeu.dim.	mardi, jeu.fam.	3	Chartres.
22	VENISE...........	Italie.	265	mardi.	jeudi.	15	Lyon.
4	Verberie..........	Picardie.	15	* tous les jours.	tous les jours.	2	S. Quentin
8	Verdun-fur-le-Doux.	Bourgogne.	88	lundi, mer. ven.	lun.famedi-jeu.	5-6	Dijon.
7	Verdun-fur-la-Meufe	Lorraine.	61	* mar.ven. dim.	lundi , mer.fam.	3	Strasbourg.
6	Vermanton.........	Bourgogne.	45	lundi, mer. ven.	lundi , jeu. fam.	3	Dijon.
6	Verneuil...........	Perche.	25	* lun. mer. fam.	mar. vend. dim'	2	Rennes.
4	Vernon............	Normandie.	20	tous les jours.	tous. les jours.	2	Rouen.
10	Vernoux...........	Vivarais.	142	mardi, jeu.fam.	jeudi,dim. 2 dép.	7	Lyon.
4	Versailles.........	Isle de Fra.	4	tous les jours. }	tous les jours.	2	Versailles.
	Pendant les voyages du Roi à Compiègne & Fontainebleau. }			{ 10 h. foir. } { à 2 h. du f. }	tous les jours.	1	Chartres.
15	Verfoix............	Pays de Gex.	142	} lundi. } mar. jeu.fam.	jeudi. mar. vend. dim.	6 5	Dijon. Lyon.
6	Vertus.............	Champagne	38	* lun. jeu. fam.	lundi , mer.fam.	3	Strasbourg.
6	Vervins...........	Thiérache.	42	* mer.ven. dim.	lundi, mer. ven.	3	Reims.
24	VETTÉRAVIE.....	H. Allemag		l. mar. j. v. f. d.	l.mar.mer.j.f.d.		Strasbourg.
7	Vézelay..........	Nivernois.	63	lundi, mer.ven.	lun. famedi-jeu.	4-5	Dijon.
8	Vézoul............	Fr.-Comté.	85	* lun. mer. ven.	lundi , jeu. fam.	3	Troyes.
10	Vic-Féfenfac......	Armagnac	177	mardi , dimanc.	lundi-famedi.	9-11	Touloufe.
9	Vienne...........	Dauphiné.	119	l.mar.mer.j.v.f.	l. mar. j. v. f. d.	5	Lyon.
24	Vienne...........	Autriche.	256	l. mar. j. v. f. d.	l.mar.mer.j.f.d.	14	Strasbourg.
7	Vierzon...........	Berry.	50	mardi , dimanc.	lundi , famedi.	3	Touloufe.
7	Vignory...........	Champagne	62	* lundi , vendr.	jeudi , famedi.	4	Troyes.
8	Villedieu..........	Normandie.	70	mercredi , fam.	mercredi , fam.	4	Rouen.
10	Villefort..........	Languedoc.	176	mardi, jeu.fam.	mardi,jeu. d.m.	8	Lyon.
8	Villefranche	Beaujolois.	112	lundi, mer. ven.	lundi , jeu. fam.	4	Dijon.
10	Villefranche	Lauraguais.	173	l.mar.mer.j.v.f.	l. mar. j. v. f. d.	9	Lyon.
10	Villefranche	Rouergue.	152	{ * mardi, } { dimanche. }	lundi. lundi-famedi.	8 6-8	Bordeaux. Touloufe.
12	Villefranche	Rouffillon.	129	mardi, jeu.fam.	mardi, jeu.dim.	11-10	Lyon.
20	VILLEFRANCHE.....	Savoie.	176	mardi , famedi.	mardi, vendredi	10	Lyon.
4	Villejuif...........	Isle de Fra.	2	{ mar.jeu.fam. } { .... }	mardi,ven.dim. jeudi.	1 1	Lyon. Dijon.
4	Villemenoux........	Brie.	9	* tous les jours.	tous les jours.	2	Troyes.
6	Villenaux..........	Champagne	30	* lun. mer. fam.	mardi,jeu.dim.	2	Troyes.
10	Villeneuve...........	Agénois.	190	* mardi,famedi.	mercredi , fam.	7	Bordeaux.
4	Villeneuve.........	Isle de Fra.	8	* tous les jours.	tous les jours.	2	S. Quentin.
10	Villeneuve-d'Avignon.	Comtat.	173	l.mar.mer.j.v.f.	l. mar. j. v. f. d.	7	Lyon.
10	Villeneuve-de-Berg..	Vivarais.	155	mardi, jeu.fam.	mardi, jeu.dim.	7	Lyon.

d

DÉPART ET ARRIVÉE DES COURRIERS.

Taxes.	Noms des Bureaux.	Provinces.	Distance de Paris.	Jours du Départ.	Jours de l'Arrivée.	Jours en route.	Courriers qui les portent.
6	Villeneuve-la-Guyard	Champagne	24	lundi, mer. ven.	lundi, jeu. sam.	2	Dijon.
6	Villeneuve-l'Archev.	Champagne	32	lundi, mer. ven.	lundi, jeu. sam.	2	Dijon.
6	Villeneuve-le-Roi	Champagne	33	lundi, mer. ven.	lundi, jeu. sam.	2	Dijon.
4	Villeneuve-S.George.	Isle de Fra.	4	tous les jours.	tous les jours.	2	Choisy leR.
4	Villeparisis	Isle de Fra.	6	tous les jours.	tous les jours.	2	Reims.
7	Villequier	Berry.	67	samedi.	vendredi.	5	Lyon.
8	Villers-Boccage	Normandie.	57	mercredi, sam.	mercredi, sam.	3	Rouen.
4	Villers-Cotterets	Picardie.	15	* tous les jours.	tous les jours.	2	Reims.
6	Villevallier	Champagne	36	lundi, mer. ven.	lundi, jeu. sam.	2	Dijon.
8	Vimoutier	Normandie.	42	lundi, mer. ven.	lundi, jeu. sam.	3	Rouen
4	Vincennes	Isle de Fra.	2	* tous les jours.	tous les jours.	2	Troyes
8	Vire	Normandie.	66	mercredi, sam.	mercredi, sam.	3	Rouen.
9	Virieux	Dauphiné.	230	mardi, jeu.sam.	mardi,ven.dim.	4	Lyon.
7	Viteaux	Bourgogne.	65	lundi, mer.ven.	lundi, jeu. sam.	5	Dijon.
8	Vitré	Bretagne.	74	* lun. mer. sam.	mardi,ven.dim.	3	Rennes.
7	Vitry-le-François	Champagne	49	* lun. jeu. sam.	mardi, jeu.dmi.	3	Strasbourg
4	Vitry-sur-Seine	Isle de Fra.	2	tous les jours.	tous les jours.	2	Choisy leR.
10	Viviers	Vivarais.	150	mardi, jeu.sam.	mardi, jeu.dim.	7	Lyon.
8	Vivonne	Poitou.	95	* mardi,samedi.	mercredi, sam.	4	Bordeaux.
7	Void	Lorraine.	67	* lun. jeu. sam.	mardi, jeu.dim.	3	Strasbourg.
9	Voiron	Dauphiné.	138	l.mar,mer.j.v.f.	l. mar. j. v. f.d.	5	Lyon.
7	Vouzières	Champagne	49	* lun. mer. sam.	mer. vend. dim.	3	Reims.
24	ULM	H. Allemag.	164	l. mar. j. v. f. d.	l.mar.mer.j.f.d.	7	Strasbourg.
15	Underwald	Suisse.	132	* lun. mer. ven.	lundi, jeu. sam.	7	Troyes.
15	Urick	Suisse.	120	* lun. mer. ven.	lundi, jeu. sam.	6	Troyes.
8	Ussel	Limosin.	108	mardi.	dimanche.	7	Toulouse.
20	*Utrecht*	Hollande.	106	lundi, vendredi.	lundi, vendredi.	6	Amiens.
10	Uzès.	Languedoc.	172	l.mar.mer.j.v.f.	l' mar. j. v. f. d.	7	Lyon.
8	Uzerches.	Limosin.	109	dimanche	lundi.	4	Toulouse.
12	*Warneton*	Pays-Bas.	59	tous les jours.	tous les jours.	3	Amiens.
24	*Weimar*	B. Allemag.	164	lun. mar. ven. f.	lun. mer. jeu. d.	8	Reims.
10	Weissembourg	Alsace.	105	* mar. jeu. dim.	mardi, jeu. sam.	5	Strasbourg.
24	*Westphalie*	B. Allemag.		lun. mar. ven. f.	lun. mer. jeu. d.		Reims.
24	*WETZLAR*	H. Allemag	122	l. mar. j. v. f. d.	l.mar.mer.j.f.d.	8	Strasbourg.
24	*WIRTEMBERG*	H. Allemag.	200	l. mar. j. v. f. d.	l.mar.mer.j.f.d.	12	Strasbourg.
24	*WORMS*	H. Allemag.	128	l. mar. j. v. f. d.	l.mar.mer.j.f.d.	8	Strasbourg.
8	*Wormshout*	Flandres.	66	* tous les jours.	tous les jours.	3	Amiens.
24	*WURTZBOURG*	H. Allemag.	170	l. mar. j. v. f. d.	l.mar.mer.j.f.d.	16	Strasbourg.
6	*Yerville*	Normandie.	36	lundi, jeudi.	tous les jours.	4	Rouen.
12	*Ypres*	Pays-Bas.	62	tous les jours.	tous les jours.	3	Amiens.
6	*Yvetot*	Normandie.	36	tous les jours.	tous les jours.	3	Rouen.
12	*Zélande*	Pays-Bas.		lundi, vendredi.	lundi, vendredi.	3	Amiens.
15	*Zug*	Suisse.	118	* lun. mer. ven.	lundi, jeu. sam.	7	Troyes.
16	*Zurich*	Suisse.	110	* lun. mer. ven.	lundi, jeu. sam.	7	Troyes.

OMISSIONS & NOUVEAUX BUREAUX établis pendant l'Impression.

Taxes	Noms	Provinces	Dist.	Départ	Arrivée	Jours	Courriers
8	La Chaise-Dieu	Auvergne.	124	mardi, samedi.	mardi, vendr.	8	Lyon.
10	Rians	Provence.	190	mardi, jeu.sam.	mardi, jeu.dim.	8	Lyon.
8	Surgères	Aunis.	112	mardi, samedi.	mercredi, sam.	5	Bordeaux.

TAXES DES ARMÉES.

Armées en-deçà du Rhin	10 f.
Armées au-delà du Rhin	12
Armées d'Angleterre, d'Écosse et d'Irlande	12
Armées dans la Flandre Françoise	8
Armées dans les Pays-Bas Autrichiens et au-delà	12
Armées de Piémont et d'Italie au-delà du Var	12 f.
Armées d'Italie et de Savoie en-deçà du Var	10
Armées ou garnisons Françoises qui pourront être à Minorque	12

OBSERVATIONS ESSENTIELLES.

1° Il est défendu de mettre de l'or et de l'argent dans les Lettres. Il y a un Bureau à l'hôtel des Postes où l'on reçoit l'argent que l'on veut envoyer dans les Provinces.

2° Il y a aussi un Bureau pour recevoir tous les paquets qui contiennent des effets de conséquence.

3° Il faut que toutes les Lettres pour les Colonies Françoises de l'Amérique et pour les Indes, soient affranchies jusqu'au port de Mer par lequel elles doivent passer ; autrement elles resteront au rebut.

4° Il est bon d'affranchir toutes les Lettres pour MM. les Majors des Régimens, les Curés, les Procureurs et autres personnes publiques, parce qu'ils les refusent, lorsque le port n'en est pas payé.

5° Les personnes qui écriront dans des Villes ou Châteaux qui ne sont pas connus, sont averties de mettre au bas des adresses de leurs Lettres le nom de la ville là plus prochaine de ces endroits.

6° Il y a plusieurs Villes qui portent le même nom ; il faut avoir grand soin de les distinguer, en mettant au bas des adresses le nom de la Province.

7° Pour les Lettres des Soldats et Gens de guerre, il faut mettre exactement le nom du Régiment et celui de la Compagnie.

8° Il faut apporter au Bureau général des Postes, rue Plâtrière, toutes les Lettres qui sont sujettes à l'affranchissement. Les autres peuvent être mises dans les Boîtes qui sont placées dans les différens quartiers de la ville.

PRIX DES CARROSSES DE PLACE à Ressorts Anglois.

COURSES DANS PARIS..... De 6 heures du matin à 11 heures précises du soir..... 1 l. 10 f.
De 11 heures du soir à 6 heures précises du matin..... 1   16

{ De 6 heures du matin à 11 heures précises du soir.
Prix par heure pour le jour. { Première heure 1   16
{ Heures suivantes 1   10

Prix par heure de nuit. Depuis 11 heures du soir jusqu'à 6 heures du matin......... 2

COURSES HORS PARIS, dont le Cocher peut exiger le paiement avant que de sortir de Paris.

Gros-Caillou........................ 2 l. f.
Hôtel Royal des Invalides........... 2
Hôtel de l'École Royale Militaire..... 2
Hôpital-Général.................... 2
Hôpital de Bicêtre................. 3
Conflans-les-Carrières............. 3
Picpus, Maisons et Pensions en dépendantes...................... 2
Chaillot et Maisons du Village indistinctement, ou à Passy jusqu'aux Eaux. 2   8
Montagne des Bons-Hommes, et tout l'intérieur de Passy jusqu'au Château de la Muette..................... 3
Hors Barrières, Maisons voisines d'icelles, augmentation de 6 fols sur le prix de la Course, ci............. 6

Paris, pourront, avant de conduire dans les endroits ci-dessus, se faire payer, suivant le prix ordinaire de Paris, le temps qu'ils auront été employés jusqu'au départ de la dernière destination dans Paris, pour lesdits endroits. Ceux qui ne garderont les voitures, pour les endroits ci-dessus désignés, qu'une demi-heure au plus, ne paieront que 1 l. 10 f. en sus du prix, pour le retour au même endroit d'où ils sont partis ; lorsqu'ils auront fait attendre plus de demi-heure, ils payeront 1 liv. 10 f. par heure, depuis le moment de l'arrivée jusqu'à celui de la descente à la destination dans Paris. Les Cochers peuvent exiger la même somme pour le retour, comme pour l'aller, lorsqu'on les prend à vide dans les endroits ci-dessus désignés ; ils seront néanmoins libres de faire un prix inférieur, tant pour aller que pour revenir.

Les Cochers qui auront fait des courses dans

PRIX DES VOITURES DES ENVIRONS DE PARIS jusqu'à 6 à 7 lieues.

Il faut aller prendre les Voitures, en observant la Barrière par laquelle on doit sortir, à l'un des quatre Bureaux établis, Porte S. Denis, Porte S. Honoré, Porte S. Antoine, et Porte S. Michel.

On paye par Carrosses ou Cabriolets qui partent à heure fixe tous les jours, depuis le 1 Avril jusqu'au 1 Novembre, et deux fois par semaine après ce temps, 16 f. par place et par lieue ; et 8 f. par les Guinguettes. En partant à volonté, on doit compléter la Voiture, ou la payer en entier ; il en coûte alors 16 f. et 10 par les Guin-

guettes. A une lieue de distance, on paye pour deux.

On peut faire prix pour se faire mener et ramener, ou bien donner des arrhes au dépôt le plus prochain de l'endroit où l'on va pour venir vous reprendre à heure indiquée. S'il n'y a qu'un demi-quart de lieue de distance de l'endroit où vous êtes, on ne paye rien ; s'il y a plus, on paye en raison de la distance de l'allée et de la revenue, au dépôt. Les Voitures de retour doivent rentrer directement à leurs Bur. sans se détourner de leur route.

PRIX DES CHAISES A PORTEURS ET DES BROUETTES.

La Courſe des Porteurs de Chaiſes, tant de jour que de nuit............ 1 l. 10 ſ.
La première heure, ſoit de jour, ſoit de nuit.......................... 1 10
Toutes les heures ſuivantes........ 1 4
La Courſe du Tireur de Chaiſes, et

la première heure................... 18 ſ.
Toutes les heures ſuivantes........ 16
La Courſe ou la première heure, depuis 11 heures du ſoir juſqu'à 6 du matin............................... 1 l.
Toutes les heures ſuivantes........ 16

Défenſes aux Porteurs & Tireurs de Chaiſes d'exiger, pour l'intérieur de Paris, autre & plus forte ſomme, à peine de punition.

POIDS DES ESPÈCES EN OR ET EN ARGENT.

POIDS DES ESPÈCES EN OR.

A 32 louis le Marc.	Marcs	Onces	Gros	Grains
1 Louis pèſe			2	
2			4	
3			6	
4		1		
5		1	2	
10		2	4	
25		6	2	
50	1	4	4	
100	3	1		

POIDS DES ESPÈCES EN ARGENT.

	Ecus de 6 livres.			Ecus de 3 livres.		
SACS DE						
l. ſ. d.	Marcs	Gros		Marcs	Onces.	Gros.
1200	6	24		23	4	2
1002 5	20	4		19	5	1
900 4 6	18	3		17	5	1
801 4	16	2		15	5	4
600 3	12			11	6	1
501 2 6	10	2		9	6	4

NOMS DES MONNOIES DE CHANGE,
ET LEURS DIVISIONS.

AMSTERDAM. Le Florin banco vaut 40 deniers de gros, ou 20 ſols communs ; le ſol commun vaut 2 deniers de gros, ou 16 penins. Amſterdam donne le prix incertain à Lyon, 56 deniers de gros, plus ou moins, pour trois livres.

LONDRES. La Livre Sterling vaut 240 deniers ſterlings, ou 20 ſols ; le ſol 12 deniers. Londres donne le prix incertain à Lyon, 32 deniers ſterlings, plus ou moins, pour 3 livres.

CADIX, &c. La Piaſtre vaut 8 réaux ; le réal vaut 34 maravédis, vielle plate. Cadix, &c. donne le prix certain à Lyon, une piaſtre pour 75 ſols, plus ou moins.

LIVOURNE. La Piaſtre ſe diviſe en 20 ſols d'or, le ſol en 12 deniers. Livourne donne le prix certain à Lyon, 1 piaſtre pour 95 ſols, plus ou moins.

GENÈVE. La Livre courante vaut 20 ſols, le ſol 12 deniers ; l'Ecu vaut 3 livres courantes. Genève donne le prix certain à Lyon, 100 livres courantes pour 164 livres, plus ou moins.

AUGUSTE. Le Florin courant vaut 60 creutzers, le creutzer 4 pſemins. Auguſte donne le prix certain à Lyon, un florin pour 52 ſols, plus ou moins.

VENISE. Le Ducat de Banque vaut 24 gros ; on le divise auffi par 20 &
par 12. Venife donne le prix incertain à Lyon, 62 ducats banco, plus
ou moins, pour 300 livres.

TURIN. La Livre de Piémont vaut 20 fols, le fol 12 deniers. Turin
donne le prix incertain à Lyon, 52 fols, plus ou moins, pour 3 livres.

M**N. La Livre de Change ou courante vaut 20 fols, le fol 12 deniers :
**re Impériale fe divife de même. Milan donne le prix incertain
**France, c'eft-à-dire, 56 fols impériaux, plus ou moins, pour 3
livres.

GENES. La Piaftre eft comptée pour 5 livres, ou 100 fols communs : on
la divife auffi en 20 fols d'or, le fol en douze deniers. Gènes donne le
prix certain à Lyon, 1 piaftre pour 99 fols, plus ou moins. Voyez ce
qui eft dit ci-devant à l'article de Livourne.

LISBONNE. La Cruzade vaut 400 rés : le rés ne fe divife point. Lisbonne
donne le prix incertain à Lyon, 500 rés, plus ou moins, pour 3 livres.

HAMBOURG. Le Marc Lubs vaut 16 fols lubs, le fol 12 deniers lubs.
Hambourg donne le prix certain à Lyon, 100 marcs lubs pour 175
livres, plus ou moins.

DROITS AUX ENTRÉES DE PARIS

Sur le Comeftible.

BOISSONS. Le muid de 288 pintes.

			l.	f.	d.
Vin { commun . . { par eau.			65	2	8
{ { par terre.			60	12	8
{ de liqueur			84	8	8
Eau-de-vie.			162	3	
— Rectifiée.			263	15	
Efprit-de-vin			381	12	
Cidre.			11	8	
Bierre			21	2	5
Verjus			3	10	6
Vinaigre			3	11	8

MARCHANDISES ; le cent pefant, ou le quintal.

	l.	f.	d.
Huiles, Savons, & l'Epicerie commune en général	2	4	3
Fromages fecs.		14	3
Beurre fondu & falé.	1	18	5
Sucre, Caffonade, Cire & Bougie	10	18	9
Café	15		
Riz	2	1	3
Confitures, Miel, Chocolat, & les Epiceries fines en général.	3	8	9
Beurre frais, le cent pefant	10	11	11
Chandelle	2	10	
Œufs, le millier	4	2	3
Fromages frais de Brie, la pièce.		1	4
Volailles, Poiffons ; fuivant le prix de la vente dans les			
marchés.			

Bœuf.	21	4	11
Vache	13	5	10
Veau.	5	7	3
Mouton.	1	18	
Les mêmes à la livre.			
Porc.	7		
Le même à la livre			
Bois à brûler, la voie.	6		
Charbon.	1	1	7

GRAINS, *GRENAILLES* ; *le muid de douze septiers.*

Avoine	22	16	5
Orge.	7	10	3
Millet, Chenevis, &c.	15	15	5
Légumes secs		6	8
Foin, *le cent*	8	13	5
Paille.	1	7	5

SPECTACLES.
CONCERT SPIRITUEL,
Au Château des Tuileries.
Places avec leurs Prix.

Premières Loges . . . . 6 l.
Galeries ou Secondes Loges 4
Parquet. (les Dames n'y entrent point) 3

Jours où il y a Concert Spirituel.

La Purification. — L'Annonciation. Le Mardi, Le Vendredi *de la femaine de la Paffion.* — Le Dimanche des Rameaux. — *Tous les jours de la femaine fainte.* — Le Dimanche, le Lundi & le Mardi de Pâques. — La Quafimodo. — L'Afcenfion. — La Pentecôte. — La Fête-Dieu. — L'Affomption. — La Nativité. — La Touffaints. — La Conception. — La veille de Noël. Le jour de Noël.

NOTA. S'adreffer, pour la location des Loges, à Mlle SOUBRA, cour des Suiffes.

ACADÉMIE ROYALE DE MUSIQUE,
Vulgairement appelée *L'OPÉRA*, aux Boulevarts, porte S. Martin.
On n'ouvre qu'à 4 heures.
Places avec leurs Prix.

Balcons	10 l.	f.
Amphithéâtre	7	10
Premières Loges	7	10
Secondes Loges	4	
Troifièmes Loges	6	
Quatrièmes Loges	3	
Paradis	2	8
Parterre	2	8

Nota. Quand on retient une Loge d'avance, on paie par chaque place le quart en fus du prix ordinaire.

S'adreſſer, pour la location des Loges, à M. MONTMASSON, à l'hôtel de l'Académie Royale de Muſique, rue Saint-Nicaiſe.

Jours où il y a Opéra.

Les Mardi, Vendredi & Dimanche.

Et depuis le Jeudi d'après la S. Martin juſqu'au jour de l'Aſcenſion,

Les Mardi, Jeudi, Vendredi & Dimanche ; & *par extraordinaire*, le Lundi gras.

L'Opéra ne joue point les jours où il y a Concert Spirituel. (*Voyez* à ce ſujet l'article du Concert.) La clôture de ce Théâtre ſe fait le Samedi avant le Dimanche de la Paſſion, & le Spectacle reſte fermé juſqu'au Mardi d'après le Dimanche de la Quaſimodo. — On donne, avant la clôture de ce Théâtre, trois Repréſentations au profit des Acteurs, Danſeurs, Employés, &c. qui s'appellent *Capitations des Acteurs.* Toutes les Loges à l'année paient à chacune de ces 5 repréſentations.

BALS DE L'OPÉRA,

A la Salle de l'Opéra, Boulevarts, porte S. Martin.

On n'entre, maſqué ou non maſqué, qu'aprè: inuit ſonné.

Places avec leurs Prix.

Le Billet d'entrée eſt de 6 liv.

Nota. Le Prix des Loges louées d'avance eſt de 7 liv. 10 ſ. par place, à quelque rang qu'elles ſoient ; c'eſt-à-dire aux premières, deuxièmes, troiſièmes, quatrièmes ; & de 1 liv. 10 ſ. par place de ſupplément lorſque l'on eſt dans la Salle, & que l'on veut entrer dans une Loge avant deux heures du matin (*ſuppoſé que toutes les Loges ne ſoient point louées*). Lorſque l'on paie le ſupplément de la Loge entière, on a le droit de ſe la faire garder toute la nuit par l'Ouvreuſe.

Jours où il y a Bals.

Les trois Dimanches depuis la S. Martin juſqu'à celui de l'Avent.

Les Dimanches depuis les Rois juſqu'à la Chandeleur.

Les Dimanches & Jeudis depuis la Chandeleur juſqu'au Dimanche gras compris. ▬ Les Lundi & Mardi gras.

THÉATRE FRANÇOIS, près du Luxembourg.

On n'entre qu'à 4 heures.

Places avec leurs Prix.

Orcheſtre.	6 l.	Secondes Loges	3 l.
Balcons	6	Troiſièmes Loges . .	2
Galerie	4	Amphithéâtre des 3es Loges.	1 10
Premières Loges	6	Parquet	2 8

Nota. Quand on retient une Loge d'avance, on paie par chaque place le quart en ſus du prix ordinaire.

S'adreſſer, pour la location des Loges à l'année, au Sieur DÉPLAN, à la Salle de la Comédie ; & pour la location journalière des Loges, au Sieur DESFORGES, à la Salle de la Comédie.

La Comédie Françoiſe donne Repréſentation tous les jours, excepté ceux où il y a Concert Spirituel. (*V.* à ce ſujet l'article du Concert.) La clôture de ce Théâtre ſe fait le Samedi avant le Dimanche de la Paſſion, & le Spectacle reſte fermé juſqu'au Lundi d'après le Dimanche de la Quaſimodo.

Les Pièces nouvelles se donnent ordinairement les Lundi, Mercredi & Samedi.

COMÉDIE ITALIENNE,
Aux Boulevarts de Richelieu.

On n'entre qu'à 4 heures.

Places avec leurs Prix.

Parquet ou Orchestre	6 l.	Secondes Loges	3 l.	
Balcons	6	Troisièmes Loges	2	
Amphithéâtre	6	Parterre	1	4 f.
Premières Loges	6			

Nota. Quand on retient une Loge d'avance, on paie par chaque place le quart en sus du prix ordinaire.

S'adresser, pour la location des Loges, au Bureau de ladite Comédie, situé aux Boulevarts de Richelieu.

La Comédie Italienne donne Représentation tous les jours, excepté ceux où il y a Concert Spirituel. (*V*, à ce sujet l'article du Concert.) La clôture de ce Théâtre se fait le Samedi avant le Dimanche de la Passion, & le Spectacle reste fermé jusqu'au Lundi d'après le Dimanche de la Quasimodo.

Les Pièces nouvelles se donnent ordinairement les Lundi, Jeudi & Samedi.

Les Mardi & Vendredi, on ne joue que des Pièces Françoises & des Opéra comiques en Vaudevilles.

THÉÁTRE DES VARIÉTÉS,
Au Palais Royal.

Jouent tous les jours.   On n'ouvre qu'à 4 heures.

Places avec leurs Prix.

Premières Loges & Orchestre	3 l.	
Parquet & Amphithéâtre, où vont les Dames	1 l.	10 f.
Secondes Loges	1	

GRANDS DANSEURS DU ROI,
Vulgairement appelés *NICOLET*, aux Boulevarts du Temple,

Jouent tous les jours.   On n'entre qu'à 4 heures.

Places avec leurs Prix.

Parquet où les Dames peuvent aller	1 l. 10 f.
Premières Loges	1 10
Secondes Loges	12

Nota. Ce Spectacle va à la Foire S. Germain & à celle S. Laurent. Alors il n'y a point de Représentations aux Boulevarts.

AMBIGU COMIQUE,
Boulevarts du Temple.

Joue tous les jours.   On n'ouvre qu'à 4 heures.

Places avec leurs Prix.

Parquet où vont les Dames	1 l. 10 f.	Secondes Loges	1
Premières Loges	1 10	Paradis	12

Nota. Ce Spectacle va à la Foire S. Germain & à la Foire S. Laurent. Alors il n'y a point de Représentations aux Boulevarts.

La clôture de ces deux derniers Théâtres se fait le Samedi avant le Dimanche des Rameaux, & reste fermé jusqu'au Lundi d'après la Quasimodo.

www.ingramcontent.com/pod-product-compliance
Lightning Source LLC
Chambersburg PA
CBHW071850200326
41519CB00016B/4324